卓越之路

南京理工大学
拔尖创新人才培养
探索与实践

丁大志 主编

上海交通大学出版社
SHANGHAI JIAO TONG UNIVERSITY PRESS

内容提要

本书围绕南京理工大学拔尖创新人才培养工作，挖掘教育教学改革的特色举措，总结凝练了前沿思路理念和优秀经验。本书收录了 6 篇优秀案例和 23 篇教育教学改革研究论文，主要涉及专业与课程建设、课程思政研究、人才培养和机制创新等方面的研究理念与特色做法。本书适合高校教育教学工作者使用，可作为相关高校人才培养模式改革的参考。

图书在版编目(CIP)数据

卓越之路：南京理工大学拔尖创新人才培养探索与实践 / 丁大志主编．—上海：上海交通大学出版社，2024.8

ISBN 978-7-313-30671-5

Ⅰ．①卓… Ⅱ．①丁… Ⅲ．①高等学校—人才培养—研究—中国 Ⅳ．① G649.2

中国国家版本馆 CIP 数据核字（2024）第 089837 号

卓越之路：南京理工大学拔尖创新人才培养探索与实践

ZHUOYUEZHILU：NANJING LIGONG DAXUE BAJIAN CHUANGXIN RENCAI PEIYANG TANSUO YU SHIJIAN

主　　编：丁大志

出版发行：上海交通大学出版社　　地　　址：上海市番禺路 951 号

邮政编码：200030　　电　　话：021-64071208

印　　制：上海颛辉印刷厂有限公司　　经　　销：全国新华书店

开　　本：710mm × 1000mm　1/16　　印　　张：14.75

字　　数：217 千字

版　　次：2024 年 8 月第 1 版　　印　　次：2024 年 8 月第 1 次印刷

书　　号：ISBN 978-7-313-30671-5

定　　价：78.00 元

本书编委会

主　　编： 丁大志

副 主 编： 夏　立　张树鹏　黄爱华

参编人员：（按姓氏笔画排序）

丁轶建　卜雄洙　于　晶　马　千　马晓峰　马梦婷　王永娟

王冰玉　王　宇　王译敏　王雨潇　王　慧　尤宏兵　孔　雯

古晓宇　石绣天　田梦楚　兰　司　吕　艳　朱　红　朱蕴璞

刘红毅　刘笑霞　刘菁菁　刘景萍　江　芳　汤海斌　安　蓉

许　孟　许春根　李羊城　李　江　李星秀　李　斌　杨龙飞

杨　蔚　杨　慧　吴志林　吴志强　吴　鹏　汪惠芬　宋　文

宋　玉　张一戎　张　丹　张　军　张丽琴　张　昕　张　晶

赵　灵　赵　茜　赵雪琴　胡　访　柯　璟　施信疑　姜　波

袁丽丽　夏凡吴双　徐　丹　徐光华　奚文静　高天禹

高海龙　郭　怡　郭　耸　唐丹娜　黄伊涵　黄菁菁　戚　湧

常其玥　韩晓梅　鲁　涛　谢建春　谢慧芳　解立峰　樊卫华

前　言

面对新一轮科技革命和产业变革，教育部持续推进新工科、新医科、新农科、新文科（“四新”）建设，南京理工大学积极应答、主动求变，全面组织人才培养模式创新、理论研究创新、教学资源和实践体系创新，为培养能够解决“卡脖子”问题和引领未来发展的拔尖创新人才贡献力量。

南京理工大学以国家战略需求为使命，以学生全面发展为指归，以工程精英目标为引领，创新工程人才培养模式，完善精准质量管理机制，健全工程人才培养体系。面向国家需求，学校主动作为，担当使命，凝聚共识，明确人才培养目标定位：立足精英教育，培养基础宽厚，知识、能力、素质协调发展的高级专门人才，造就一大批具有国际视野，求真务实，能开拓创新、引领发展的工程精英和社会中坚。拔尖创新人才是活跃在工程领域，对工程发展具有引领作用和重要影响的杰出人才，其特质包括过硬的思想素质、良好的工程伦理道德、健全的体魄人格、扎实的工程科学知识、强烈的创新意识、强大的实践能力、开阔的国际视野等，我们始终致力于培养拔尖创新人才，打造精英群体。

本书围绕南京理工大学拔尖创新人才培养工作，面向校内广大教育教学工作者征集示范性教学改革案例和优秀教学改革研究论文，精选打磨后汇总而成，旨在总结凝练前沿思路、理念和优秀经验，充分挖掘教育教学改革的特色举措，为我校教育教学改革提供强有力的理论参考，也为相关高校开展教育教学改革研究与实践提供有效借鉴。

本书分为专业与课程建设、课程思政研究、人才培养和机制创新三部分，具体介绍了南京理工大学在专业转型升级与课程思政研究改革方面所做的努力，同时结合课程思政，介绍了其在人才培养方面进行的研究与实践。本书由南京理工大学优秀教育教学工作者供稿。书中不妥之处，恳请广大读者提出宝贵意见。

编　者

2024.6

目录
CONTENTS

专业与课程建设

武器系统与工程专业人才创新能力培养模式实践

吴志林　王永娟　赵　灵

摘　要：为适应国家战略发展需求，更好地契合社会经济发展，现亟须培养具有创新能力的综合型人才。南京理工大学机械工程学院以武器系统与工程专业为试点，打造多层次实践教学模式，结合新军事变革要求和国防科研项目，将科研训练、创新竞赛、毕业设计等创新实践环节进行整体规划，以锻炼和提升学生的创新能力和团队协作精神，形成了数百项兵器创新成果。

关键词：武器系统与工程　创新能力　培养模式

南京理工大学武器系统与工程专业依托于“兵器科学与技术”国家一流学科，始建于1953年成立的中国人民解放军军事工程学院（简称哈军工）炮兵工程系，是国家特色专业、江苏省品牌专业、国家“卓越工程师”培养试点专业、教育部综合改革专业，也是国家首批一流专业。专业实力雄厚，在相关专业类综合排名国内第一，设有火炮、自动武器、火箭炮、火箭弹、弹药、引信6个传统专业方向。通过多年建设，专业致力于培养献身国防、具备武器系统及结构设计等良好的基础理论知识和扎实的专业知识的高素质兵器类人才。

一、专业转型的具体方向

针对武器系统与工程专业的6个传统专业方向，本专业主要围绕打造课程思政、重构课程体系、实行“一对一导师制”、开展四层次创新实践教学等模式，进行专业转型，促进传统专业向创新型专业转变。

构建了自由“选方向”“选课程”“选实践基地”“选导师”的柔性“四选”机制，实行“一对一导师制”，实现“一人一方案”的个性化培养，如图1所示。

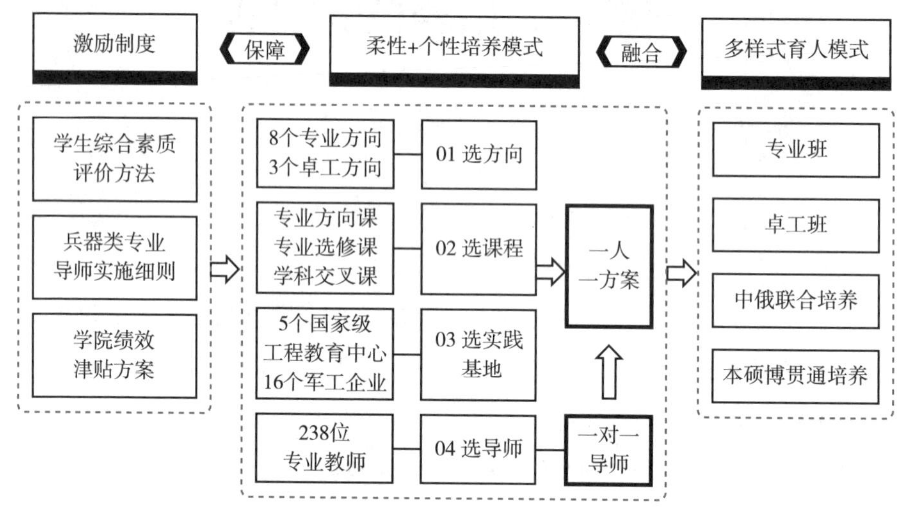

图1　武器系统与工程专业柔性＋个性的人才培养模式

二、专业转型的原因和面临的挑战

随着人工智能与信息化等新技术的迅猛发展，战争形态正从机械化战争逐渐向信息化战争演变[1]，传统武器装备向智能化武器装备转变。在此背景下，对兵器类专业科技人才的奉献精神、知识结构、创新能力提出了更高要求。专业教学过程中存在如下问题与挑战：

（1）学生的“三观”培养和品质塑造过去主要靠思政课程和第二课堂，未能充分发挥专业层面在军工精神和兵器创新特质培养中的重要作用，课程教学与课程思政交融互动不足，学生的国防情怀和对军工专业的认可度不够，需要进一步“立志铸魂”。

（2）兵器一流学科科研成果众多，未能及时把高水平的科学研究和新军事变革的成果转化成专业课程教学资源，专业课程与信息化、智能化等新军事技术学科交叉不足，对新军事变革适应性不强。

（3）兵器学科师资和科研力量雄厚，学生的创新实践与新军事需求和高层次的国防科研项目结合不紧密，各个实践环节内容相互独立，学生创新能力难以获得系统化的培养与提升，与新军事变革下兵器类专业人才培养的要求有差距。

三、专业转型过程中培养方案的优化举措和特色做法

针对专业转型过程中存在的问题和挑战，对培养方案展开研究，提出了优化举措和特色做法，如图 2 所示。

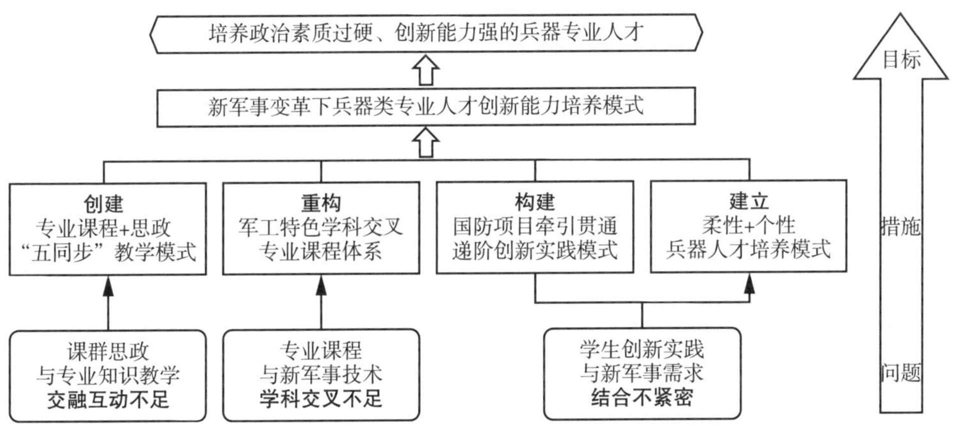

图 2　专业转型中的培养方案优化举措和特色做法

（1）对新军事变革对人才政治素质和创新品质的更高要求[2]，在兵器类专业层面，系统规划和统筹专业课程思政建设，创建专业教学与课程思政“目标同步设定、内容同步设计、课堂同步实践、成效同步评价、改进同步持续”的“五同步”融教模式。发挥南京理工大学“武器系统与工程”专业的独特思政优势，深挖兵器研制、“哈军工”精神等优秀思政元素，建立囊括 360 多个案例的专业课程思政资源库，并融入 160 门专业课中。通过开展“五同步”融教模式的实践，学生对军工专业的认同感、对从事国防军工事业的使命感和责任感显著提升。

（2）针对新军事变革需求，重构“通专结合”的课程体系，发挥兵器类专业国防科研成果的丰硕优势，加强新军事变革下科研成果转化为教材内容和

教学资源建设，新编和修订教材 102 部；在强化专业课程融合新军事技术、定期修订课程大纲的同时，通过将信息化、智能化等技术与传统武器和弹药技术交叉融合，新设了士兵系统、智能火炮发射与控制、智能弹药等学科交叉课程；组织知名教授和行业领军人才开设学科前沿课程和“兵器智造”讲堂，强化学生的兵器创新知识基础和创新思维。

（3）兵器类专业师资力量雄厚，230 多名专业教师 80% 以上为高级职称，多名教师为“名师”“长江”“卓青”获得者，全体教师参与本科生（每年近 280 人）创新能力培养，构建了自由选方向、选课程、选实践基地、选导师（“四选”）的柔性机制，从二年级分专业开始，实行一对一全员导师制，实现个性化培养，通过组织高水平的学研活动，激发学生国防创新的内在动力，提升学生国防创新实践活力。

（4）基于“基础 – 专业 – 综合 – 创新”四层次实践教学模式，结合新军事变革要求，将科研训练、创新竞赛、毕业设计等创新实践环节进行整体规划，充分发挥以王晓鸣、张合、陈龙淼等总师为代表的一流专业师资团队作用，投入全体学生的科研训练中；以数百个武器装备研制课题，贯通学生创新实践全过程，96% 以上的国防科研训练项目拓展延伸为毕业设计课题，部分衍化为武器创新设计大赛等创新竞赛内容，学生在实践中创新能力和团队协作精神得到系统锻炼和提升，形成了数百项兵器创新成果。

四、专业转型发展的经验和建议

通过近 8 年的专业转型发展，武器系统与工程专业的学生“立志铸魂”成效突出，创新实践能力显著提升，2020 届兵器类专业学生国防行业升学就业率超过 85%，比 2012 年提高 30% 以上，其就业升学方向如图 3 所示。近 5 年获得省优秀毕业设计或毕业设计团队 18 项，100% 的学生参与科研训练，参加挑战杯、武器创新设计、飞行器设计等各类创新大赛 1700 余人次，获得各类省部级以上竞赛奖励近 600 人次，获挑战杯特等奖等省部级一等奖以上奖项 100 余项，授权专利 50 余项。2021 年 6 月工程教育认证调研，往届毕业生及用人单位对本专业兵器人才的满意度达 100%。2019 年武器系统与工程专业获

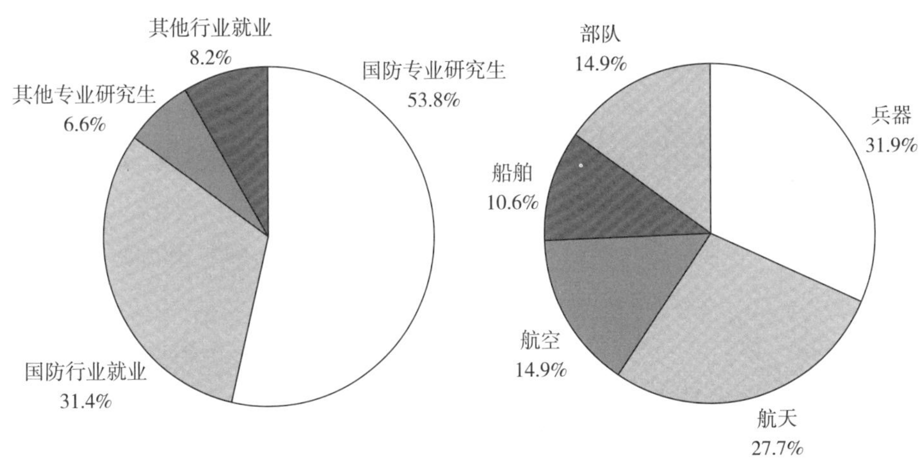

图 3　2020 届毕业生就业升学分布图

批国家一流专业和江苏省品牌专业二期建设。在国内兵器类专业中起到了示范引领和标杆作用，受到上级机关、兄弟院校和行业专家的广泛认可。

五、小结

通过这几年的教学实践，对于专业转型发展我们有三方面的体会，一是要有一个强有力的专业负责团队，本专业方向多、学生多、老师多，需要顶层设计和系统统筹，没有一个为兵器类专业发展而贡献的专业负责人和团队，是难以做好专业转型发展的。二是要围绕以学生为中心，开展教学目标的制定、教学体系的规划、教学课程的实施和评估。三是要将学科发展、专业建设和教师进步等进行“三位一体”系统规划，站得更高方能看得更远，把人才培养放在学院和专业发展的核心位置，依靠学校、学院、专业、教师和社会等多方施力，才能促进传统专业的转型发展。

参考文献

[1] 贾子方，王栋. 人工智能技术对战争形态的影响及其战略意义 [J]. 国际政治研究，2020，06：37-39.

[2] 张岩松. 顺应时代发展的要求培养我军高素质新型政工人才 [J]. 南京政治学院学报，2004，20 (S1)：177-178.

新文科背景下“智能+”会计学专业改革实践

韩晓梅　杨　慧　徐光华　石绣天　刘笑霞　宋　玉

摘　要：在新文科建设的背景下，会计学专业应如何改革和发展已成为学术界和实务界关注的焦点，在“大智移云物”等技术浪潮的驱动下，一流专业建设点的设立为会计学专业特色凝练提供了契机。南京理工大学会计学专业为迎接新文科建设背景下的机遇与挑战，以“智能+”为特色，从专业思政建设、人才培养方案优化、智能会计课程体系重构、教学模式改革创新四个方面进行了专业改革实践的探索，期望对国家一流会计学专业建设提供有益借鉴。

关键词：新文科背景　会计学专业　一流专业建设　人才培养模式　课程体系

南京理工大学会计学专业始建于20世纪80年代初，经过40年的发展，已形成数理基础扎实、实践能力强、综合能力全面的专业办学优势和特色，于2021年获批国家一流专业建设点。本专业以高等教育“四个回归”为原则，以新文科建设为牵引，以智能会计为特色，强化会计实际应用与适应时代发展趋势，交叉融合会计学与人工智能、大数据等技术，通过计算机综合模拟实验、科研训练、毕业实习和毕业论文等实践活动，为学生毕业后尽快适应社会、融入团队和参与会计实践工作奠定坚实基础，致力于培养具有坚定的职业道德、坚实的经济管理基础、良好的会计分析与决策能力的高素质、复合型人才。

一、专业建设总体思路

（一）建设背景

2020 年，教育部发布了《新文科建设宣言》，强调了新文科建设的重要性和紧迫性。新文科是文科教育的创新发展，以培育时代新人为建设的根本任务，以强化价值引领作为根本要求，将专业优化、课程提质和模式创新作为新文科建设的三大抓手，最终实现人才质量提升的终极目标。新文科建设对高校的社会科学专业提出了更高的要求和挑战，如何结合专业发展特点与新文科建设的要求进行专业改革与实践成了当前背景下专业建设的关键问题。

与此同时，“大智移云物”等信息通信技术集中爆发，经济管理领域呈现数字性、共享性、知识性与创新性的新发展特点。会计作为经济社会的一项制度安排和一种管理工具，信息技术和人工智能的发展已经对会计实务提出了新要求。在智能化逐渐成为新一轮产业变革核心驱动力的背景下，会计管理活动的重心已经从簿记和报告转向价值管理与风险控制，会计信息系统作为会计在 IT 技术上的映射也面临着从信息化向智能化转变[1]。为了确保会计教育与实践接轨，会计专业建设需要在理论、理念、体系、方法等方面不断改革创新，以应对实务变革[2]。现有的会计人才培养体系已经不能满足新经济对会计人才的要求，培养院校需要积极进行校企合作，推进产教融合，既要注重管理型会计人才的教学内容，也要加强会计类专业与计算机、信息管理等相关学科的交叉与融合，积极推进会计类课程体系的重构，营造开放、共建、共享的会计教育生态系统[3]，构建智能会计实践平台，提高会计专业学生的实践能力。通过结合智能化转型升级背后的新特点和新要求，优化准则并建立快速反应机制，推进建设更加适应数智化转型要求的会计人才培养制度[4]。在此背景下，智能化会计专业建设成为新文科建设在会计专业探索的必然结合、特色实践与可行路径。南京理工大学会计学专业 2017 年开始启动以“智能 +”为特色的专业改革实践，于 2019 年开设智能会计专业方向，并以此为特色申请并获批了国家一流专业建设点，为打造新商科人才综合培养体系、探索高水平复合型新文科人才培养新模式的专业建设奠定了坚实的基础。

（二）建设目标

根据新文科建设中的“战略性、创新性、融合性”要求，会计学专业建设需要顺应国家战略与时代发展的需要，培养复合型、创新型专业化人才。南京理工大学会计学专业结合自身所在理工院校的特点与优势，努力打造理工院校会计学科建设的标杆。具体目标如下：

（1）在传统会计学专业的基础上，突破传统文科的思维模式，实现学科交叉与深度融合，打造新经济背景下的智能会计，赋予会计学专业新的内涵。

（2）按照南京理工大学“宽专业、厚基础、重能力、高素质”的本科培养基本原则，拓展通识课范围，强化数理和计算机技术基础，提高会计学专业课程广度与难度，构建一个立足中国，面向世界，专业基础扎实、视野开阔的复合型会计人才培养体系。

（3）实施全方位改革，突破传统教学与实践模式的束缚，突出教学的层次性、多样性，打造专通结合、融汇实验课程与案例教学等数字化课程元素的智能会计平台，加大会计人才创新能力的培养力度。

（三）建设理念

南京理工大学会计学专业的新文科建设以《新文科建设宣言》为指引，以“智能 +”为特色，贯彻“学生中心、产出导向、持续改进”的理念，将新文科建设的内涵、要求与本科人才培养有机融合。围绕学生未来成长发展目标进行合理的学业规划，并将之贯通至四年的授课过程中，激发学生自我成长的内生动力。

具体而言，会计学专业的新文科建设理念首先基于以德为先、文化育人的思想，紧跟国家战略和社会需求的变化，回归高校教书育人之本质；其次，突出新经济、新技术对会计学科的冲击，因时而进，因势而新，并充分发挥理工院校的优势，实现多学科的交叉融合和传统会计的深度重构；再次，尝试通过“学界、商界、政界、国（境）界”紧密联合的“四联四通”、夯实课程体系、深化实验平台建设等，持续推动智能会计专业的创新发展；最后，建立多维管理机制，进行精准施策与质量管控，最终实现数据赋能的复合型、创新型会计人才培养。建设的总体思路如图 1 所示。

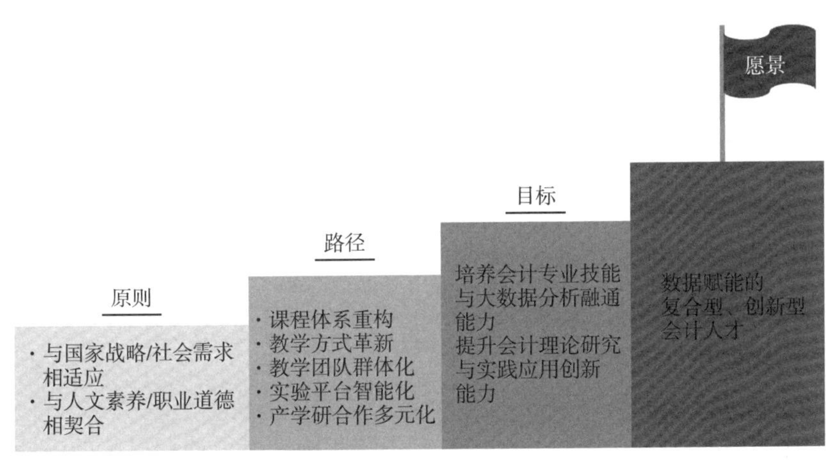

图 1　新文科建设背景下智能会计专业建设总体思路

（四）建设路径

根据南京理工大学会计学专业新文科建设的目标与理念，本专业设计了新文科建设的具体路径。确定了以智能会计作为专业特色，以会计学专业思政建设为引领，通过优化及修订人才培养方案，重构智能会计课程体系，实现教学团队群体化、实验平台智能化、产学研合作多元化的教学改革创新与制度支持，实施学术素养培育、实践能力训练、国际视野拓展三大素质提升计划，通过新商科人才综合培养体系建设，进行高水平复合型新文科人才培养新模式的探索。

二、专业建设新举措和特色做法

（一）会计学专业思政建设

《新文科建设宣言》强调了价值引领，同时指出：要培养知中国、爱中国、堪当民族复兴大任的新时代文科人才。由此，会计学专业的新文科建设势必以思政建设为引领。在教育部《高等学校课程思政建设指导纲要》指导下，本专业围绕全面提高人才培养能力的核心点，围绕政治认同、家国情怀、文化素养、宪法法治意识、道德修养等重点优化课程思政内容供给，结合会计学专业各类课程特点以及智能会计特色，发挥教师队伍"主力军"、课程建设"主阵地”、课堂教学“主渠道”作用，基于会计学专业课程群进行资源共享、系统打磨，重新构建了面向世界、立足中国、专业基础扎实、视野开阔、思政工作贯通的会计人才培养体系，以实现全员全程全方位育人格局，从而提升立德树人的成效。

基于新文科建设背景下的会计学专业思政目标与主要内容，本专业申请并获批了 2021 年校级“本科教学改革与建设工程”重点项目：基于会计学专业课程群的思政建设与实践。在思政项目的基础上，结合 2022 版本科培养方案修订的契机，本专业的思政建设取得了以下阶段性成果。

（1）在会计学专业课程系统的基础上，明确了专业课程思政的内涵与外延，优化了课程思政内容，系统化凝练了思政要点与切入点，完成了课程思政教学体系纲领，分别明确了各大类课程思政建设的重点，构建了如图 2 所示的框架。

（2）依据专业课程群建设中的共性与个性发展要求，打通课程群课程思政的内在联系，确立专业思政的核心要素，完成了专业课程与专业思政核心要素的映射矩阵构建。

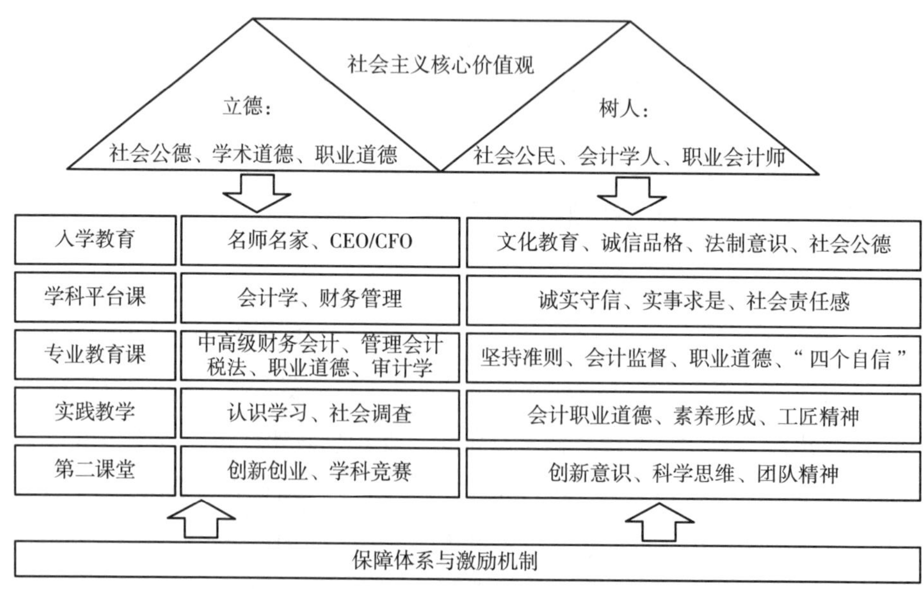

图 2　会计学专业课程思政建设重点与框架

（3）落实全方位思政改革工作实践，根据不同专业课程的特点和育人要求，分别明确各类课程思政建设的重点，并据此有针对性地修订人才培养方案，提升培养专业教师相应的课程思政建设能力，将思政贯穿全教学周期，并多维度地将思政纳入教学方式与考核方式，最终完善课程思政建设评价激励机制。

（二）人才培养方案优化

在新文科建设"确立适应新时代人才培养要求的办学理念"指引下，本专业在2022版人才培养方案修订中全面贯彻了新文科建设指导精神。通过对人才培养方案进行优化，在培养目标中通过明确了新文科建设的定位与指导作用："定位于国家一流专业，以高等教育'四个回归'为原则，以'新文科'建设为牵引，交叉融合会计学与人工智能、大数据等技术，培养具有坚定的职业道德、坚实的经济管理基础、良好的会计分析与决策能力的高素质、复合型人才。"

根据《南京理工大学关于制定2022版本科人才培养方案的指导意见》，本专业基于"321"人才培养模式改革思路，即按照"通识、学科、专业"三个模块构建，知识能力体系按照"学术领军"和"行业精英"两种类型人才发展需求进行重构，支持学生根据不同发展路径选择课程和学习进程，实现"一人一方案"。在坚持"厚基础、宽口径、重能力、强创新"基础上，适应国家对于会计学专业本科教育教学审核评估和国内外专业认证标准的新要求，构建了具有南京理工大学特色、符合创新型精英人才培养要求的会计学本科人才培养方案。

具体而言，第一，构建了将新文科理念与智能会计相结合的"基础+进阶"的课程体系：在公共基础课中增强数理与计算机类课程设置，并根据两类人才特点设置了不同方向的进阶课程；在学科专业课程设置中、在优化传统专业课程的基础上，开设智能会计方向课程，基于个性发展模块开设通识、学科、专业三类进阶课程（后文将详细介绍）。

第二，准确把握新文科建设内涵，利用全校资源，从促进学科间交叉合作角度推进跨学科交叉应用能力培养：鼓励学生跨学科大类修读经济大类的课程；跨学科将知识产权学院、金融学专业等院系的部分课程列入培养方案，建设了一组列入专业选修课模块的“交叉融合课程”；同时本专业还继续承担会计学副修专业的建设，以持续探索复合型人才培养模式改革。

第三，在新文科建设要求下，强化通识教育的培养，增加了“劳动教育”通识教育必修课（1 学分）；开设了“学术阅读与文献综述”“专业写作 I”“专业写作Ⅱ”，通过优化递进式的专业写作类课程提高学生写作能力与水平，并新开设“专业英语”，以这一系列课程实现通识教育与专业教育的有机融合。

（三）智能会计课程体系重构

本专业的新文科实践探索在落实新文科内涵的基础上，同时充分利用理工院校优势，围绕“智能 +”的专业特色，夯实课程体系，持续推动会计学专业教学内容的更新以及课程体系的重构。

首先，构建将新文科理念与智能会计相结合的“基础 + 进阶”的课程体系。在公共基础课中增强数理与计算机类课程设置，其中数学基础类增加了“高等数学”课程的学时和学分，在计算机类课程中新增了“Python 程序设计”与“Python 课程设计”，为学生进入智能会计学专业课程学习奠定良好的数理与计算机基础。在学科教育课中，同样从数理与计算机方面增加了“概率论与管理统计Ⅱ”课程以及在前版“大数据分析”课程大纲的基础上进行了修订，完善了新文科背景下的智能会计通识与学科教育类的基础课程体系。与此同时，结合“学术领军”与“行业精英”两类人才特点设置了通识进阶课程“Python 之机器学习”，以及学科进阶课程“最优化理论与方法”“商务人工智能”“经管社会实践教育”，进一步为两类人才培养提供了多方向的进阶支持。

其次，经过 2018 版、2022 版人才培养方案的修订、实践与反馈，在优化传统专业课程的基础上，开设智能会计方向特色课程，专业课程结合智能实训平台进行重构和拓展，同时强调实践教学。在表 1 所示的智能会计特色课程构建方面，学科教育课中以“大数据分析”为智能会计系列课程奠定基础。专业基础课将“管理会计”与“税法”两门传统会计专业核心课程纳入第一批智能会计核心课程建设，在原有理论知识体系的基础上，结合智能实训平台、虚拟仿真实验重构和拓展课程内容。两门课程均获批 2021 年“本科教学改革与建设工程”虚拟仿真实验项目，通过“管理会计经营决策建模综合仿真实验”与“仿真纳税申报大厅实验”两个项目的建设真正地将智能会计落实于传统专业核心课程建设中。专业选修课方面，通过教指委专家与企业专家研讨、结合师生反馈与同类学校调研，对 2018 版培养计划中的智能会计选修课程去粗取精，基于智能实训平台建设“大数据财务决策”“大数据供应链成本管理”“基于大数据的商业智能分析”“财务共享服务与智能服务”课程，均已完成开课，受到学生的广泛好评。在教指委专家建议下，将“大数据财务决策”设置为专业基础课，并将实现与 MPAcc（会计学专业硕士）培养的课程对接。

表 1　2022 版本科培养计划智能会计特色课程体系

课程名称	课程类型
大数据分析	学科教育课
管理会计	专业基础课
税法	专业基础课
大数据财务决策	专业基础课
大数据供应链成本管理	专业选修课
基于大数据的商业智能分析	专业选修课
财务共享服务与智能服务	专业选修课

在优化专业的同时，拓展通识课，增补与社会或学校文化等共融的课程；强化技术，发挥学院和学校的技术优势，多角度鼓励创新发展，培养学生的跨领域知识融通能力和实践能力，以及终身学习的能力。

（四）教学模式改革创新

教学模式的改革创新主要体现在智能平台驱动、学科融合、产教融合等方面。

第一，智能平台建设支撑的教学模式改革创新。由于在智能时代企业的经营管理面临着庞大的数据洪流，企业内外部经营产生大量结构化、半结构化、非结构化数据，企业会计与财务决策更需要对数据获取、处理、分析和应用的能力，因此智能会计创新人才培养体系将数据挖掘、整理、可视化分析融入培养内容与教学，以创新实验平台支撑智能会计特色系列课程。目前已完成税务仿真纳税申报系统、VCase案例与实验综合教学平台软件以及VDC大数据财务分析决策综合教学平台软件的采购与使用，已用于课堂教学实践和实验环节，为智能会计建设提供了必要的智能实验平台支撑。同时，财务共享实验中心教学软件、内部控制与风险管理教学软件的采购也在推进中。在此基础上，亦鼓励学生跨院学习计算机技术相关知识，真正发挥智能化创新实验平台的作用。

第二，基于学科融合的教学模式改革创新。理工类院校有适应新技术变化的先天优势，能够融合学校各学院、各学科的优势，通过科教协同、产教融合以及实验科研平台的育人作用，提升数智时代理工科院校复合创新型财会人才的培养能力，为新文科新商科的建设进行技术赋能[5]。本专业以会计学为核心，交叉应用计算机、人工智能、信息管理等相关学科的先进工具方法，形成数据和技术赋能的智能会计学科建设与人才培养系统。会计学专业充分利用学院的资源，以“大数据、智能化”相关理念为支撑，以组建跨学科、多元化团队为手段，重构会计学体系。在此基础上将跨学科交叉应用能力培养纳入课程体系，在各类课程教学中体现学科融合的新元素，从而培养复合型、创新型专业化人才。

第三，企业深度参与产教融合的教学模式改革创新。一方面在学校范围内完成“前展后拓”，即在理论学习的基础上进行拓展实践；另一方面将理论付诸实践，实现“虚实结合”，增强学生解决实务问题的能力。以第一课堂为主体打通内外课堂，引入校内外导师的外部助力，双擎驱动。依托教学团队学科优势，结合多家合作企业的“智能制造实践场景”“专业实践实务实操”“智能技术模拟实训”特色，深化教育教学改革的研究与实践，鼓励合作企业深度参与和支持，开发优质教学资源，实现产教融合的教学模式与方法创新。现已与企业联合申请并获批教育部首批新文科研究与改革实践项目1项，获批教育部产学合作协同育人项目4项，与合作企业共获创新创业成果（国家级、省级科研训练）项目6项，本专业已获批校级产教融合型品牌专业培育点，将进一步构建如图3所示的智能会计产教融合协同育人系统。

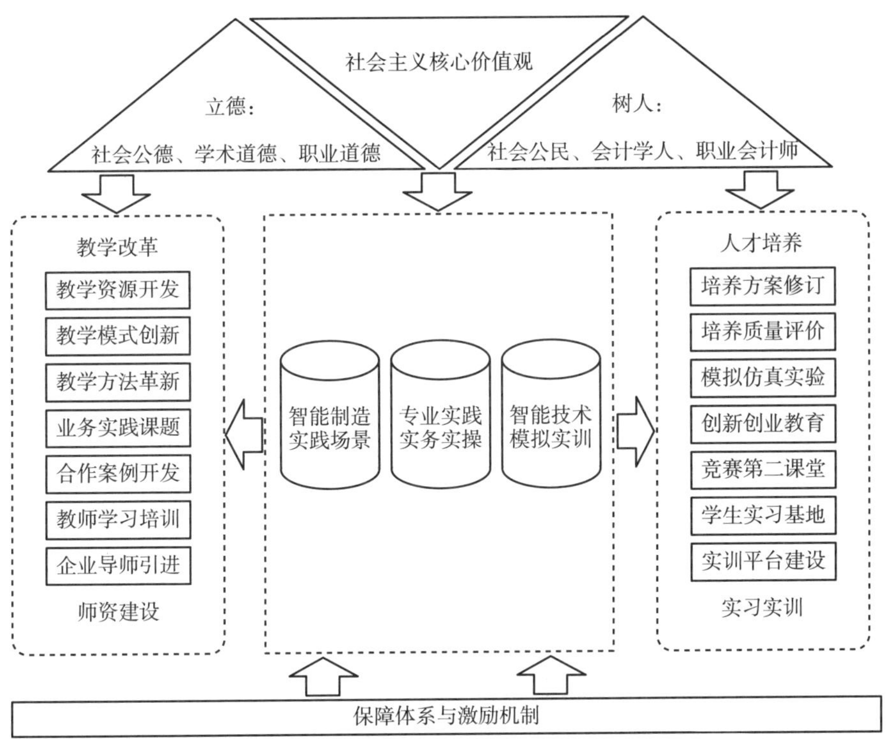

图 3　智能会计产教融合协同育人系统

三、专业建设过程中面临的问题

（一）专业师资队伍建设

新文科建设的背景对于师资队伍建设提出了新要求，智能会计特色专业建设亦令师资建设面临挑战。一方面，资深教师擅长传统专业核心课程授课，对于“智能 +”课程以及智能实验实训表现出一定的不适应性；另一方面，新进教师结合自身研究方向，对于“智能 +”课程以及智能实验实训有较强的建设热忱，但缺乏教学经验，可能影响教学效果。同时，会计学系教师队伍精悍，需要承担本专业以及副修专业的建设任务，未来教学任务的安排存在挑战。

（二）智能会计课程体系构建与革新

目前智能会计课程体系的建设已经进入深水区，在智能会计系列课程相继开设、智能实验实训软件与平台陆续采购的基础上，如何构建和建设成熟的智能会计课程体系，不断进行可持续的教育教学改革，成为了专业发展的另一新问题。

（三）实践教学建设与配套资源支撑

目前，智能会计系列课程对应的实验实训平台建设仍有待完善，“财务共享与智能财务”与“大数据商业智能分析”所需的软件与实训平台仍在采购过程中，“管理会计”课程涉及的虚拟仿真实验系统开发与上线仍需预算支持。由于市场上相关软件与实训平台采购价格高昂，虚拟仿真实验系统开发成本较高，对专业发展所需的实践教学建设与配套资源形成了一定的制约。

四、专业未来努力的方向和重点发力点

基于本专业发展中面临的问题和挑战，结合新文科建设和智能会计的专业特色，本专业未来努力的方向和发力点如下。

（一）建设一流智能会计师资团队

通过政策倾斜与资源配置，鼓励教师赴名校进修，托举教学名师，培育教学新星，聘请资深产业教授，打造“会计教学名师 + 会计教学新星 + 产业教授”的一流“智能会计”师资团队。以会计学专业课程群为基础，以新老教师互相帮带的形式，以 AB 角建设智能会计新课程、完善传统课程。新进青年教师帮助资深教师在传统课程中增加智能会计模块以及协助智能实训实验，联合建设虚拟仿真实验课程；资深教师通过帮助青年教师过教学关、指导并传授教学经验，帮助青年教师提高教学水平改进授课效果。同时，实施本科毕业论文与科研训练双导师制，设立企业导师讲座，企业兼职教师承担和参与专业课、实习实训等的建设和教学环节。

（二）持续进行教育教学改革

依托教学团队学科优势，深化教育教学改革的研究与实践，不断整合教学资源、完善课程体系、强化一流课程建设，提高教学管理水平，持续推进智能会计专业建设的可持续发展。

（三）建设多层次实践教学与配套支撑资源

继续根据既定战略开发与采购教学产品和实验软件，与知名企业开展校企共建，以产学研各类项目为依托，提供实践教学基础条件。设计核心课程实验项目，开展科研训练和创新创业竞赛，以赛促教，组织校外实习，搭建多层次的实践教学体系。以现有平台为基础，开拓与知名高校、科研院所、企业的协同合作，建立校企合作联盟和机制，整合校内外资源。

参考文献

［1］续慧泓，杨周南，周卫华，等．基于管理活动论的智能会计系统研究——从会计信息化到会计智能化［J］．会计研究，2021，401（3）：11-27.

［2］Al-Htaybat K，Alberti-Alhtaybat L V，Alhatabat Z. Educating digital natives for the future：accounting educators' evaluation of the accounting curriculum［J］. Accounting Education，2018，27（4）：333-357.

［3］舒伟，曹健，王华，等．我国会计本科人才培养的现状、挑战及对策［J］．会计研究，2021，406（8）：177-189.

［4］唐大鹏，杨真真，李渊，等．数智化转型下会计教育资源的供给侧结构性改革——中国会计学会会计教育专业委员会2021年年会暨第十四届会计学院院长（系主任）论坛综述［J］．会计研究，2022，411（1）：190-192.

［5］张晨，吴勇，张超，等．数智时代财会专业科教协同高质量发展——中国会计学会高等工科院校分会2022年常务理事会综述［J］．会计研究，2022，421（11）：190-192.

国际经济与贸易专业在中国开放型经济发展中的转型实践

尤宏兵　于　晶　黄菁菁　徐　丹

摘　要：作为世界第一大贸易国的中国，其开放型经济的发展离不开其适应经济全球化发展形势，并及时实施开放型经济转型发展。而在中国开放型经济发展的不同阶段，作为服务开放型经济人才培养重要力量的高校国际经济与贸易本科专业，在培养定位上始终坚持并切实落实好服务中国开放型经济发展，在培养目标上切实做到实施根据中国开放型经济发展的需要完善和提升国际经贸人才质量，在师资队伍建设上认真落实高水平师资队伍是高质量人才培养基础的方针，而在教育资源建设方面则力争教学资源更丰富、教学内容更完善。适应中国高质量开放型经济的发展，国际经贸人才培养须坚持立德树人，坚持党建引领并充分发挥党员先锋模范作用，坚持科学制定面向未来的人才培养方案，且应坚持数智化转型。

关键词：开放型经济　转型　数智化转型

党的二十大报告明确指出，“十四五”时期，中国更高水平开放型经济新体制基本形成，并致力于贸易强国建设目标。贸易强国建设离不开人才强国建设。经过40余年的对外开放，中国已成为世界第一大出口国、世界第一大贸易国，上述成绩的取得与以国际经济与贸易专业为主体的开放型经济人才培养模式持续创新密不可分[1]。当前进入推进高水平对外开放的新阶段，发展数字贸易，加快建设贸易强国已成为时代主题。适应中国开放型经济发展新形势，国际经济与贸易专业人才培养须坚持立德树人，坚持系统论，要走出一条有效的且有一定特色的国际经贸人才培养之路。

一、中国开放型经济的发展一直处于转型发展中

改革开放 40 余年来，中国经历了快速的开放型经济发展过程。纵观 40 余年的发展历程，中国开放型经济发展在转型中进行了发展规划调整，开放的内涵、深度及广度发生了重大变化，与此息息相关的对外贸易特点和模式亦发生了相应转变。中国开放型经济转型主要表现在以下四个方面：

（一）开放型经济发展由改革开放初期以货物要素推动为主转向货物、服务、资本等多要素共同推进

《中国统计年鉴》显示，1980 年中国对外贸易额为 206.4 亿美元，但服务贸易规模更小，1982 年仅有 44 亿美元，约为货物贸易额的 1/5；资本流动规模同样不大，1979—1984 年的 6 年间，中国利用外商直接投资规模累计达到 281.26 亿美元，年均 46.9 亿美元，且几乎无对外投资。其后，随着中国对外开放的深入发展，特别是 2001 年的入世，开启了中国货物、服务、资本及劳动力等多要素全球流动模式，开放型经济进入新的发展阶段。虽受中美经贸摩擦、疫情等多方面因素影响，中国开放型经济成绩良好，对外贸易额继在 2021 年突破 6 万亿美元后，2022 年达到 62544.1 亿美元，服务贸易额达到 8897 亿美元，实际使用外商直接投资规模为 1891 亿美元，中国企业对外非金融类直接投资额达到 1169 亿美元，对外承包工程完成营业额达到 1550 亿美元，对外劳务合作派出各类劳务人员 26 万人，多项指标均呈上升趋势，且均为历史最高，仅有对外劳务合作派出劳务人员数量受疫情影响较大，近年来出现了下降。中国已经进入货物、服务、资本及劳动力等多元要素在全球范围内流动时代。

（二）中国正由开放型经济大国向开放型经济强国迈进

虽然中国进入了外贸、外资及外经“三外”并举的发展阶段，但纵观 40 余年来中国开放型经济发展历史，中国继 2009 年成为世界第一大出口国、

2013 年成为世界第一贸易国以来，经过 10 余年的发展，中国外贸第一大国地位得到巩固。2013—2022 年的十年间，中国货物进出口顺差由 2590.2 亿美元提高到 8716.8 亿美元；同期中国服务贸易虽继续处于逆差地位，但逆差规模在 2018 年达到历史最高的 2535 亿美元后，自 2019 年开始出现了下降趋势，2021 年服务贸易逆差规模降为 328 亿美元，仅约为 2018 年的 13.00%，2022 年虽有所扩大，但逆差规模也仅约为 2018 年的 17.2%。在资本领域，改革开放后，在利用外商直接投资和对外直接投资方面，基本呈现一边倒的趋势，即主要表现为净资本流入国的地位。2003 年是中国发布中国对外直接投资统计公报元年，当年中国实际利用外商直接投资额达到 535.06 亿美元，但对外直接投资规模仅 28.5 亿美元，后者仅约为前者的 5.3%。但其后随着中国综合实力的提升及“一带一路”倡议的提出，中国对外直接投资规模迅速增长，2013 年后的十年间，除 2022 年外，中国非金融类对外直接投资规模与中国实际利用外商直接投资规模之比始终保持在 0.8∶1 至 1.43∶1 之间，很大程度上说明中国企业国际竞争力加强。服务贸易逆差的大幅度下降及中国对外直接投资规模的扩大，叠加中国作为世界第一大出口国、第一大贸易国，中国正走在迈向开放型经济强国的道路上。

（三）中国正由主要向东开放转向向东向西双向开放

在改革开放的很长一段时期内，中国的对外开放主要面向美加日及澳大利亚等发达国家，但 2013 年“一带一路”倡议提出以来，中国向“一带一路”沿线国家开放的步伐不断加大。中国对“一带一路”沿线国家进出口贸易额、“一带一路”沿线国家对华直接投资金额、中国对“一带一路”沿线国家直接投资额及中国对外承包工程对“一带一路”沿线国家完成营业额四者占同期中国对外贸易额、外商对华直接投资额、中国对外直接投资额及对外承包工程业务完成营业额的比重均呈现较快的增速，四者分别由 2016 年的 25.68%、5.63%、8.50% 及 47.70% 提高到 2021 年的 29.66%、6.45%、17.87% 及 57.90%。中国向东向西双向开放趋势不断加强。

（四）中国正转向双循环新发展格局及内外贸一体化发展时代

适应百年未有之大变局及国内经济形势的发展变化，2020 年中国提出构建国内国际双循环发展格局。这是一个以国内大循环为主体，国内国际双循环相互促进的新发展格局，并已写入“十四五”规划和2035年远景目标纲要，将成为未来一段时期指导中国经济发展的重大规划；继“十四五”规划及2035年远景目标纲要提出“完善内外贸一体化调控体系”，2021年年底国务院办公厅印发了《关于促进内外贸一体化发展的意见》，2022年5月商务部等14部门印发了《关于开展内外贸一体化试点的通知》，内外贸一体化发展在中国将逐步推进。

综上，改革开放以来的40余年间，中国开放型经济及时适应国内外形势发展需要，不断转型，促进中国成为世界第二大经济体及经济全球化的受益者，但更重要的是中国也成了经济全球化发展的重要贡献者。

二、“四落实”：保障国际经贸人才培养服务中国开放型经济发展转型

人才是社会进步及经济发展的重要资源。中国对外开放及开放型经济的发展与转型同样离不开开放型经济人才的培养。南京理工大学国际经济与贸易专业发轫于1985年，迄今已有39年历史（见图1），几乎与中国对外开放同步，见证了中国开放型经济发展的绝大多数进程。因此，很大程度上南京理工大学对国际经济与贸易人才（下简称“国际经贸人才”）的培养通过针对性的转型适应了中国开放型经济发展转型对国际经贸人才的需求形势，为保障不同时期中国开放型经济的发展作出了自己的贡献。具体可概括为“四落实”转型路径。

（一）人才培养定位：切实落实好服务中国对外开放发展战略

在南京理工大学国际经贸人才培养的30余年间，累计为国内外输送3000余名毕业生。大致可概括为三个大的阶段（见图1）。第一阶段是从1985年专业创建至20世纪90年代中期，适应其时“我国军品外贸要有一个大的发展”趋势[2]，以“工业外贸”第二学位为主及1988年开始招生的“工业外贸”本科专业为辅，为国家培养并输送了约300名军品外贸人才。第二阶段是20世纪90年代中期开始发挥学校地处长三角对外开放前沿优势，同时适应2001年

中国加入世界贸易组织（WTO）后带来中国深入参与经济全球化进程，本专业开始以服务长三角为重点，辐射沿海，培养适应新时期中国开放型经济发展需要的国际经贸人才，迄今累计输送了约3000名国际经贸专业人才（含硕士）。第三阶段始于2013年“一带一路”倡议提出后，积极响应国家向东向西双向开放的发展，作为学校第一个面向来华留学生招生的专业，开始了招收来华留学本科及硕士项目，近10年来累计向“一带一路”沿线国家输送了约300名“知华、友华、爱华”国际学生。近年来，随着跨境电子商务及数字贸易的发展[3]，我们在2022年版人才培养方案中适时增加了这类课程，并在硕士培养方案中增加了相应的研究方向，以服务于新时代中国开放型经济发展的要求。

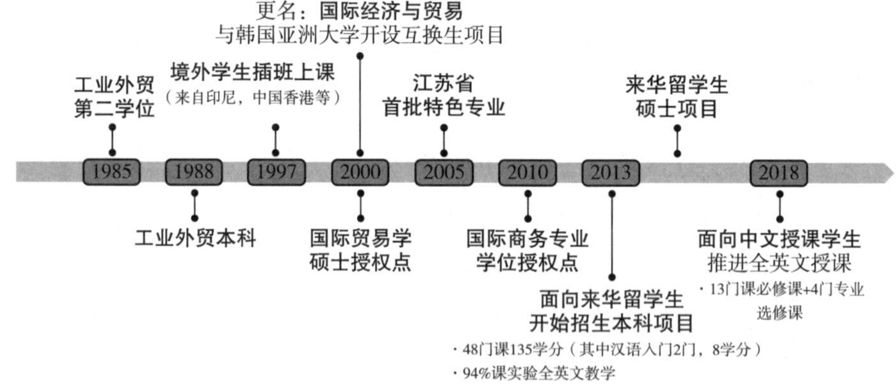

图1　南京理工大学国际经济与贸易专业演进

（二）人才培养目标：切实落实国家不同时期对人才的素质要求

育人目标的丰富和拓展也是教育实践深化的过程。长期以来，在国际经贸人才培养上我们坚持以国家教育方针为指导，注重夯实学生的专业知识，向社会输送符合中国开放型经济发展需要的高质量的国际经贸人才。

一方面，在课程设置上充分考虑不同时期中国开放型经济发展的要求。如在专业创办初期，为适应军品外贸人才培养的需要，依托南京理工大学的工科优势，为学生开设了诸如机械制图等课程；21世纪初，为适应中国入世带来的中国对外开放步伐加快的形势，在课程教学中增加了WTO知识的讲解；

10 多年来，中国积极参与自由贸易区（FTA）的建设，在课程教学中加大了对 FTA 及中国签订的 FTA 的讲解；随着跨境电子商务及数字贸易的发展，在课程中增加了跨境电商的理论与实践课程。总而言之，我们一直奋进在让国际经贸人才的知识结构始终跟随中国开放型经济发展需要的路上。

另一方面，我们在人才培养中，坚持立德树人，坚持以培养德智体美劳全面发展的服务中国高质量开放型经济发展的国际经贸人才为己任。在传授知识过程中，坚持融入课程思政，引导学生将所学国际经贸专业知识和技能转化为内在德行与素养，注重将国际经贸专业学生的个人发展与社会发展、国家发展，特别是与中国高质量开放型经济发展有机结合。近年来，专业教师累计获得校级课程思政示范课程、试点课程、示范课堂及课程思政微课讲课竞赛奖等各类课程思政建设项目 10 余项，获批校级“金课”1 门，为培养高素质的国际经贸人才奠定了坚实的基础。2017 级国际经济与贸易专业本科生李卓城在 2021 年赴贵州六盘水支教，并于同年获得所在学校“优秀教师”称号；疫情期间，该班班长张莹同学用自己独特的方式为抗疫发声，向超过 10 万名读者和听众传达来自世界各国 / 地区对于中国抗疫行动认可与支持的声音，科普关于病毒的生物学知识、中国医学技术和 5G 科技的力量，2021 年她主讲的“战疫中的暖心黄”入选江苏省团省委组织的“信仰公开课”省级示范课名单。

（三）师资队伍建设：认真落实高水平师资队伍是高质量人才培养基础的方针

为切实提升国际经贸人才培养质量，我们坚持以高水平师资队伍建设为重心，全方位打造国际化师资队伍。随着中国开放型经济发展战略的转型，对支持国际经贸人才培养的师资队伍的质量也在不断提升和发展中，为此，我们主要通过“请进来”与“走出去”相结合的方式，全方位提升国际经贸人才培养的师资队伍水平。

（1）“请进来”：一方面，积极邀请境外教师来校授课、讲学，助力学生英语能力提升及跨文化能力培养。为保障高质量国际经贸人才培养目标的实现，我们先后邀请美国高校专业教师为学生讲授专业课，邀请境外高校著名教师来校举办专题讲座或开展合作研究。近年来，我们先后邀请了来自美、英、加、韩、新西兰、立陶宛等国家的10多名境外教授来校进行授课或讲座；另一方面，积极邀请境内高校、研究机构的学者及行业专家来校举办专题讲座，借此提高学生的学术视野，为学生提供了解社会、了解中国开放型经济发展实践的机会。特别是，随着我们邀请的行业专家的讲课主题由20世纪末的进出口贸易、国际结算向对外直接投资、贸易融资、跨境电商、国际物流及跨国公司总部等主题的转变，潜移默化中让学生明白了社会对国际经贸人才的需求不仅面更广，而且对知识结构的要求也更高，进而激发学生的钻研精神，使其自主学习的动力更足。

（2）“走出去”：专业教师积极“走出去”，通过申请国家、省及学校等多途径资助，赴境外访学、参加国际学术会议或参加专业教学培训，全方位拓展自身的学术视野，提升教学科研能力。国际贸易学系现有的17名教师中，12名教师（占专任教师人数的2/3）有1年或以上的海外留学或工作经历，访学或工作过的国家包括美、英、德、法、加拿大、荷兰、澳大利亚、新西兰、阿联酋及比利时等。专任教师们在境外较长时期的学习和工作不仅直接提升了教师的英语交流能力，而且他们直接或间接获得的跨文化交流能力为指导学生跨文化能力的培养与提升亦提供了重要的帮助。

（四）教育资源建设：切实落实教学资源更丰富、教学内容更完善

改革开放40余年来，中国开放型经济发展环境始终处于动态变化中，与之相对应的中国开放型经济发展环境及其内涵亦处于发展过程中，故及时更新和丰富教学资源、完善和优化教学内容对满足不同时期高质量合格国际经贸人才的培养意义重大。为此，长期以来，我们坚持在课程建设、教材编写、实践平台建设等方面坚持创新[1]，力求保证国际经贸专业学生接触到的是最新的教学内容、最新的实践平台，并有一个最新的国际经贸知识体系。我们开展了以下工作：

第一，形成了多元化的课程建设。30余年来，我们的课程建设经历了以下三个变化：一是核心专业课由中文授课、双语授课到全英文授课逐步进阶，2018年版国际经贸专业人才培养方案中累计有17门专业必修课及专业选修课实施全英文教学。二是全英文课程建设质量高。2013年以来，国际经贸专业课累计有 5 门全英文课程获批省部级全英文授课品牌或精品课程，一门双语实验课获批江苏省虚拟仿真实验教学一流课程。三是开发了一批线上及线上线下混合课程，其中 2 门课程在 2020 年教育部首批在线教学国际平台爱课程国际版上线，“国际贸易实务（英）”获批江苏省“2018—2019 年度江苏省高等学校在线开放课程”。

第二，选择并出版高质量教材。高质量教材对于保证国际经贸人才培养质量意义重大。为此我们一方面选择中国人民大学出版社、机械工业出版社及对外经济贸易大学出版社等国内知名出版社出版的国际经济与贸易教材作为教材及教学参考书，另一方面自编高质量教材。30 余年来，专业教师累计在科学出版社、人民邮电出版社、清华大学出版社等出版教材超过 20 本，其中专业教师主编的《国际结算（双语版）》教材获批“十三五”江苏省高等学校重点教材。为保障教材知识点始终符合中国开放型经济发展形势，在选用教材时坚持选择三年内出版的教材，对于自编教材则不断更新。专业教师主编的《国际贸易》《国际贸易实务》《中国对外贸易概论》及《外经贸函电》等教材均至少再版一次，尽可能吸收国际贸易及中国对外贸易发展的最新理论与政策。

第三，不断开拓实习实践平台。在国际经贸人才培养上，我们重视构建校内虚拟仿真实验室及与校外实习基地相结合的学生实践平台的建设，为学生提供多元化的实习实践平台，增强实践能力。在校内，我们不仅很早采购了虚拟的国际商务模拟实习软件及国际结算软件，让学生通过不同外贸角色的扮演巩固所学理论知识，增强综合运用所学理论知识分析解决问题的能力，而且采购了“跨境电子商务”实习软件，并与软件公司合作开发了全英文版，能全面满足来华留学生在校内完成国际商务模拟实习。在校外，我们依托省会城市的优势，在主要外贸公司建立了一批学生实习基地，并积极响应跨境电商的快速发展，在跨境电商企业增加了一批实习基地，更大程度上满足了国际经贸人才培养的需要。

三、对高质量国际经贸人才培养的几点建议

当今世界正在经历百年未有之大变局，实现中华民族伟大复兴正处于关

键时期。中国梦的实现需要一批批高素质的各领域的人才[4]。综合在中国开放型经济发展中国际经贸人才的培养过程，我们认为保障高质量的人才培养必须做到以下几点

（一）坚持立德树人

国无德不兴，人无德不立。作为人才培养的重要阵地，高校应始终将立德树人作为教育的根本任务及中心环节。虽然不同专业人才培养的具体目标各异，但在人才培养过程中，应始终坚持将立德树人内化到课堂教学、教材编写、学科建设、学生管理等各个领域，将专业知识传授与思想引导、价值观塑造、能力培养有机融合，时时刻刻做到积极主动向学生传递正能量。

（二）坚持党建引领并充分发挥党员的先锋模范作用

南京理工大学 30 余年来的国际经贸人才培养充分证明，党建引领并充分发挥党员的先锋模范作用对于高质量人才的培养具有重要的意义。2021 年 6 月起，国际贸易学系党员教师已发展到目前的 12 名，占教师人数的 2/3，在课程建设、教材编写、教改研究、学科建设及人才培养等各个领域，党员同志始终走在前列，为高质量国际经贸人才的培养提供了强大的支撑。国际贸易学教工支部先后有多名党员获得校优秀共产党员、优秀教师等荣誉称号。近年来，国际贸易学系累计获批精品课程、虚拟仿真实验教学一流本科课程、在线开放课程等省级课程，以及“十三五”江苏省高等学校重点教材等省级项目共 7 项，以上也均由党员直接负责或以党员为主参与。

（三）科学制定面向未来的人才培养方案

尽管不同专业发展的背景不同，但向社会输送高质量人才的目标相同。面对复杂的国内外形势及技术的不断进步，在人才培养过程中，应深刻认识到社会经济发展给专业发展带来的机遇及挑战，深入调研，加强研究，及时修订并完善本专业人才培养方案，并从课程设置、教学内容、教材建设、教学手段、教学方法及实践平台等方面及时进行适应性改革乃至创新，助推人才培养目标实现。

（四）加快数智化国际经贸人才培养体系建设

随着数字贸易的发展，跨境电商作为外贸新业态发展迅速，现实中传统

外贸企业及新兴的跨境电子商务企业对既懂国际贸易规则又具有跨境电商运营与管理能力的复合型国际经贸人才的需求不断增长[5]。为适应这一形势发展需要，在国际经贸人才培养上，我们在切实提升国际经贸专业教师数智化教学能力的同时，及时补充有助于提升学生数字信息处理与分析能力的课程，及时引进数字化教学平台，同时加快数字贸易实习基地的建设。

（本文是2022年江苏省高校“智慧教育与教学数字化转型研究”专项课题“智慧教育背景下推动一流专业数字化教学建设与实践研究”的阶段性成果）

参考文献

［1］沈克华．国际经贸人才创新应用能力培养探索——基于CLIL实践与效果检验［J］．上海对外经贸大学学报，2019，26（03）：99-108．

［2］姬兵．我国军品外贸要有一个大的发展［J］．军事经济研究，1989，10（10）：13-17．

［3］王幸．数字经济对商贸流通业创新发展的影响——基于人才供给的门槛效应研究［J］．商业经济研究，2023，869（10）：13-16．

［4］杨青龙，宣烨．新时代背景下国际经济与贸易专业知识体系初探［J］．中国大学教学，2019，341（01）：61-68．

［5］郑文力．数字经济时代企业人才管理智慧转型探析［J］．领导科学，2023，824（03）：51-54．

文理工交叉培养“语言+技术”人才

——“语言学”新文科专业建设典型案例

杨　蔚　赵雪琴

摘　要：南京理工大学外国语学院自2020年起谋划开办以培养语言技术人才为目标的新专业，2021年经教育部批准开办“语言学”本科专业（0502100T），2022年经江苏省学位委员会、省教育厅评定为学士学位授权专业。语言学专业为文理工交叉培养模式，也是南京理工大学首个新文科本科专业。

关键词：文理工交叉　语言＋技术　新文科　语言学

南京理工大学英语专业于1994年招收第一批本科学生，近30年来，英语专业始终面向国家战略需求，在不同时期分别以科技英语、外贸英语等为特色，着力培养国家发展所需的复合型、国际化英语人才。进入新时代，国家和社会发展对外语学科发展、专业建设、人才培养规格等均提出新要求。2020年，吴岩司长明确提出新文科建设的三大重要抓手：专业优化、课程提质、模式创新。外国语学院找准人才培养目标定位，与理工学科深度交叉融合，创新培养模式，开办了语言学专业。

一、专业建设背景

外语专业的发展源于国家对军事翻译人才、外交人才的需求，而随着我国对外交流的日益扩大，英语专业在21世纪初蓬勃发展，在数量上已经成为国内高校的“第一专业”[1]。数量过多、同质化现象严重、国家需求改变等因素一直在促动英语专业改革创新。在2019年4月“六卓越一拔尖”计划 2.0 启动之后，英语专业建设从新文科建设国家战略中获得了变革性的发展思路。

对新文科建设的重要内涵之一“哲学社会科学与科技革命交叉融合”，2020 年《新文科宣言》阐释为“新科技和产业革命浪潮奔腾而至，社会问题日益综合化、复杂化，应对新变化、解决复杂问题亟需跨学科专业的知识整合，推动融合发展是新文科建设的必然选择。进一步打破学科专业壁垒，推动文科专业之间深度融通、文科与理工农医交叉融合，融入现代信息技术赋能文科教育，实现自我的革故鼎新，新文科建设势在必行”。[2]

作为工科强势的理工类高校，南京理工大学积极响应教育部号召，从 2019 年开始设立“精品文科建设”项目，其目标为“发挥学校在国防和两化融合方面的优势，突出以文理工融合发展，打造一批在国内具有学术影响力的应用型文科方向，解决行业、区域和国家社会经济发展中的理论和实践问题，服务政府和行业重大战略决策……”外国语学院在精品文科项目的支持下，建设了新的跨学科语言实证研究方向，购置国内领先的器材与设施，引进跨学科研究人才，在学科、师资、教学条件等方面为培养语言 + 技术交叉学科人才奠定基础。在此背景下，外国语学院于 2020 年正式启动申报新文科专业。

二、专业建设目标

深入贯彻新文科发展理念，定位于人工智能技术发展（包括机器学习、深度学习、认知分析、语音识别与合成、自然语言处理等）对语言学研究的需求，与学校优势学科（如电子与信息、计算机科学等）合作，建设以语言信息智能处理为核心的新型“语言学”专业，打造文理工学科交叉人才培养模式，以语言学科为主体，交叉计算机、数学、信息学等相关学科领域的知识，构建“语言学专业知识 + 扎实英汉双语功底 + 交叉学科”的专业课程体系，培养一批能够为我国的语言科学、人工智能等相关学科及行业所需的新文科人才。

三、专业建设举措

（一）建构文理工交叉融合的人才培养模式

人工智能目前正在进入认知智能的发展阶段，语言模型将起到更加重要的作用。语言模型的建构是非常复杂的跨学科的集成性技术，其中非常重要的部分是运用科学的语言、以信息化的方式描述语言运行机制。文科学生进入这一领域需要的知识体系应以语言学科为主体，交叉计算机、数学、信息学等相关领域知识，初步掌握使用数学语言、计算语言来分析语言数据的方法，掌握一定的语音、文本分析工具的应用能力，即具备文理工交叉融合的知识体系，如图 1 所示。

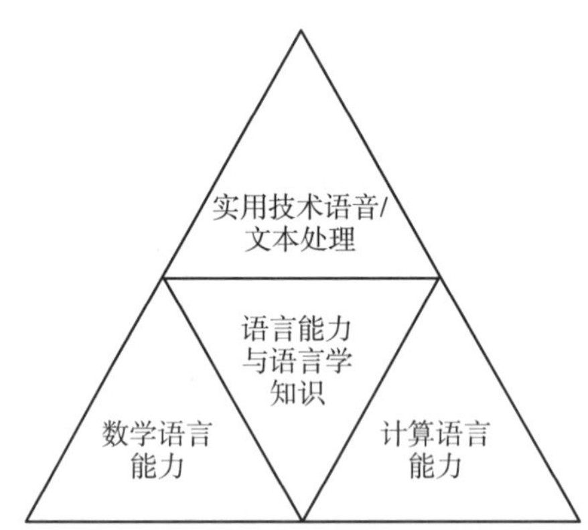

图 1　语言学新文科人才应具备文理工交叉融合的知识体系

正是基于这一前提，语言学专业依托学校“外国语言文学”江苏省“十四五”重点学科、“模式识别与智能系统”国家重点学科、计算机科学与技术”江苏省重点学科、“软件工程”和“网络空间安全”江苏省重点学科，工信部语言信息智能处理与应用重点实验室、教育部高维信息智能感知与系统重点实验室、教育部数理创新中心，为本专业学生设计了文理工交叉融合人才培养方案，建立了跨学科的课程体系和教学团队，使他们能够成为社会经济发展相关领域的智力支撑。

（二）打造聚焦语言智能信息处理能力的人才培养方案

跨学科的知识结构与素养是新文科专业人才培养的核心，南京理工大学语言学专业在跨学科培养的基础上，聚焦于语言智能信息处理能力的培养，按“3”个培养阶段设课，即“通识、学科、专业”三个培养阶段，按“2”类发展路径，即“学术领军、行业精英”，为学生提供学习资源，引导学生根据自身能力和兴趣主动学习，最终形成“1”，即“一人一方案”，如表 1 所示。

表 1　语言学专业课程模块与毕业要求

课程模块	课程性质	学分	备注
通识教育	必修	48.5	大学德语、俄语、日语、法语任选 1 组修读（10 学分）
	选修	10	
学科教育	必修	17	
专业教育	必修	79.5	
	选修	10	其中交叉融合课程≥ 4 学分
毕业总学分		165	

由于本专业仍属于外国语言文学类专业，在素质要求上与英语专业保持一致，包括具有正确的世界观、人生观和价值观，良好的道德品质，家国情怀与国际视野，社会责任感，人文与科学素养，合作精神，创新精神以及学科基本素养等。

在知识要求上强调两个核心知识模块，一是对理论与应用语言学的基础概念和理论的掌握，二是对语言研究所需的数学、计算机基本原理等的掌握，并初步掌握用于开展文本分析与处理、语音分析与处理等相关的技术手段。

在能力要求上，学生应具备语言运用能力、跨文化能力；具有语言学研究能力、信息技术应用能力；具有跨学科的语言研究意识，能够综合运用专业知识和信息技术手段对自然语言相关问题进行科学研究等。

（三）建立跨学科的语言学课程体系

根据培养目标与毕业能力要求，将语言学专业课程体系（见图 2）划分为三个层次：语言与信息技术基础知识；语言学专业知识；语言信息处理应用技术。

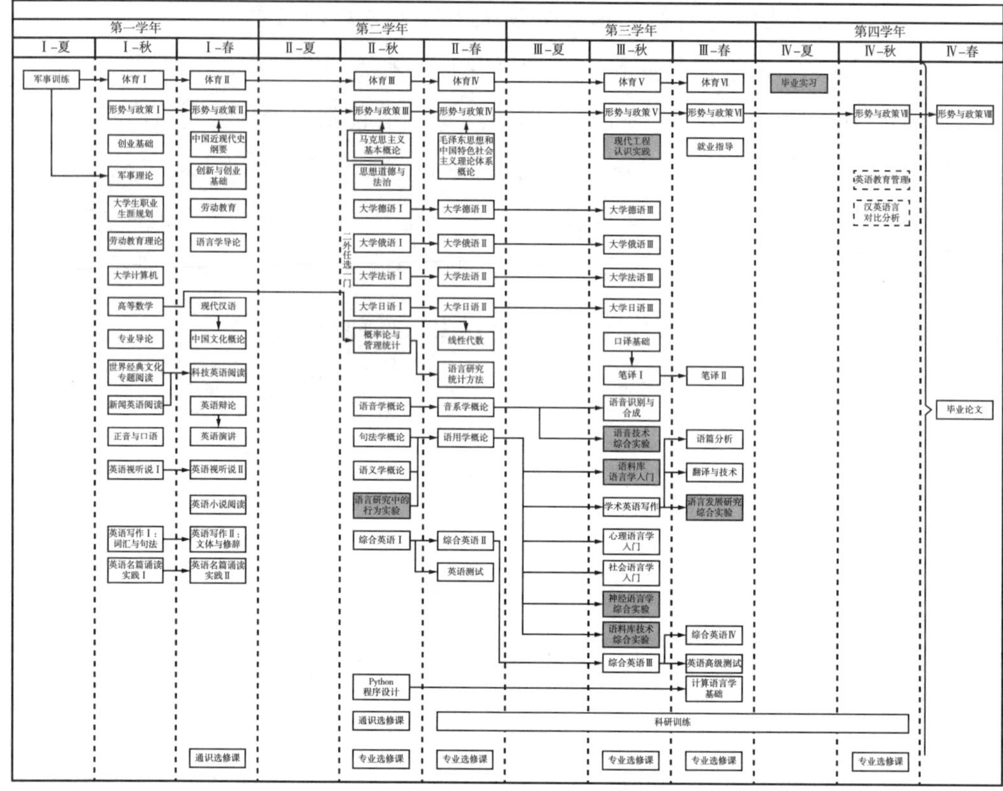

图 2　语言学专业课程体系

语言与信息技术基础知识涵盖双语能力培养相关课程，如英语阅读及写作课程等；培养语言信息处理能力所需的数学及计算机基础知识，开设高等数学、线性代数、概率论与管理统计、Python 程序设计、计算语言学基础等课程。

语言学专业知识涵盖理论语言学与应用语言学专业知识，是理解与分析自然语言运行机制的基础，开设语言学导论、译学导论、现代汉语、语音学、句法学、语义学、音系学、语用学、语料库语言学、神经语言学等课程。

语言信息处理应用技术涵盖语音信号分析及文本语料分析所应掌握的基础工具和技术，开设语音识别与合成、翻译与技术、语言研究统计方法、人机交互技术、自然语言处理导论、机器学习与人工智能等课程。

（四）建设面向学科与行业需求的实践教学体系

本专业实践教学分为三个层次，分别在学校和企业实习基地交替实施，形成完整的实践教学体系。

第一层次通过分布在各学期的专业实践及实验课程，达到专业能力训练的目的。依托眼动实验室、语音声学实验室、脑电实验室、数字语音实验室、机辅口译实验室、机辅笔译实验室等，设置系列实验课程，包括语言研究中的行为实验、神经语言学综合实验、语料库技术综合实验、语音技术综合实验、语言发展研究综合实验等。

第二层次通过第二课堂活动，全面训练学生的语言综合能力与技术运用能力，包括互联网 +、挑战杯、口笔译、演讲辩论等权威学科赛事，以及开设汉语和英语焦点重音感知的眼动实验、脑电实验设计及脑电仪的操作等创新开放实验。

第三层次通过为期 6 周的毕业实习以及为期 10 周的毕业论文，提升学生的专业综合应用能力。学生进入相关信息技术企业，通过参与实际工作，了解社会及行业对本专业人才的要求，增强社会责任感，加快从学生到职业人的角色转变。

四、专业建设中的问题与发展方向

作为新兴的文科专业，语言学专业的培养方案与课程设置与传统语言类专业迥然相异，由于国内尚未有同类专业毕业学生，招生宣传时很难得到家长及考生的积极认同。但在首次培养过程中，本专业交叉融通的学科属性、先进的实验技术与设备、面向前沿技术发展的教学内容引发了学生浓厚的学习兴趣，甚至吸引了其他专业的学生转入。

“语言学”新文科专业突出了文、理、工的交叉与应用，培养方案中设置了系列交叉融合课程，以及数学、计算机等相关课程，但是如何让文科学生适应面向理工类学生开设的课程，如何让理工类课程适用于新文科专业的培养目标，是教学中面临的突出问题。在今后的建设中，我们一方面将重点引进国内外优秀的语言学师资，他们本身即具有跨学科的知识背景，另一方面将与理工科教学团队开展课程共建，打造一批符合语言学专业人才培养目标的数理类课程，建设一支跨学科教学团队，将培养学生用科学的技术和思维解决语言学的问题落到实处。

此外，语言学专业还将与国内外著名大学合作，聘请海内外知名学者作为客座教授及讲座教授来学院长期授课或短期开展讲座，引进语言学研究的前沿资源，拓展师生的国际化视野。

参考文献

[1] 陈彬. 英语专业：高校“第一专业”的尴尬[N]. 中国科学报，2015-01-29(5).

[2] 新文科建设宣言[C]. 新文科建设工作会议，山东：威海，2020.

发挥创客空间优势，推动数学专业的建设与发展

王 慧 张丽琴 许春根

摘 要： 实践证明，充分发挥高校创客空间优势，结合数学学科特点，多维度开展数学建模、密码技术等学科竞赛，有利于教师教学相长，激励师资队伍变精变强；以竞赛为载体，激发学生的学习热情，培养学生的创新与协作精神，促进学生全面发展；以竞赛为引领，促进教学改革和专业发展。以赛促教，以赛促学，以赛促改，在深化教学改革，培养特色化、多元化人才中发挥了重要的作用。

关键词： 创客空间 学科竞赛 以赛促教 以赛促学 数学建模

高校数学专业的课程相较文科和工科专业来说，其概念、性质、定理等部分较为抽象，且理论性较强，在现实生活中得不到直接的应用，加之课程难度较大，学生常常只是为了考试过关而被迫学习，不但影响学生的学习兴趣，更是会导致专业基础不扎实，影响进一步的学习与提升。随着计算机科学和人工智能的迅猛发展，国家需要更多的计算人才，而计算人才的基础是数学人才。因此，数学专业学生的专业优势更突出，发展方向更广阔。如何提高数学专业基础学科的教学质量，如何加强学生的学习能动性，尤其是本科生的学习积极性，是数学专业教学模式改革中应思考的重要问题。

随着信息化的日益发展，数字化成为常态，数学通过计算机展现出了在实际应用中的重要作用。诸多高校陆续举办了数学建模、数据挖掘、密码算法

等学科竞赛，这些赛题通常来源于公司企业、管理机构和科研院所等经过适当简化加工的实际问题。不仅需要学生具备一定的计算机基础，更需要学生具有较强的高等数学、数学分析、线性代数、概率统计等数学基础。学科竞赛为数学理论与实际问题架起了一座联通的桥梁。

2016 年我校成立创客空间联盟，支持大学生开展科研训练，参加国家级（国际）、省级等各类高水平学科竞赛，自主创新创业实践及学生社团等活动。数学专业的创客数学与数据分析工作室作为联盟的最早成员之一，秉承创客空间的建设理念，充分发挥数学学科优势，组建优秀的指导教师队伍，培养有兴趣、有潜质的学生，瞄准数学类高水平重要赛事，夺得高层次奖项，产出优秀成果。实践证明，开展学科竞赛，以赛促教、以赛促学[1, 2]，在数学学科建设和专业发展中起到了重要的作用，主要表现在以下几个方面。

一、以学科竞赛为契机，加强教师队伍建设

（一）名师带队，竞赛成绩逐年攀升

每一个学科竞赛都离不开教师的组织与指导，每一位指导老师都满怀着让学生学得再多一点、成绩再好一点、获奖率再高一点的心，仔细研读每一项竞赛要求，分析历届竞赛试题，揣摩各种解题思路和方法，在赛前给予学生全方位的指导。数学与统计学院副院长许春根教授是我校最早组织和指导学生参加全国大学生数学建模竞赛的优秀教师，在全国大学生数学建模竞赛 30 周年暨 2021“高教社杯”竞赛颁奖典礼中，许春根教授获“优秀组织工作者”奖，金质奖章。

目前许春根教授兼任数学创客工作室负责人和数学学科竞赛总教练，成立了一支由 30 多名有教授、副教授职称的名师组成的学科竞赛“常驻教练组”和由青年教师组成的“筹备教练组”，组织全校学生参加全国大学生数学建模竞赛、中国研究生数学建模竞赛、大学生数学竞赛、高等数学竞赛、密码技术竞赛、全国数据挖掘挑战赛、密码科普竞赛等多项国家级和省级学科竞赛。在许春根教授的带领下，我校数学类学科竞赛参赛队伍逐渐壮大，各项竞赛成绩逐年攀升。在历年的全国大学生数学建模竞赛中，我校成绩突出，多次获优

秀组织奖，成为全国数学建模竞赛颇具影响力的高校；全国大学生密码技术竞赛，我校获奖名次居全国前列；“泰迪杯”全国数据挖掘挑战赛，我校获奖成绩位列江苏省高校和工信部所属高校前列；2023 年第十二届全国大学生数学竞赛决赛中，我校获一等奖 1 项、二等奖 1 项，其中仇景弘同学排在一等奖第四名（前三名为中国科技大学和清华大学学生）。2023 年第二十届江苏省高等数学竞赛中，我校一等奖获奖人数位居全省参赛高校第一。

（二）教学相长，激励师资队伍变精变强

随着各项竞赛活动的开展，指导教师不断学习新的知识、新的理论、新的技术，越来越多的指导教师在竞赛中获得“优秀指导教师”奖；有的指导教师通过竞赛研究课程改革和教学改革，承担了相关的课题研究，发表数篇论文；还有多位指导教师将学科竞赛与教学融会贯通，在全国数学建模微课程教学竞赛、江苏省本科高校青年教师教学竞赛、南京理工大学教师教学创新大赛等多项教学竞赛中获一等奖。学科竞赛不仅促进了指导教师团队的日益精良，还带动了一大批暂未参加竞赛指导的任课教师在其教学课程和科研上不断精进。学科竞赛促进教师教学相长，激励师资队伍变精变强，成了教师发展的重要平台[3]。

二、以竞赛为载体，激发学生的学习热情，培养学生的创新与协作精神，促进学生全面发展

学科竞赛是学生对所学知识的一种检验和运用，是创新思维得以展现的平台。以数学建模竞赛为例，竞赛题目可以涵盖工业、农业、医学、经济、生物、环境、人口、军事等多个方面，利用学过的微积分、线性代数、运筹学等多个数学分支的知识对实际问题分析并建立数学模型，通过数学软件计算最优解，从而得出可行性的解决方案。在建模竞赛的过程中，学生锻炼了对整个数学学科的宏观理解、知识的迁移和融汇、文献查阅和写作能力[4]同时通过竞赛也能反映出自己的不足和某些方面的空白，以及对专业的理解和运用水平，进而在学习过程中，有针对性地加以提高。这真正体现了因学参赛，以赛促学的作用。

（一）一次参赛，终身受益

在 2022 年全国大学生数学建模竞赛中，我校共获奖 33 项，其中全国一等奖 1 项，全国二等奖 4 项；江苏省一等奖 8 项，江苏省二等奖 9 项，江苏省三等奖 11 项，创近三年新高。2022 年中国研究生数学建模竞赛中，我校获全国一等奖 1 项、二等奖 9 项、三等奖 19 项；2023 年第十一届“泰迪杯”数据挖掘挑战赛我校获国家级一等奖 2 项、二等奖 11 项、三等奖 16 项，位列江苏省高校和工信部所属高校前列。2023 年美国（国际）大学生数学建模竞赛（MCM/ICM），我校获特等奖提名奖 3 项、一等奖 5 项、二等奖 25 项……参加过数学建模竞赛的同学均表示“一次参赛，终身受益”。在前辈们的号召和鼓励下，越来越多的同学要求参赛，自发成立了“数学建模协会”。目前协会成员已达 400 余人，数模协会在组织学生参加数学建模竞赛中发挥了重要的作用。这样的参赛热情，不是一时的心血来潮，而是来自十几年竞赛历史沉淀下来的知识激励、荣誉激励和学有所用的自我提升的激励！

（二）挑战知识新高度，挖掘创新潜能

学科竞赛带来的荣誉感不仅是手捧一纸证书时的欢喜，更是为学生搭建了一部通向更加宽广舞台的阶梯[5]。在第四届全国密码技术竞赛中获奖的陈凯同学代表其团队受邀参加第十八届国际密码学与网络安全会议，并在会议上做学术报告，精彩生动地介绍了论文所提出的搜索对抗网络、概率排序与搜索网络、平衡索引森林、快速索引聚类等支撑智能化可搜索加密技术及其实现的研究成果，该报告得到了著名密码学专家罗伯特·邓（Robert H. Deng）的当面表扬！该篇会议论文“*Multi-owner Secure Encrypted Search Using Searching Adversarial Networks*”还被收录进了 EI 检索。

浓厚的竞赛氛围，百花齐放的竞赛成果，激励着学生不断挑战知识的新高度，挖掘创新潜能[6]。例如 2022 级本科毕业生韩筱、董悠然、黄郅昊三人组成的数学建模小组，从校赛到省赛到全国赛再到美赛，一路走来硕果累累；三人合作默契，志同道合，竞赛让他们扩展了知识面，开阔了眼界，提升了创造力。在三人开展的科研训练项目中，有两项获得国家版权局颁发的“计算机软件著作权登记证书”。

三、以竞赛为引领，促进教学改革和专业发展

（一）以创客中心为主导，开展竞赛宣传，大力支持竞赛工作

为促进数学学科竞赛的发展，数学实验中心和数学创客工作室承担了我校数学类竞赛的宣传、培训、指导等工作。2021 年至 2023 年，创客数学与数据分析工作室成功举办了三届“南京理工大学数学建模竞赛颁奖会暨全国大学生数学建模竞赛”动员会、“中国研究生数学建模竞赛”动员大会。竞赛工作得到了学校的大力支持，极大鼓舞了我校学生参加数学建模竞赛的热情和斗志。

为便于赛前指导和学生训练，创客数学与数据分析工作室采用了开放式管理模式，购置多套先进的计算机、高性能计算服务器、多媒体一体机、打印机复印机、大数据分析教学平台、密码技术平台、大学数学在线测试系统等设备，全力支持学生竞赛。工作室硬件条件的提升，同时也惠及学生科研训练、学术社团等创新性活动。

（二）以竞赛为引领，紧跟教育需要，推动专业发展

在专业和课程设置中，我校紧跟时代发展要求，始终以培养高素质人才为出发点。自我校参加数学建模竞赛后，数学专业陆续开设了数学建模、数学软件等相关课程，其中数学建模与系统仿真课程获评“国家级线上一流课程”。这些课程不仅是数模竞赛必须掌握的技能，而且在学生的专业学习、升学发展中都发挥着重要的作用。除数学建模课程外，以数据挖掘竞赛、密码技术竞赛、市场调查大赛、大数据分析技能大赛等学科竞赛为契机，陆续开设了大数据分析、密码技术、信息安全等相关课程，为培养数据分析与网络信息安全等方面人才打下坚实的基础，进一步推动了专业的发展。

四、小结

多年开展学科竞赛的成果表明，充分发挥学科竞赛的集聚效应和引领作用，开放共享创客中心竞赛与教学资源，以赛促学，以赛促教，以赛促改，在深化教学改革，促进人才培养特色化、多元化，提升学科和专业发展中起到了重要的推动作用。

参考文献

[1] 陈英杰，刘健，唐新军，等. 以赛促学、以赛促练、以赛促教——工科大学生竞赛与教学结合的教学模式探索与实践 [J]. 中国管理信息化，2015，18 (13)：246-248.

[2] 宋长明，高冉，王燕燕. 以赛促能　以赛促改　以赛促质——以中原工学院数学建模竞赛为例 [J]. 开封教育学院学报，2015，35 (10)：127-128.

[3] 刘法贵，岳红伟. 关于数学建模教育与数学建模竞赛的思考 [J]. 华北水利水电大学学报 (社会科学版)，2019，35 (3)：34-38.

[4] 张兰云，董素梅. PBL 教学理念构建高等院校数学建模竞赛培训体系 [J]. 科技风，2022 (17)：32-34.

[5] 廖文辉. 学科竞赛模式下新时代大学生竞争能力培养探析 [J]. 湖南理工学院学报 (自然科学版)，2019，32 (1)：91-94.

[6] 刘晓敏. 中国大学生参与创客运动的关键驱动因素 [J]. 开放教育研究，2016，22 (6)：93-102.

新工科、新文科融合的“发明创造学”课程改革探索与思考

戚　湧

摘　要：高校现行人才培养组织模式未能真正突破传统的单一学科运行的局限，存在多学科主体协同难、多学科资源整合难和多学科交叉融合难等问题。鉴于此，南京理工大学知识产权学院加强新工科、新文科融合的“发明创造学”系列课程改革探索，树立多元协同理念，拓展“发明创造学”教学开放合作意识，创新跨学科组织结构，建立多学科交叉和以需求为导向的矩阵式组织结构，努力打造“发明创造学”课程高水平的融合型教学团队。

关键词：发明创造学　课程融合　多学科交叉　课程改革　新工科　新文科

南京理工大学是全国24所获批国家双创示范基地的高校之一，面向建设创新型国家的战略需求，以服务国家战略需求、推动社会进步为使命，致力于为社会培育更多创新型人才，创新创业教育工作成效显著。“发明创造学”系列课程基于南京理工大学理工文复合知识产权精英人才培养目标，致力于培养理工科学生和在校生的发明创造能力，训练学生创新思维，帮助学生掌握发明创造相关理论知识、规律、特点、方法与实践技能。通过课程学习，学生可以了解发明创造理论的发展历程，领会发明创造与国家创新发展、区域竞争和企业竞争力的重要关联，具备运用发明创造学提出问题、分析并解决实际问题的

能力，能够将创新观念和发明创造方法与实际生产生活相结合，并积极投身社会实践，提升自身竞争能力。

现行人才培养组织形式很难突破传统的单一学科运行的局限，存在多学科主体协同难、多学科资源整合难和多学科交叉融合难等问题[1]。鉴于此，南京理工大学知识产权学院树立多元协同理念，拓展“发明创造学”教学开放合作意识，创新跨学科组织结构，建立多学科交叉和以需求为导向的矩阵式组织结构，努力打造“发明创造学”课程高水平的融合型教学团队。

一、专业建设的总体思路

“发明创造学”本科课程的建设与开展，是响应南京理工大学“321”人才培养模式改革和新发展格局下本科人才培养方案制定的需要，也是满足奋力推进新时代中国科技创新的需要，2021 年入选南京理工大学首批跨学科交叉融合课程建设重点项目。知识产权人才培养既体现了新文科建设的时代需求，又体现了新工科建设的具体要求。在南京理工大学现有“理工为基、经管法交叉、理论和实践教育相结合”的复合型知识产权人才培养实践基础上，需要进一步加强新文科与新工科的有机融合，打造“发明创造学”系列课程教学新模式[2]。南京理工大学知识产权学院坚持学科建设—专业建设—课程建设一体化发展路径，以理工法经管深度融合型“发明创造学”系列课程建设为核心抓手，基于“以理工文融合为主线，以三种能力培养为支撑”的“发明创造学”课程内容体系，实现知识产权课程内容与理工专业知识的继承与创新、交叉与融合、协同与共享。同时，课程负责人高度重视本课程与思政融合，在现有“发明创造学”系列课程基础上，深入开展南京理工大学首批师德师风建设研究课题“课程思政与师德师风建设相互促进机制研究”和南京理工大学 2021 年教改课题“课程思政融入知识产权专业教育研究与实践”等研究，实现了课程思政的有效开展。

其中，“发明创造学”面向知识产权创新实践班：机械工程（知识产权）、电子信息工程（知识产权）的本科专业课程；“发明创造的奥秘”课程是面向在校大学生特别是理工科专业背景大学生开设的知识产权发明创造方面的重要通识教育课程。课程相关成果荣获国家教学成果二等奖（2023年）；江苏省教学成果特等奖（2022年）；工业和信息化优秀研究成果一等奖（2020年）、二等奖（2022年）；江苏省哲学社会科学优秀研究成果二等奖（2020年、2023年）；江苏省高等教育科学研究优秀成果一等奖（2019年、2020年）。通过授课课堂，辅以基于移动互联网技术的在线课程网站和教学资源库的线上教学，帮助大学生掌握各种创新方法，并能进行实际应用。本系列课程开课多年以来，教学效果得到学生的一致好评，课程评价平均分在95分以上，数十名在校大学生通过课程学习，参加全国大学生机械创新设计大赛、全国大学生电子设计竞赛、中国大学生计算机设计大赛、全国大学生机器人大赛等全国性大学生大赛，荣获中国“互联网+”大学生创新创业大赛全国总决赛铜奖、全国大学生机械创新设计大赛二等奖、全国大学生机器人大赛RoboMasters机甲大师赛一等奖、中国大学生计算机设计大赛二等奖、全国大学生交通科技大赛一等奖等奖项。

除了本科课程，目前还面向在校博士、硕士研究生开设了“发明创造与知识产权”“知识产权创造学”等课程，并在全省开展知识产权小课堂“高价值专利创造的思考”“知识产权与大学生创新创业”等系列相关讲座，参加活动学生和科技人员超过10万人。

本课程通过积极开展相关项目研究，实现科研反哺教学[3]。具体包括如下项目。

国家自然科学基金面上项目（编号：71974096）：基于专利分析的智能网联汽车技术创新网络治理研究；国家知识产权局研究项目：高校知识产权权益分配调查分析；工业和信息化部知识产权推进计划项目：高校专利成果转化运用机制研究与实践；工业和信息化部通信软科学研究计划项目：技术领域细分视角下车联网核心技术发展态势研究；江苏省社会科学基金重大项目（编号：16ZD006）：江苏“聚力创新”路径方法研究；江苏省重点产业专利导航项目（编号：DH20210024）：车联网产业专利导航；以及江苏省科协重点调研课题：数据驱动下提高创造性思维的路径研究等。

课程教材《发明创造学理论、方法与应用》入选学校“十四五”重点规划教材，并荣获工业和信息化部“十四五”规划教材立项；相关教材《知识产权创造理论与方法》获科学出版社“十四五”普通高等教育本科规划教材立项,《创新管理前沿理论与案例》获南京理工大学2020年度规划教材立项。

二、专业建设过程中的新举措和特色做法

（一）人才培养方案优化

“发明创造学”课程首先通过介绍创新的重要性和瓶颈，然后引入传统和现代创新方法，基于各类创新方法解决生活和工科专业问题，以全面培养大学生创新能力并保护创新成果，为大学生进行高价值专利创造奠定基础。本课程一是将课堂教学升级为课程教学与课程实践相互结合的教学体系，增加课程趣味性；二是将传统创新方法和现代创新方法相互结合，辅以案例分析，提高大学生对创新方法的掌握水平和运用能力；三是将创新方法与理工专业大学生创新能力培养相互结合，理论联系实际，促进理工专业大学生创新并转化运用创新成果。

一方面，本课程对国内外“发明创造学”方面的相关经典课程、教材、教学方式、组织运行模式进行了系统总结，在此基础上打造具有融合性、高阶性、创新性、挑战性的新型教学模式，将理论学习和社会实践内容紧密结合，设计社会实践环节的动手训练内容。一是基于经典创新方法、现代创新方法及其经典案例，将发明创造的理论、方法与应用，与发明创造学课程教学相融合；二是基于机械工程、电子信息工程等理工专业学科特点，定制多元化案例，将发明创造学与机械工程、电子信息工程等理工专业知识深度融合；三是基于课程理论教学与实践教学，将发明创造方法与理工专业本科学生的专业基础、科研训练、竞赛活动深度融合。

另一方面，在整合知识产权学院不同学科背景师资资源的基础上，进一步融合机械工程学院、电子工程与光电技术学院和经济管理学院等学院骨干教师，完成“发明创造学”的教材《发明创造学理论、方法与应用》的编撰、案例收集与定制、教案编写及课程授课等工作，形成了跨学科、跨学院教学模式。“发明创造学”课程与其他理工专业学科基础课程、学科专业课程、学科

选修课程以及与知识产权其他核心课程相融合，整合多专业课程教案教材资源，丰富多元化课程教学内容；此外，还构建了 TRIZ 理论下的人工智能专家系统知识库，开发了基于人工智能的智能 TRIZ 系统，其中知识库数据集合包含国内外的相关基础知识、创新案例、领域专家丰富的知识和宝贵的经验等，智能 TRIZ 系统根据用户提出发明创造的创新需求，提出相对应的产品、技术工艺和模式等方面的创新方案，有利于培养学生形成系统的发明创造思维。

（二）课程设置

课程共 32 学时，11 次课，具体课程设置如下。

第一部分：发明创造学的概述；第二部分：创新思维方式；第三部分：技术系统进化法则；第四部分：发明问题的描述和分析；第五部分：功能导向搜索；第六部分：发明原理；第七部分：技术矛盾及其解决原理；第八部分：物理矛盾及其解决原理；第九部分：物质—场分析与标准解；第十部分：ARIZ 算法；第十一部分：TRIZ 理论拓展与应用；第十二部分：TRIZ 理论拓展与应用。课程旨在指导大学生应用各类创新方法得到可能的发明创造问题解决方案。

（三）教学模式改革创新

本课程教学改革创新点主要包括以下三点：一是将传统知识学习结构升级为“知识学习 + 科研训练实践活动”框架体系，针对强国建设目标和任务，理论知识学习结合实践活动，增加课程趣味性和必要性；二是将传统创新方法和现代创新方法相互结合，辅以机械产品结构设计、电子系统设计、复杂装备系统设计、机器人设计、计算机设计等，提高大学生尤其是理工科大学生对创新方法的掌握水平和运用能力；三是将创新方法与在校大学生创新能力培养相互结合，组织在校大学生参加各种大赛，通过理论联系实际和创新设计大赛，促进在校大学生创新并转化运用创新成果。

其中，研究的标志性成果包括以下 9 项。

1. 完成了“发明创造学”新课程大纲和教学实施计划

“发明创造学”课程大纲逻辑清楚、层次条理分明；知识点深入浅出、涉及面广；教学过程中重点突出适合教师备课以及课堂教学。通过该门课程教学，帮助教师和学生形成发明创造学知识框架，了解各类发明创造方法在生产生活中的应用状况，并能够举一反三进行实际运用。

2. 出版了工业和信息化部“十四五”规划教材《发明创造学理论、方法与应用》

在科学出版社出版工业和信息化部“十四五”规划教材《发明创造学理论、方法与应用》，本教材根据现有“发明创造学”基本理论和具体方法进行创新，形成特有的理论方法体系，并结合相关案例对发明创造的实际应用进行了详细阐述。

此外，本课程相关系列教材《知识产权创造学》获批科学出版社普通高等学校“十四五”规划教材，于 2023 年 12 月正式出版。

3. 组建了“发明创造学”跨学科、跨学院交叉融合的师资团队

以本课程的教学实施和教材《发明创造学理论、方法与应用》编写为依托，结合理工、经管、知产等各学科院系优秀师资团队，形成特色教学队伍。

4. 构建了“发明创造学”新课程内容体系

通过出版《发明创造学理论、方法与应用》教材，形成了区别于现有课程内容且符合实际教学需求的新式课程内容体系。

5. 完成了“发明创造学”新课程教学计划

针对《发明创造学理论、方法与应用》教材，形成重点教学内容、课时分配、区别教学方式、知识产权学院 / 机械工程学院 / 电子工程与光电技术学院教师分工、知识产权学院 / 机械工程学院 / 电子工程与光电技术学生合作的教学计划。

6. 完成了“发明创造学”交叉融合型案例集

结合相关学科特点，收集整理相关案例，撰写完成了“发明创造学”交叉融合型课程的发明创造案例集。

7. 完成了“发明创造学”交叉融合型教案

根据“发明创造学”教材具体内容，突出相关各个学科的具体优势，有侧重地形成交叉融合型课程教案，并制作了新的课件。

8. 扩大了青年教师和学生的课程服务面向

在学校紫金教学论坛第158期，针对青年教师授课扩大课程的服务面向，讲授“高价值专利创造的思考”，得到广大与会青年教师的关注和好评。

此外，从2022年2月开始，面向在校大学生开设“发明创造的奥秘”创新创业课程，选课的学生达到100人，得到学生的充分关注和好评。

9. 获批了江苏省科协重点调研课题并开发了发明创造智能TRIZ系统

在本教改项目研究的基础上，获批了江苏省科协重点调研课题“数据驱动下提高创造性思维的路径研究”，该课题顺利通过结题验收。在此基础上，开发了“发明创造智能TRIZ系统”，在项目负责人戚湧教授主讲的学校知识产权创新实践班本科生专业必修课“发明创造学”和全校大学生创新创业课程“发明创造的奥秘”课程中使用。

三、专业建设过程中面临的问题

专业建设过程中面临的问题主要包括以下三点：一是新文科与新工科交叉融合的课程教学模式须进一步完善。知识产权人才需要多学科交叉融合培养，在现有复合型人才培养基础上，论证新文科与新工科有机融合[4]，强化跨学科跨学院教学模式。二是新文科与新工科交叉融合的课程内容体系须进一步优化。坚持“学科建设—专业建设—课程建设一体化发展”路径，基于“以理工文融合为主线，以三种能力培养为支撑”的课程体系，实现创新、交叉融合、协同共享。三是新文科与新工科交叉融合的课程师资团队建设须进一步加强[5]。拓展教学开放和合作思维，创新跨学科组织结构，建立多学科交叉和以需求为导向的矩阵式组织结构，打造高水平的融合型教学团队。

四、专业未来努力的方向和重点发力点

专业未来努力的方向和重点发力点主要包括以下三点：一是加强师资队伍融合。在融合知识产权学院不同学科背景师资基础上，进一步融合机械工程学院等理工学院骨干教师，形成跨学科跨学院教学模式的深度融合。二是加强课程内容融合。修订教学大纲，挖掘教学融合点。一方面课程内融合，包括

经典创新方法和现代创新方法融合等。另一方面是课程间融合，包括课程与其他理工学科融合。三是加强不同专业学生融合。拟在校教务处、校团委等支持下，成立发明创造学研究与应用大学生社团，利用实践教学、科研训练、学科竞赛等实践方式，解决创新实际问题。

参考文献

［1］刘丽梅，马靖香，张英良．新建本科院校校内协同育人模式探索——以邯郸学院为例［J］．教育研究，2017，38（06）：151-156.

［2］张怀印．复合型知识产权人才培养与知识产权交叉学科设置研究［J］．法学教育研究，2021，34（03）：53-66.

［3］张文，金德龙，浦徐进．新文科背景下经管类专业“科研反哺教学”机制研究［J］．现代商贸工业，2023，44（11）：249-251.

［4］刘俊颖，王一威，关新雅．新文科与新工科价值共创模式研究：共生、场景与实践［J］．天津大学学报（社会科学版），2023，25（01）：1-6.

［5］吴娟娟．深度融合型混合教学师资队伍建设问题及对策研究［J］．佳木斯职业学院学报，2020，36（02）：158-159.

新形态下MEMS传感器虚拟仿真实验课程建设与实践

卜雄洙　吴志强　姜　波　朱蕴璞　张　晶　王　宇

摘　要：传感器技术作为仪器类专业的重要专业必修知识，其教学实验是必不可少的。要对传感器实验教学现状进行分析，针对存在的重理论、轻实践、验证型多于设计型、教学方式单调枯燥等问题，结合传感器所具有的知识密集性、内容离散性、工艺复杂性和应用广泛性等特点，提出基于虚拟仿真技术的MEMS传感器实验教学。通过任务驱动式、交互式、沉浸式，以及探索式教学方法应用于本实验教学，使其具有知识量大、系统性强、科学性高、综合性强等特点。通过本实验，把影响MEMS传感器指标的“卡脖子”技术展示出来，积极引导当代大学生树立正确的国家观、民族观、历史观，鼓励学生进行原创性、开拓性、引领性研究。

关键词：MEMS传感器　实验教学　虚拟仿真实验　评价体系

传感器技术被认为是现代信息技术的关键技术和智能技术的先导，与通信技术、计算机技术并称现代信息产业的三大支柱，是当代科学技术发展的重要标志之一[1]。目前传感器技术在工业自动化、军事国防和以宇宙开发为代表的尖端科学与工程等重要领域应用的同时，正以自己的巨大潜力，向着与人们生活密切相关的方面渗透：生物工程、医疗卫生、环境保护、安全防范、家用电器等方面的传感器已层出不穷，并在日新月异地发展。可见，从茫茫太空，到浩瀚海洋，从各种复杂的工程系统，到日常生活的衣食住行，几乎每一个现代化项目都离不开各种各样的传感器，可以毫不夸张地说，未来的社会将是充满传感器的世界[2, 3]。

“传感器原理及应用”“测试技术”等课程作为仪器类专业的专业基础课，是实践性非常强的专业课程。它综合了物理学、微电子学、化学、材料科学、精密机械、微细加工等多方面的知识和技术，因而其课程特点集中体现了知识的密集性、内容的离散性、传感器品种的庞杂性、功能的智能性、工艺的复杂性和应用的广泛性。其目标是使学生了解检测系统与传感器的静态、动态特性和主要性能指标，掌握常用传感器的工作原理和常见非电量参数的检测方法、检测系统中常用的信号放大电路、信号处理电路与信号转换电路等。其基本要求是通过本课程的学习，培养学生利用现代电子技术、传感器技术和计算机技术解决生产实际中信息采集与处理问题的能力，为工业测控系统的设计与开发奠定基础[4]。

一、传感器实验教学现状和分析

实验教学是高等院校教学的重要组成部分，是对课堂所学理论知识的直观认识和拓展应用，是学生理论联系实际的重要途径，它在培养学生综合素质和创新能力方面有着不可替代的重要作用。长期以来，由于理论重于实验的教学观念根深蒂固，同时它具有种类多、结构及工艺复杂的特点，影响了传感器教学与实验的效果。传统的实验教学的问题主要反映在以下几个方面：

（一）重理论、轻实践

传感器实验教学现状的文献资料表明，目前很多高校在教育观念上，重理论知识传授、轻动手能力培养的倾向，深究原因主要是从传感器设计、制作加工到校准过程，不仅需要大量时间、设备、人力资源、场地，还需要实际工程应用环境的支撑，从而大大影响了学生对传感器特性的理解及在传感器应用中解决实际问题能力的培养[5]。

（二）重验证、轻设计

由于传感器内部结构复杂，制作工艺设备价格昂贵、制作周期长，因此传感器的实验项目大多为利用现有的设备进行验证性实验，2018 年我校测控系淘汰了原有设备，基于经费紧张，只购置了 5 套 KL-620 型传感器实验装置，该装置采用模块化方式，即利用现成传感器模块、测量电路模块、数据采集模块等搭建完整测试系统，完成验证实验。虽然各传感器透明式封装比较直观，测量电路也有原理示意，但由于已经封装成模块，缺乏设计性、综合性要求，与工程实践脱节比较严重。即使有设计型实验，但由于学时数不足，设计并加工的传感器根本达不到设计要求，只是原理性的验证，对现代新型传感器内容更无法提供实验支撑[6]。

（三）重注入、轻主动

传统的传感器实验教学是注入式的，从实验原理、步骤、实验注意事项，甚至连实验结果都面面俱到地由老师讲解，然后由学生按实验指导书内容“按方抓药”地操作。这使学生处于消极被动的地位，影响其学习主观能动性的发挥，严重阻碍了学生的全面综合素质的培养[7]。

（四）设备少、学生多、动手者少、旁观者多

实验室建设对各高校来说是一项重要的投资，传感器实验中，有些设备是昂贵的精密测量仪器，套台数少，有些实验材料是一次性易耗品，消耗量大。因此，在资金紧张的情况下，在实验过程中往往个别学生做，同组人旁观，有些实验的实验教学效果不理想[8]。

总之，传感器实验教学从理论教学中解脱出来，应与课程特点紧密结合，在有限的学时内，不受设备、场地的限制，具有成本低、效率高（无设备损坏）、功能齐全、直观形象等优点。借鉴我校与其他高校相关课程的成功经验，在巩固和加强理解传感器基本理论、工作原理、相关应用的同时，把综合设计型实验实施过程中营造的接近工程实践环境和工作流程体现出来，结合虚拟仿真实验平台，对具有典型且综合性较强的 MEMS 加速度传感器实验教学进行了探索和改革，帮助学生提高实践技能，体现了实验教学的先进性、自主性、扩展性。

二、MEMS 电容式加速度计虚拟仿真实验教学

（一）虚拟仿真实验教学系统设计思路

根据 MEMS 加速度传感器设计任务要求，学生以设计者的身份参与高逼真度的虚拟仿真世界。整个实验设计了四个逐层递进的实验项目，从 MEMS 及加速度传感器原理认知，到 MEMS 加速度传感器的设计（包括结构设计、MEMS 加工工艺设计和测控电路设计三部分），再对“加工”后的传感器进行静态和动态标定，最后通过加速度传感器在应用场景中的功能和性能模拟对前面的设计过程进行迭代优化。通过虚拟仿真技术，能够以一种更加高效的方式将 MEMS 传感器的设计“心得”分享给学生，激发学生科研兴趣，培养学员科研思维，实现科研反哺教学，为培养高素质新工科人才提供有力支撑。其设计路线图如图 1 所示。

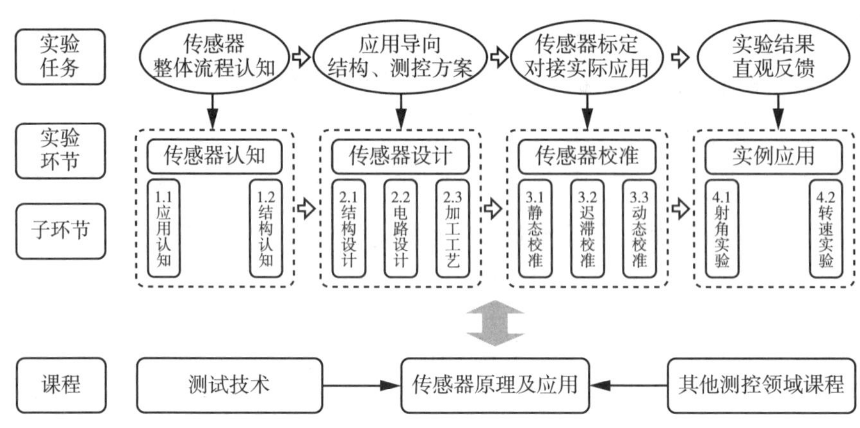

图 1　MEMS 电容式加速度计虚拟仿真实验总体方案

（二）实验项目实现方式

本实验项目通过改革测控专业课程教学理念、教学内容、教学方法，实行基于任务驱动式、探讨式实验教学，利用文字、图片、三维模型、全景 VR、视频等多种新媒体，虚实结合，通过学生线上 MEMS 电容式加速度计设计的虚拟仿真实验及课程的教科书等混合式学习，突破时间与空间限制，让学生对测量系统中的每个环节有一个全面的认识，培养学生具有自主设计创新型测控

系统的能力。

（1）通过多媒体技术、虚拟现实技术构建了高度逼真的 MEMS 加速度传感器设计到校准及应用的教学环境，并对 MEMS 传感器的原理、结构、工艺、电路、校准等进行详细地认知说明；同时构建了多种典型的 MEMS 加速度传感器的三维模型，根据任务驱动，学生设计结构参数，并给出相应的结构模态图，直观地了解传感器结构组成和结构特点；其中虚拟仿真实验认知及结构设计场景如图 2 所示。

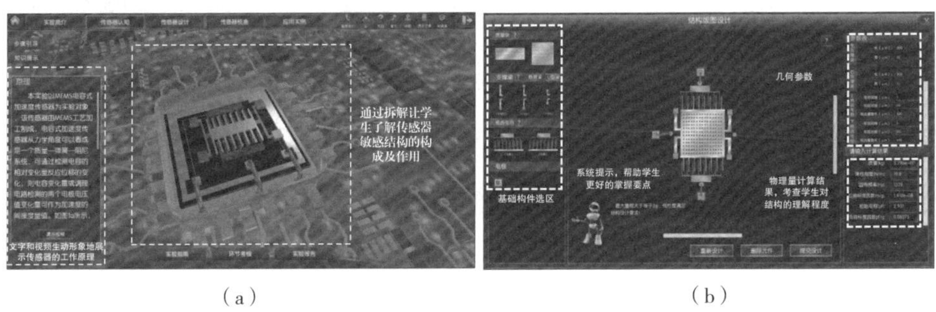

（a）　　　　（b）

图 2　敏感结构虚拟设计环节

（a）敏感结构解剖图；（b）结构设计流程图

（2）利用虚拟仿真实验直观展示 MEMS 加速度传感器制作工艺流程，部分场景见图 3。通过交互式操作加强学生对 MEMS 工艺以及器件制造流程的理解。实验以动画形式再现了洁净室中 MEMS 加工的全过程，包括晶圆选择、光刻、深硅刻蚀、沉积、引线键合、真空封装等七个步骤。学生不仅可以进行沉浸式的体验，还可以对工艺加工中的关键参数进行设置，这一实验过程使学生在掌握 MEMS 工艺加工器件基本流程的基础上，加深了对工艺加工参数的理解。

（3）构建传感器调理电路的实验场景，部分场景如图 4 所示。在本实验中，提供了四个基于电荷放大器的电容检测调理电路模型库，包括单端检测、双载波调制解调、差分双端检测、单载波调制解调等。由学生根据总体任务和分项任务，自行选择调理电路类型并设计相应的参数，引导学生根据示波器等仪器设备进行电路调试，分析设计的调理电路是否满足任务要求。

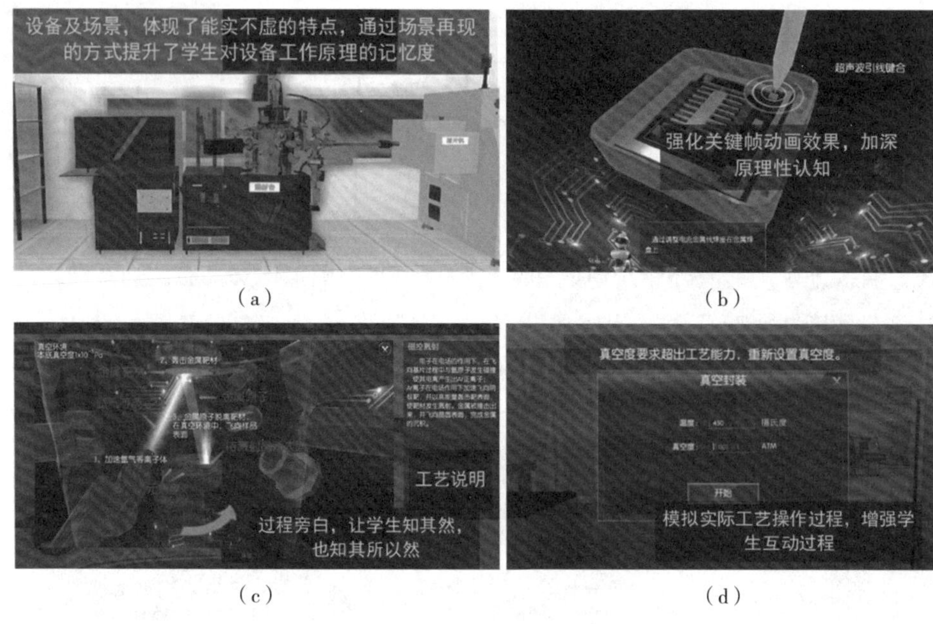

（a）（b）（c）（d）

图 3　MEMS 虚拟制造工艺环节

（a）场景；（b）动画；（c）旁白；（d）交互

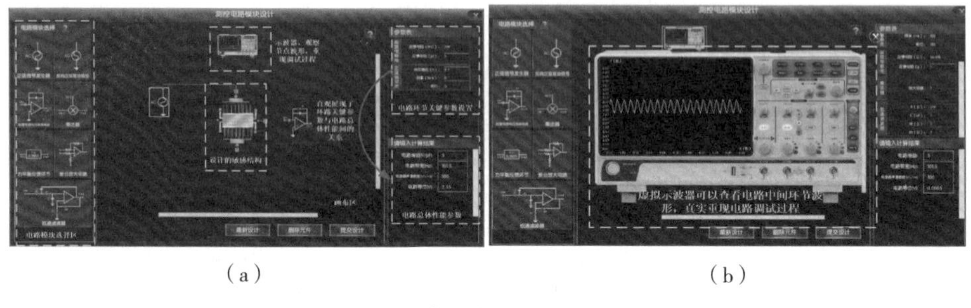

（a）（b）

图 4　调理电路虚拟仿真实验环节

（a）调理电路设计、参数设置；（b）调试

（4）仿真加速度传感器的静动态标定环境如图 5 所示。包括离心机、线振动台等标定设备的选型和传感器安装位置及方向，形象地揭示不同影响因素条件下（包括环境因素）传感器的静动态特性的变化规律，并利用数据处理方法求出静动态特性指标，加深同学们对计量校准中抽象概念的理解，提高学生数据处理、分析与推断能力。

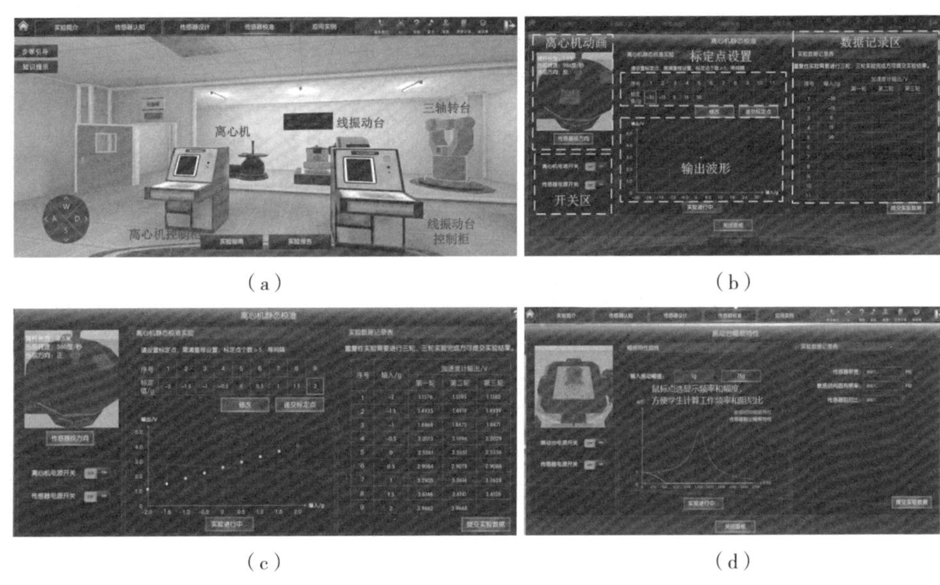

（a）　（b）

（c）　（d）

图 5　传感器虚拟标定环节

（a）标定设备；（b）标度标定步骤；（c）结果记录；（d）幅频特性

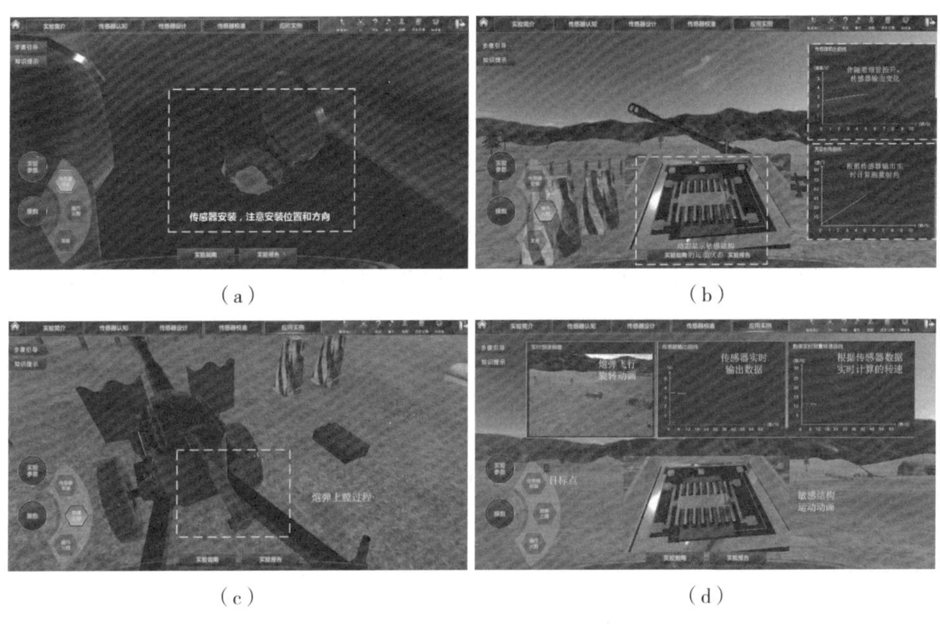

（a）　（b）

（c）　（d）

图 6　MEMS 加速度传感器虚拟应用环节

（a）传感器安装；（b）倾角测量应用；（c）炮弹装填；（d）转速测量应用

（5）结合我校的军工特色，搭建虚拟仿真应用环境，如图 6 所示。学生利用自己设计的虚拟加速度测量系统对典型的静动态运动载体进行测量，其中包括测量身管的角度以及炮弹的转速，并进行后续的信号数据处理及结果分析，同时评估最终的测量精度等。帮助学生了解和掌握加速度计的使用要领、注意事项、处理方法以及不确定度评估。

三、虚拟仿真实验技术的实验教学特点

（一）教学方法创新

通过虚拟仿真技术，建设了知识体验式、时空开放性、能力多元化的虚拟仿真实验。将研讨式教学方法、任务驱动式教学方法、交互式教学方法、沉浸式教学方法以及探索式教学方法等应用于 MEMS 加速度传感器设计及校准虚拟仿真系统实验教学，结合调研、归纳、推演法和比较法等实验手段，实现高阶性、创造性和挑战度兼具的“两性一度”金课标准。

（1）研讨式教学。以学生原有知识基础和能力水平为基础，教师在建立的虚拟场景中给出贴近学生生活的 MEMS 加速度计应用情境，比如手机、安全气囊、火炮倾角测量等场景，提出有思考价值的问题，继而以爆炸图的形式给出 MEMS 加速度计的系统构成，引导学生研究、讨论，利用仿真平台开展 MEMS 加速度计的认知与设计。

（2）任务驱动教学。学生围绕 MEMS 传感器系统的设计任务，根据实验设计流程开展相关实验，使学生的实验进程与 MEMS 加速度计的设计过程环环相扣，而且任务分为 2 g 小量程和 30 g 大量程两组不同的设计任务，设计要点不同，充分发挥学生在设计过程中的主观能动性。

（3）交互式教学。在建立的虚拟场景中系统学习 MEMS 传感器系统相关知识，同时利用虚拟现实交互功能进行 MEMS 传感器系统设计实验。尤其在加工工艺环节，通过虚拟场景下的交互，让学生充当了工艺生产线上的工程师，体验遇到问题并解决问题的过程。这种全新的实验模式摒弃了传统的灌输式教学方式，让学生自主参与教学，最大限度地发挥学生的主动性和创造性。

（4）沉浸式教学。教师在建立的虚拟场景给学生提供全面的 MEMS 生产

加工视觉工具，设计显微放大、爆炸图展示、动画展示等动态展示方式，使学生了解 MEMS 结构、加工流程和整体构造方式，让学生有身临其境开展 MEMS 生产活动之感。

（5）探索式教学。MEMS 加速度传感器设计及校准虚拟仿真系统实验教学系统中，针对同一组任务，学生可以设计不同的结构和测控方案，并通过校准环节和应用环节的反馈探索方案可行性，充分体现实验教学多元化结果输出的特点。

（二）评价体系创新

该课程采用了多方面、多角度、多层次的全方位创新式的教学评价体系，既有针对任务完成度和质量的结果性评价，又有关于实验步骤选择和关键设计参数输入的形成性评价。考核时既考核传感器设计后的指标是否达标，又考核关键设计参数输入是否超限。考核步骤达 24 步，考核点超 50 项。

考核同样注重实验结果迭代优化效果，比如学生在第一次设计中出错，在后续的标定和应用环节中发现了问题并给出了针对性的改进，在考核结果中也会得到体现；在中间设计环节尽量减少实验终止考核项，鼓励学生试错，培养学生解决复杂问题的综合能力和高级思维。

学生参与虚拟仿真实验的现场如图 7 所示。本虚拟仿真实验经过近几年的网上运行，不断地改进和完善实验细节、教学方法和评价体系，实验综合效果良好，目前已经被评选为首批江苏省一流本科课程，并参评第二批仪器类国家级一流本科课程。

图 7　虚拟仿真实验实践教学现场

四、结束语

深化传感器实验教学改革，培养学生创新精神和实践能力，根据传感器实验教学的现状和面临的问题，充分调研，构建高度仿真的虚拟实验环境和典型的实验对象，从典型的 MEMS 传感器的结构设计与加工工艺，构建测控电路，最终校准及数据处理等各阶段开展虚拟仿真实验，能够使学生仅在 4 学时内深入了解传感器从设计到成品的每个环节与最终的传感器静动态特性指标的关系，掌握知识节点中某些较难理解的概念、原理等，激发学生学习兴趣，养成科学严谨的态度、科学实验的基本素质，提高学生认知和分析推理能力，达到教学大纲所要求的教学目标。

“传感器原理及应用”“测试技术”“新型传感器”是测控技术及仪器专业开设的专业课程和全校的通识前沿课。南京理工大学机械工程学院率先将虚拟现实技术应用于本专业教学与实验，形成了虚实结合的实验教学体系，真正实现了传统教学方法无法开展高难度、高成本、高危险的教学实验内容，在教学方面使传统教学内容获得了延伸拓展。

参考文献

[1] 詹斌．物联网的关键技术及计算机物联网的应用研究[J]．电子世界，2017(13)：15-17.

[2] 刘进长，刘振忠，张建．MEMS 传感器技术发展现状与趋势[J]．科技中国，2018(06)：8-10.

[3] 吴新友．传感器技术在机电一体化系统中的应用研析[J]．中国测试，2021，47(10)：171.

[4] 邹丽敏，王伟波，谭久彬．新工科背景下仪器类专业内涵建设的思考与实践[J]．高等工程教育研究，2021(05)：23-28.

[5] 冯艳，李玉龙，张华．以项目为载体构建传感器课程综合性实验的研究与实践[J]．实验技术与管理，2014，31(01)：187-190.

[6] 朱诚，张勇，陈琦．基于虚拟仿真平台的传感器课程新型实验的教学模式[J]．办公自动化，2021，26(21)：6-8.

[7] 荆丽丽，刘凌云. 传感器实验教学改革探索 [J]. 教育教学论坛，2016(46): 275-276.

[8] 王篮仪，罗通. 基于虚拟仿真技术的传感器实验教学改革研究 [J]. 福建电脑，2017，33(04): 165-166.

安全工程课程体系中通用安全知识的探究

郭　耸　解立峰　李　斌　张　丹

摘　要：安全工程专业应时代要求而生，近年来发展更是迅猛，现代社会的深度分工又要求安全工程专业人才培养不可求大求全，须突出培养重点和专业特色，其课程体系特色要鲜明。尽管如此，面临现有专业培养的学生在就业选择意愿方面受到院校方向限制等问题，如何保持好安全工程专业通用知识平衡涵盖是本文探究的内容。通过南京理工大学安全工程专业课程体系对比进行尝试，本文探索了解决措施，即基于设立“通用安全技术”课程弥补各行业安全知识教学内容的不足；并进一步研讨了该类课程的教学模式，即运用增设该类课程的实验教学环节，达到便于学生快速吸收大量知识的目的。实践表明，这样的教学方法培养了现有学生对于该类基础知识的归纳总结能力，提升了该类课程的教学质量，实现了对应的教学目标。

关键词：安全工程　通用安全知识体系　创新能力　事例

伴随着新世纪的到来，国内外学者对教育理念、教育方式，尤其是本科教育重要作用的认识逐步发生了改变，时至今日，许多学者都提出了着力提升本科教育品质的主张，目的和作用是积极建设和改进与研究型大学定位相符合的本科教育教学体系[1-5]。近年来我国经济社会的快速发展以及向高端制造业的挺进使得对人才需求的目的和方向变得更加精深广泛，这又势必更加强调教育目的多样性和人文主义精神的原则，特别强调教学与科研的结合[6-8]。教学的功能是使学生掌握各类知识，具备知识应用基础，科研是学生尝试应用知识进行研究创新，科研创新形成的知识又成为知识基础，进一步传递给学生，再使之应用于研究创新，使人类认知循序渐进，这便是进步。安全科学与工程学科的进步也须遵循这个方式，强调教学与科研的相互促进发展，安全工程专业的教育使学生具备安全理念、知识、方法和能力，随之运用它们引发社会安全方面的进步。

近 15 年来，南京理工大学安全工程专业通过多渠道了解国内外安全工程专业人才培养的改革新动向，积极适应发展潮流，针对工程教育专业认证的重点指标，不断加大安全工程专业教学体系和教学内容改革力度，逐步运用新的教育理念，搭建起教学与科研互为促进的教研一体平台，以南京理工大学本科科研训练、课程设计、毕业设计等教学科研互促课程为龙头，积极有效地引导学生运用课堂知识开展科技研究，增强学生自主思考能力和动手能力，加大学生对安全科学与工程学科中知识广度和深度的掌握和认识，取得了在精品课程建设、研究型人才培养、品牌专业建设等方面的可喜成果。尽管如此，本专业的教师队伍仍在取得的成绩基础上，认真分析着现有专业建设内容的不足，不断思考着专业建设内容的改进，期望能使专业发展得更加完善，更加适应现代社会对于安全专业人才的需求。

一、安全工程专业特色鲜明与专业通用知识广度的平衡

特色是一个事物或一种事物显著区别于其他事物的风格、形式，是由事物赖以产生和发展的特定的、具体的环境因素所决定的，是其所属事物独有的。专业特色是指学校在长期的办学过程中积累、形成、创新和发展，在专业建设目标中体现，在专业建设基本思路中贯彻，在培养方案、实践教学体系等办学行为中实践，深刻影响学校品牌，有别于其他学校相同或相似专业且相对优胜并得到校内广泛认可的一种办学特征和发展方式[9, 10]。安全科学与工程学科是一门多学科交叉的专业门类，其具有工、管等门类中诸多学科交叉的特点，相应的学科对应的安全工程专业行业应用范围极其广泛，几乎社会中的各

个行业均涉及安全相关的内容，如化工、船舶、建筑、消防、公共管理等行业，安全工程专业的这个特点导致院校培养安全工程专业人才时无法做到面面俱到，无法培养出能够在所有行业门类的安全工作中均精深的全面型人才，这也明显与现代社会高度分工的特点相悖。因此，对于安全工程专业人才培养中求大求全并不可取，必须采用人才培养有重点方向、有专业特色的方式。只有如此，培养的安全工程专业人才才可以在特色行业、特色领域发挥出自己的特长，更好地完成该领域对安全的要求。

尽管通过此类方式解决了安全工程专业院校培养人才的重点、方向等问题，但仍存在一定问题，其中最为突出的就是现有专业培养的学生在就业选择意愿方面受到院校方向限制的问题。全国各类安全工程高校近几年培养了大量的安全专业毕业生，在其毕业找寻工作过程中学生对从事行业喜好、薪酬收入比较、地域选择等有着差异性甚大的想法，如何更好地帮助学生最大限度地实现各自的理想目标是以学生为本培养模式的重中之重，这也反映了专业人才培养方向不能过于狭窄、过于单一，还需要一定程度地顾及专业通用知识广度以使学生适应更多行业的要求，因此保持安全工程专业特色鲜明与专业通用知识广度之间的平衡显得尤为重要。

二、安全工程专业特色鲜明与知识广度间平衡模式的尝试

遵照该平衡理念，笔者所在院校的安全工程专业进行了一定的尝试。笔者所在南京理工大学从中国人民解放军军事工程学院沿革而来，是以兵器类专业为重点专业的院校，在军工兵器研究方面有着独特的优势，既在兵器类专业研究创新方面有深厚的积淀，又有丰富的教学经验和深厚的师资实力，本校的安全工程专业即是在此基础上逐步发展而来的。在 1953 年建校以来形成的火药、炸药、内弹道和烟火火工等诸多研究特长的基础上，由于火炸药及其制品和武器系统工业都是高危行业，安全问题特别突出，相比其他行业，本专业从业人员的安全意识、安全知识与技能更高，所以常被其他社会团体邀请参与一些火灾、爆炸事故的调查、分析与处理工作。改革开放后，通过相关科技资料的大量引入，参加国际学术会议，“走出去，请进来”与国际同行的交流等活

动，逐渐了解和认识产业安全问题的重要性与深远影响，并且已形成了一个独特的理论、技术与工程学科体系，这中间有着从事火炸药与武器系统工作背景的企业、研究机关和人员的重要作用，特别是在防火防爆方面。随着当年经济转型期“军转民”以及一般工业生产的快速发展，事故进入高发期，懂安全的人才极度缺乏，促使本校建立起安全工程专业，1999 年开始招收第一届安全工程本科生。笔者所在院校的行业特色和安全工程专业的形成过程保证了专业的特色鲜明，必定是以各类危险性物质安全、化学反应安全为教学起点，以各种行业的火灾爆炸及其防治理论与技术为主要教学特色和优势。目标是培养能从事风险辨识与评价、安全技术研究与设计、安全检测与控制、安全监督与管理等方面高素质的工程应用、研究与管理的人才，以适应国防、公安、消防、普通化学化工等行业的岗位需求。同时，专业特色鲜明与通用知识广度间的平衡，以及以学生为本的培养理念和目标又促使南京理工大学安全工程专业深入分析学生就业行业类型和岗位需求，认真评估现有培养方案中专业通用知识广度，总结发现本专业中对于化学化工反应、火灾爆炸防治理论及技术等专业特色方面的教学内容是否充足，比如近年来对于建筑、机械、电力、特种设备等行业所需安全知识的教学内容就明显不足。因此，本专业进行了培养方案的修订，在保持自身专业特色的基础之上，设立“通用安全技术”课程，补足建筑、机械、电力、特种设备等行业中所需掌握的安全基本知识内容，从而满足学生可能选择从事该类行业时需掌握安全基本知识和技能的岗位要求。

三、安全工程专业中扩展专业知识广度类课程教学模式的探讨

安全工程专业的各个院校发展背景和历史沿革存在很大差异，各院校均具有各自鲜明的专业特色，这也意味着各院校所需补足的行业安全知识教学内容不同，因此对于扩展专业知识广度类课程教学内容不具备探讨的基础。尽管如此，对于该类课程的教学模式确有探讨的必要性，这是由安全学科的特点所决定的。安全工程是一门实践性很强的学科，仅通过理论教学的学习是远远不够的，这促使我们安全工程专业的教育工作者努力思考，创新出更为适合培养安全工程专业学生的教学模式。同时，扩展专业知识广度类课程

由于涉及行业广、所需基础知识杂等特点，使得其内容庞杂，对于其教学模式更是需要进行充分探讨。笔者认为，首先，扩展专业知识类课程的深度不宜大。这是由扩展专业知识类课程的教学目的所决定的。如前所讲，通常扩展专业知识类课程设立的目的是让学生能够具有更多的选择，但由于其培养周期、师资基础背景、培养特色等方面的限制，要求培养专业不能失去主次，仍需坚持以其特色为主，同时专业院校对于学生核心培养是学习能力的培养和专业素养的养成，不应当拘泥于某门知识的锻炼，相信具有优秀专业素养和能力的学生经过行业基础安全知识的熏陶可以适应行业的岗位要求。其次，扩展专业知识类课程的教学模式应当灵活多变。理论课程的教学模式通常存在教学过程枯燥、抽象等不足，通常扩展专业知识类课程又要求短周期内大量吸收多门类庞杂的知识，因此，需要采用灵活多变的教学模式帮助学生快速吸收大量知识。

大量经验已表明，实验教学是一种有效的手段。前人在实验教学中明确地提出了“实验教学不仅是全新的实践性教学环节，也是培养学生研究创新意识和动手能力的重要途径”；实验教学改革中应坚持“实验课程系列化，实验对象层次化，实验内容现代化，实验管理规范化”的原则；实验课程教学培养创新能力的目标，是培养学生掌握专业基本技能，提高实际动手能力和创新能力[11, 12]。笔者所在的南京理工大学安全工程专业不仅遵照专业特色鲜明与知识广度间平衡的理念和以学生为本的培养目标，设立了“通用安全技术”课程，还对课程的教学模式进行了改革，增设了课程的实验教学环节，以便于达到学生快速吸收大量知识的目的。根据课程的教学内容和章节安排，设计了用于电气行业安全知识教学的静电危险性测定实验、外短路实验、过度充电实验、强制放电实验、用电安全实验、漏电断路器测试实验 6 项实验；用于特种设备行业安全知识教学的压力容器实验、温度及压力测试实验 2 项实验；用于机械行业安全知识教学的模拟驾驶实验等，如表 1 所示。

表 1　通用安全技术课程相关专业实验

编号	实验项目名称	教学内容	实验学时	实验类型
1	静电危险性测定实验	电气行业	2	操作型
2	外短路实验		2	操作型
3	过度充电实验		2	操作型
4	强制放电实验		2	操作型
5	用电安全实验		2	操作型
6	漏电断路器测试实验		2	操作型
7	压力容器实验	特种设备行业	2	操作型
8	温度及压力测试实验		4	操作型
9	模拟驾驶实验	机械行业	2	操作型

通过理论知识学习、实验实际操作，学生在学习课程知识的同时还可以根据内容进行各类专业实验操作，可以更快速更好地吸收“通用安全技术”中各行业安全知识。本专业在实践教学环节上为了增加学生的知识运用能力，除专业实验外，还设置了课程设计、综合实验、科研训练和开放实验四门实验课程，这些课程均要求学生独立或两三人一组完成课程要求，以此培养学生的基本实验思想、实验方法、实验技能和综合应用能力。几年来的实践表明，这样的实验教学调动了学生参与实验的兴趣和主观能动性，而且大部分学生都能针对实验现象进行讨论并提出见解，大幅度地提升了“通用安全技术”课程的教学质量。

四、结语

时代的发展进步需要安全工程专业秉承教育科研兼包并进的人才培养模式，但现代社会的行业深度分工趋势也要求安全工程专业人才培养中不可求大求全，必须突出人才培养的重点方向、专业特色。这并不意味着安全工程的培养模式要狭窄单一，尤其在现有专业培养的学生在就业选择意愿方面受到院校方向限制的背景下，如何保持好安全工程专业特色鲜明与专业通用知识广度之间的平衡是一个需要探讨的重要课题。南京理工大学安全工程专业在该领域进行了一定程度的探索，通过深入分析近年学生就业行业类型和岗位需求，认真评估现有培养方案中专业通用安全知识广度，总结发现本专业各行业通用安全知识教学内容的不足。利用设立“通用安全技术”课程进行补足，从而满足学生可能选择从事该类行业时需掌握安全基本知识和技能的岗位要求。随后笔者又对该类课程的教学模式进行了教学尝试以及探讨研究，通过增设该类课程的实验教学环节，达到便于学生快速吸收大量知识的目的。实践表明，这样的实验教学调动了学生实验兴趣和主观能动性，提升了该类课程的教学质量。

参考文献

[1] 解立峰，李斌，陈网桦，等. 安全工程专业实验教学体系的改革[J]. 实验室研究与探索，2009，28(9)：125-127.

[2] 王国强，傅承新. 研究型大学创新实验教学体系的构建[J]. 高等工程教育研究，2006，4(1)：125-128.

[3] 辛剑，孟长功，程文堂，等. 面向新世纪大学化学实验改革的思考与探索[J]. 化工高等教育，2003，20(1)：92-94.

[4] 陈睿. 实验室建设与创新人才的培养[J]. 实验室研究与探索，2004，23(9)：86-88.

[5] 管晓刚，程槿涛，闫卫平，等. 注重研究性 突出实践性 科学制订人才培养方案[J]. 中国大学教学，2007(4)：60-64.

[6] 郭祥群，胡荣宗，朱亚先，等. 高素质化学人才培养的实践教学建设[J]. 中国大学教学，2006(2)：15-17.

[7] 李华，蒋华林. 研究性大学创新人才培养的实践探索[J]. 高等工程教育研究，2006(4)：46-52.

[8] 杨屹，王桂花，张常群，等. 以大学化学实验推进创新教育的探索与实践[J]. 中国大学教学，2008(1)：72-75.

[9] 谭志，曹红玉，张振江，等. 构建特色鲜明的自动化专业体系[J]. 长春理工大学学报，2011，6(3)：102-103，105.

[10] 周爱莲. 面向企业一线需求开展订单式人才培养[J]. 中国高等教育，2008(1)：57-58.

［11］解立峰，陈网桦，胡毅亭，等．安全工程实验教学体系的构建［J］．实验技术与管理，2010，27（1）：122-124.

［12］刘江龙，王有志．材料工科专业教学改革思路研究［J］．重庆大学学报（社会科学版），2001，7（5）：196-198.

试论开齐开足体育课实践与理念的统一

丁轶建　王译敏

摘　要： 开齐开足体育课不仅是教育实践方法，更是体育理念的体现，是实践与理念的统一。首先，体育课要达到“齐平”，明确体育课质量的指导理念和核心目标，确保运动负荷；其次，体育课要达到“齐整”，保证课时数量和考核质量；最后，体育课要达到“齐全”，能适应学生们的不同需要，使学校体育教育“教、练、赛”系统对学生“全覆盖”，促进学生德智体美劳全面发展。

关键词： 开齐开足　体育课　实践　体育理念

新时代，学校体育在体育强国和健康中国战略上应发挥更大的作用[1-2]。全国教育大会指出：“要树立健康第一的教育理念，开齐开足体育课，帮助学生在体育锻炼中享受乐趣、增强体质、健全人格、锤炼意志”，构建了崭新的学校体育“四位一体”目标体系，为学校体育工作指明了方向[4]。开齐开足体育课，是帮助学生在体育锻炼中享受乐趣、增强体质、健全人格、锤炼意志的最佳途径和基本保障[3]。但体育课开不齐开不足的现象依旧存在[4]。2018年7月，《中国义务教育质量监测报告》显示：“按照国家规定，小学四年级每周应上3节体育课。但这次监测结果发现：体育课少于3节的学校占比为44.3%”[5]。体育被视为“副课”、被“斩尾”、被挤占早已不是秘密，学业的繁重、考试的压力、校长的默许、家长的支持使得体育课开不齐不足似乎非常“天经地义”[6]。但开齐开足体育课不是口号，更不能一味追求体育课的全面、高级、大量，要科学地根据地区、学校、场地、教师、器材等条件去灵活、系统地开好体育课。开齐开足体育课不仅是体育实践方法，更是体育教育理念，是理论与实践的统一，其中“齐平”“齐整”“齐全”是核心内涵。

一、齐平，体育课要达到一定质量水平

（一）要明确体育课质量的指导理念和核心目标

指导体育课质量的理念首先是“健康第一”。体育课要根据学生系统、全面、长期的健康需要和身心发展特点，将传授体育健康知识和体育健身方法、运动疲劳的监控、运动伤病的预防和保健融合于一体，构建系统化、个性化、多元化的“教、练、赛”实践体系，注重运动质量和运动负荷，避免“竞技第一”和“安全第一”，让学生们文化学习和身体运动两不误，使学生们通过体育运动不仅增强了体质、享受了乐趣，还增长了知识、学到了规则，更健全了人格、锤炼了意志[7]。

体育课质量的核心目标是让学生学会一到两项运动技能、体质良好、养成运动锻炼的习惯。要达到此目标，仅靠体育课上的运动学习是不够的，仅靠一节体育课的传授是不够的，体育课的系统连贯、体育课后的运动锻炼至关重要，这就需要不同阶段体育课的连贯协调，也需要课后适当的锻炼组织、场地安排、器材维护等长期系统机制。

（二）体育课质量的核心因素在于运动负荷

体育课绝不能再是“三无七不”（无强度、无难度、无对抗，不出汗、不脏衣、不喘气、不摔跤、不擦皮、不扭伤、不长跑）的温柔体育课[8]。对于体育课的运动负荷只参照专业竞技体育训练的情况并不合适，可以参考世界卫生组织的建议。

根据世界卫生组织2020年发布的《身体活动和久坐行为指南》，为了健康，成人每周至少进行150～300分钟的中等强度有氧运动（或75～150分钟剧烈强度有氧身体运动），儿童和青少年每天平均进行60分钟的中等强度有氧活动。据此认为，学生（从小学到大学，5～24岁）每周的每次体育课（2～4次）需达到中等强度以上就接近世卫组织对相应年龄段普通人的健康

建议要求，但是什么是中等强度运动呢？对于普通人，中等强度运动大概为 50%～60%VO_2max，大约 64%～76%HRmax（最大心率）[9, 10]。按照普通健康成人 HRmax（220－年龄）的估算，要达到中等强度以上的话，大学生体育课运动过程平均心率要达到 130～150 次 / 分。少儿由于心血管系统还未发育成熟，心率要达到更高恐怕才能达标。目前各级体育课还未普遍施行运动负荷持续监控的办法，偶尔也只是运动后摸摸脉搏作为估算，其实误差很大。从现有的体育课运动负荷来看，课中有几分钟运动能超过 150 次 / 分，甚至达到 180 次 / 分，但持续 30 分钟、45 分钟或 90 分钟都能超过中等强度水平的很有限[11-13]。实际情况是，如果是安排学生们进行 30 分钟中等强度持续慢跑，那需要相当的运动锻炼基础，普通学生较难达到。而且，体育课讲解越多、分组越少、停顿越多，运动负荷往往就越少。

实际上，单调的、稳定负荷的、较长时间的持续运动的体育课是不少学生不愿意接受的，而通过比赛达到体育课运动负荷目标则更受到学生欢迎。但随着比赛暂停增多、空间限制、对手差异大，运动强度也会下降。有些同学喜欢体育老师安排“比赛”，是因为可以“偷懒”，这让人感到遗憾。实际上，一场国家级水平或势均力敌的手球或足球比赛（60～90 分钟），场上队员整场比赛平均心率在 160 次 / 分左右，达到 80%HRmax[14, 15]，而当前学生同场对抗的球类比赛很难达到很高的攻防对抗水平，所以也难以达到负荷要求。可以适当按运动水平分组、分班，把体能更好的融合在技战术练习或比赛中，从而提高体育课的身体锻炼负荷。2020 年 9 月，国家体育总局和教育部联合发布《关于深化体教融合　促进青少年健康发展的意见》，补足学校体育短板，使人人“常赛”成为常态[16]。当然，健全学校安全事故、人身伤害预防与处置机制，是学校体育开展高质量工作的必须，是能积极鼓励、帮助学生、学校克服“不敢赛”的重要保障。对于课内运动负荷的不足，课外体育是很好弥补体育课负荷不足的方式，要积极打造课内外体育锻炼互助互补的体育教育体系。

二、齐整，体育课要达到一定系统整体标准

首先，体育课要开齐整，有两层含义：从小学到大学体育课要开齐，不论学习多么“繁重”；东西南北中都要开齐体育课，无论经济、地域差异有多大。根据国家有关规定，保证体育课的总学时要达到1404课时（共14年），其中小学1—2年级每周4课时，小学3—6年级和初中每周3课时，高中每周2课时；高等教育本科阶段体育课总学时不少于144课时；高职高专阶段体育课总学时不少于108课时。2020年10月，中共中央办公厅、国务院办公厅印发了《关于全面加强和改进新时代学校体育工作的意见》，其中指出，不断深化体育教学改革，鼓励高校和科研院所将体育课程纳入研究生教育公共课程体系，未来研究生也将上一定量的体育课，以促进体质健康。

其次，体育课内容与考核要齐头并进。从小学到高中，甚至大学的体育项目教学的系统连贯对体育教育质量至关重要。但体育课内容不应简单重复，特别是不同阶段的体育课，运动项目技术和体能要求递进。运动种类很多，每一项运动都是在运动技术和运动素质的融合下完成的，当然有的运动技术比较简单（比如长跑），有的运动技术比较复杂（比如球类）。体育课考核与体育课内容应当相适应，成为学生体育素质评价的指针。体育从根本上是人的需要，要考虑到不同孩子对体育的热情差异，避免落入体育应试的窘境。不同学习阶段运动的考核要综合考虑运动素质和运动技能。特别是如果将全区域甚至全国小学、中学体育教育系统连贯起来，考虑项目教学、考核的系统连贯，如何制定标准、如何将体育考核纳入中考、高考评价体系尚需要研究。

“考体育就是考运动”是这么多年来我国普通中小学体育学形成的定式。而实际上体育学不仅有体育教育，还有运动人体科学、民族传统体育、体育人文社会学等。从体育学的角度来说，中小学多年形成的体育教学和考试还是有缺漏的，是不能综合考评孩子们的体育素质的。当然，体育学发展到今天与教育主管部门和学校、家庭、社会对体育的认识和定位有关，但也和学校体育学自身的发展程度不够优秀有关。目前中国学校体育课程在中小学地位不高，被占用现象时有发生，即使上课也是以初级技能培养、中考体育项目导向为主。

其实，上体育课的根本目的是让孩子们掌握一些基本运动的方法，在课堂上以运动为载体促进身体锻炼，但目前情况是缺乏科学体育启蒙和系统体育土壤，没有发展成系统完善的体育学教育，虽然对学生体质的发展也有一些作用，但没办法普遍深入地提高孩子们体育素养。表面上上了很多节体育课，但孩子们普遍体育基础差和体育锻炼的意识弱，未养成稳定的体育锻炼习惯，未学会科学的体育锻炼方法。

体育如果只考运动，还有两个问题需要分析。第一，运动技术考核因项目而异，即使是同一项目的同一技术，也没有绝对所谓标准的技术，技术动作“标准”了未必就有实效，技术考核如果脱离实战是“伪技术”，人为考核更难做到特别公平。所以，客观的评定标准如何制定？实战比赛在技术主导类项目的体育考核中是必须的，但要搭起全面、公认、系统的学校竞赛平台需要时间，更需要机制。第二，如果体育课要全面考核身体素质，那么所有运动素质的课堂训练都得做。如果只是选取某几个典型的素质，比如耐力或力量素质，选哪个才是具有普遍意义的运动素质指标呢？而作为标准的运动素质考核，动作特别复杂、场地要求高、时间要求长的运动测试也是不适宜的。

三、齐全，体育课运动安排要能适应学生们不同需要

不同孩子对运动项目的兴趣未必一样，不同阶段对运动的选择未必一样，不同健康状态的运动需求不一样，不同天气、气候的运动环境不一样，多样化、多选择的体育教育才有利于从小培养不同孩子的运动锻炼习惯。从小教学的体育如果没有适应孩子的兴趣点，就会打压孩子的运动热情，阻碍孩子运动习惯的养成。《关于进一步加强学校体育工作的若干意见》指出“每个学生学会至少两项终身受益的体育锻炼项目”。体育课起码要系统教一项比较“简单”的运动，如慢跑、游泳、骑自行车等，属于周期类体能主导性运动，技术和规则相对单一；也要系统教一项技术和规则比较“复杂”的运动，如足球、篮球、乒乓球等，这些为非周期类技能主导类运动。这种“一体一技”组合既能利于个体锻炼，又能利于集体合作；既能简单快乐，又能复杂多变；既可在室内进行又可在室外进行，灵活全面。而且，不同个体对运动负荷的身体反应是

不一样的，不同个体对运动技术的学习感觉是不一样的，对于那些运动项目水平特别突出的个体应有不同的或更高的平台继续训练、比赛，以满足他们的身心健康发展需要，促进他们的运动能力充分被挖掘和发挥。还可根据区域项目特点系统发展学校体育项目。比如少数民族地区，除了足球还应增加少数民族运动项目；比如排球传统强项地区（比如天津）应增加排球；比如手球传统项目地区（比如安徽、北京），应增加手球项目的校园推广等。

要不断完善学校体育工作的体制机制，发展多元的、灵活的训练、竞赛平台，把课堂教学、体育锻炼、体育竞赛，即“教、练、赛”三者结合起来，打造各级、各类学生能积极参与的浓厚的体育氛围和体育平台，尽可能使学校体育教育项目对学生“全覆盖”，增加应对恶劣天气、身体不适时的运动选择。

四、小结

开齐开足体育课不是口号，而是体育教育的实践手段，更包含深刻的教育理念，是理论与实践的统一，其中的“齐”意味着齐平、齐整、齐全，体育课要达到一定质量水平和一定系统整体标准，要能适应学生们不同需要。开足体育课不仅要达到国家规定的体育课的课时数，更重要的是要有足够的体育课系统质量，为新时代培养德智体美劳全面发展的学生服务。

参考文献

[1] 杨文轩．课程改革背景下学校体育改革与发展研究[J]．体育学刊，2018，25(5)：1-4.

[2] 冯汉哲，张振东．《“健康中国2030”规划纲要》对中学学校体育改革的启示[J]．青少年体育，2018(10)：35-36.

[3] 王宗平．开齐开足体育课，须对症下药[J]．中国学校体育，2018(10)：8-9.

[4] 郭震．我国中小学体育的凸显问题与对策[J]．体育文化导刊，2013(09)：93-95.

[5] 中华人民共和国教育部．我国首份《中国义务教育质量监测报告》发布[EB/

OL]. 2018-07-24. http://www.moe.gov.cn/jyb_xwfb/gzdt_gzdt/s5987/201807/t20180724_343663.html.

[6] 赵军. 用“心”向挤占体育课的老师说“不”[J]. 中国学校体育, 2007(05): 64.

[7] 丁轶建, 王宗平. “健康第一”是教育理念, 更是体育实践[J]. 中国学校体育, 2019(1): 12.

[8] 王宗平. 青少年健康, 则全民健康[J]. 中国学校教育, 2017(07): 27.

[9] 陈爱国, 蒋任薇, 吉晓海, 等. 8周中等强度的花样跳绳运动对聋哑儿童执行功能的影响[J]. 体育与科学, 2015, 36(4): 105-109.

[10] Aucouturier J, Baker J S, Duche P. Fat and carbohydrate metabolism during submaximal exercise in children[J]. Sports medicine, 2008, 3(3): 213-238.

[11] 段佳丽, 王观, 宋玉珍. 北京市中小学校体育课运动负荷现况及其对心率曲线的影响[J]. 中国学校卫生, 2015, 36(11): 1614-1617.

[12] 段佳丽, 王观, 孙颖, 等. 北京市8所中学学生体育课运动心率监测结果分析[J]. 中国学校卫生, 2015, 36(8): 1139-1141.

[13] 金宗强, 姜卫芬, 鲍勇. “阳光体育运动”背景下中学生体育课运动负荷测试分析[J]. 成都体育学院学报, 2014, 40(1): 79-84.

[14] 丁轶建, 徐希. 中国女子手球队员正式比赛能量代谢特点分析[J]. 北京体育大学学报, 2012, 35(4): 60-64.

[15] Di Salvo V, Pigozzi F, Gonzalez-Haro C, Laughlin Ms De Witl J K. Match performance comparison in top English soccer leagues[J]. Int J Sports Med, 2013, 34(6): 526-532.

[16] 王宗平, 丁轶建. 深化体教融合 让人人“常赛”成为常态[J]. 中国学校体育, 2020, 10: 8-9.

大学生劳动教育课程体系建设改革的研究

张　昕

摘　要：高等教育是中国特色社会主义教育体系中的重要一环，高校作为培养高素质专门人才的阵地，在肩负培育社会主义现代化建设者重要使命的同时，承担着立德树人的根本任务，这展现了高校劳动教育的特殊性。南京理工大学江阴校区依托校区新工科专业背景及书院制学生管理模式，在结合专业培养方向和发挥书院学业指导、职业生涯规划指导、心理健康发展指导等协同育人效应的同时，研究大学生劳动教育课程体系构建、教学方法改革、课程考核评价体系建立，融入课程思政和劳动实践，有助于学生树立正确的劳动观念，加强对劳动价值、劳动精神的深入理解，促进学生德智体美劳全面发展。

关键词：劳动教育　课程体系构建　教学方法改革　课程考核评价

高等教育是中国特色社会主义教育体系中的重要一环，高校作为培养高素质专门人才的阵地，在肩负培育社会主义现代化建设者重要使命的同时，承担着立德树人的根本任务，展现了高校劳动教育的特殊性[1]。中国特色社会主义进入新时代以来，劳动教育上升到了新的战略高度。习近平总书记在2018年全国教育大会上指出要在学生中弘扬劳动精神，教育引导学生崇尚劳动、尊重劳动，懂得劳动最光荣、劳动最崇高、劳动最伟大、劳动最美丽的道理，要努力构建德智体美劳全面培养的教育体系[2, 3]。2020年中共中央、国务院印发《关于全面加强新时代大中小学劳动教育的意见》[4]，明确提出要把劳动教育贯穿到学校教育教学全过程。因此，开展大学生劳动教育是实现“五育并举”的重要方面[5, 6]。本文旨在通过对劳动教育课程的实践探索，构建大学生劳动教育课程体系、研究教学方法改革建立、课程考核评价体系，促进大学生的全面成长。

一、研究目标

（一）明确德智体美劳全面发展人才培养目标

新时代党的教育方针不断丰富和发展，提出要努力构建“五育融合”高水平人才培养体系，揭示了我国劳动教育与立德树人的内在联系[7]。通过构建大学生劳动教育课程体系，完善教学方式方法，将专业知识和技能与劳育结合起来，培养大学生健康向上的劳动观及不怕吃苦、勤奋踏实的品质，提高学生理论学习能力和实践创新能力，努力实现培养适应新时代竞争的全面发展高素质专门人才目标。

（二）构建“课程思政”与劳动教育相融合的高校劳动教育课程体系，形成全员育人、全程育人、全方位育人的新格局

根据“以劳树德、以劳增智、以劳强体、以劳育美”的育人要求，将思想政治教育融入劳动教育全过程，通过强化“课程思政”意识、拓展劳动教育内容、加强劳动教育载体建设、创新劳动教育形式、强化师资队伍建设等方式，实现劳动育人理念、内容、方式等方面的融合，促进三全育人[8, 9]。

（三）结合新工科专业特色，丰富劳动教育课程实践内容，构建劳动育人协同机制

为适应地方经济社会发展对个性化人才的需求，依托校区新工科专业背景和书院制学生管理模式，通过发挥书院学生事务服务中心、学业指导中心、职业生涯规划指导中心、心理健康发展中心协同育人功能，大力推进素质教育，多维度全方面协调当地农业、工业、服务业资源，打造多元化的劳动教育实践平台[10–12]，例如校园服务性劳动实践、农作物种植劳动实践、工厂车间操作劳动实践等，形成各单位各部门协同育人机制，培养学生珍惜劳动成果、

爱惜劳动成果的意识和行为习惯，提升学生参与劳动的主观能动性。

二、研究思路

（一）融入课程思政和实践育人，科学构建大学生劳动教育课程体系

构建高校劳动教育体系，是时代发展之需，也是高质量发展之需，高校劳动教育课程体系构建，要坚持整体性、开放性、协同性原则。要以校区新工科专业背景为基础，紧密结合经济社会发展变化和国际国内人才需求，积极寻找劳动教育与创新就业的结合点，帮助学生了解就业形势与现状，鼓励和引导学生创新创业，促进学生形成正确的就业观。同时坚持以学生为本，遵循教育教学规律，通过积极建构多维度全方面校地结合劳育模式，营造家庭、学校、社会共同参与的劳育氛围，注重大学生劳动价值观念的树立、劳动习惯技能的养成、劳动精神的激发，将专业知识和技能与劳育结合起来，提高学生实践创新能力，提高劳动教育的实效，实现知行合一。

（二）改善教学方法突出学生主体，积极推进大学生劳动教育课程项目驱动教学

熟练掌握教学技能，注重以学生为主体[13]，明晰教学目的，形成思想体系（源于教材，打破教材，高于教材），熟练掌握批评与表扬、鼓励性教学等技巧，在授课过程中重点使用翻转课堂教学模式，改变原有的“满堂灌”教学模式，鼓励学生站上讲台，大声讲出知识内容和思想见解，激发自主学习的积极性。积极推进“行动导向教学法”，在真实或仿真的环境中进行教学，实现“做中学、学中做、边做边学、边学边做”，开展项目驱动教学。

（三）创新评价因子优化考核方式，建立教育课程考核评价体系

结合校区书院制学生管理模式下发挥的学业指导、职业生涯规划指导、心理健康咨询等服务功能，积极探索并完善高校劳育考核标准，建立完整的大学生劳动教育课程考核评价体系。将劳动教育与德智体美相结合，构成完整的“五育并举”劳动教育考核指标，以劳树德，以劳增智，以劳强体，以劳育美。做到评价维度多层化、评价方式多样化、评价主体多元化[14]。

三、现有成果

（一）深化校地合作，强化顶层设计

校区充分结合江阴区位优势，校区与申港街道办事处、新能源产业园企业签订政校企共育共同体框架协议，构建“政－校－企”多赢合作模式。因地制宜拓展资源。积极搭建劳动教育实践平台，结合工农业发展特色，多次实地勘察并充分研讨，校区与申港街道东刘村共同组织开展劳动教育实践基地启用仪式，合作共建5000平方米的大学生劳动教育实践基地，拓宽校外劳动教育实践渠道。

（二）锚定劳育主题，深化劳动观念

发扬南京理工大学特色，在劳动教育实践体系中让学生“学农民种地，学工人做工”，磨砺工匠意志，锻造坚强品格。倾听榜样激发热情。组织全国劳动模范郑金良、江苏省劳动模范张国平等为本科生开展劳模精神专题讲座，感受劳模精神，发挥榜样力量，令学生见贤思齐，懂得劳动最光荣、劳动最崇高、劳动最伟大、劳动最美丽的道理。依托班会开展学习。围绕劳动教育课外实践为什么、是什么、如何做等问题，有重点地进行宣传讲解，提升劳动教育整体认识。加强了劳动纪律、劳动相关法律法规的正面引导。

（三）细化日常管理，加强风险防范

自主分组自我管理。实践活动覆盖校区全体本科生，在农作物种植活动中，学生根据意愿自主组合为43支小组，自由选择确定种植作物；建立农具保管仓库，选拔11名入党积极分子参与志愿者服务，确保活动平稳开展，激发学生劳动兴趣。倾情聘请校外导师，由当地劳动能手担任劳动校外辅导员，提供系统指导，讲解劳动知识技能，介绍劳动工具的使用方法和技术。签署《劳动安全承诺书》。宣讲劳动安全注意事项，强化劳动安全意识，把劳动安全教育与管理作为组织实施的必要内容，建立健全安全教育与管理并重的劳动安全保障体系。

四、结论

高校劳动教育课程体系构建、教学方法改革、课程考核评价体系建立，在结合时代背景、发挥学生个性的同时，也要因地制宜，发挥高校、社会、企业相互融合的作用，并且强调对大学生劳动意识的提升。劳动教育在高校的有效实施，必将推动高等教育人才培养的质量、规格的优化，为经济社会发展培养更多有用的全面发展的高素质复合型创新人才。

参考文献

［1］蒋德勤，侯保龙．高校思想政治教育实践育人创新路径［J］．思想理论教育导刊，2016（2）：5.

［2］张志，邬思源．新中国成立以来高校劳动教育的发展历程及其经验探析［J］．青年发展论坛，2021，31（03）：71-81.

［3］杨梅．思想政治教育视角下高校劳动育人实现路径探析［J］．现代职业教育，2020（50）：228-229.

［4］中共中央、国务院．《关于全面加强新时代大中小学劳动教育的意见》［EB/OL］.（2020-03-20）［2020-03-26］. http://www.gov.cn/zhengce/2020-03/26/content_5495977.htm.

［5］魏臻．新时代高校思政课与劳动教育协同育人的策略研究［J］．佳木斯职业学院学报，2021，37（07）：21-22.

［6］张妍，曲铁华．劳动教育政策70年：演进、嬗变特点与实践路径［J］．教育学术月刊，2020（09）：42-49.

［7］董凤，雷晓兵．新时代开展大学生劳动教育意义和路径［J］．淮北职业技术学院学报，2021，20（03）：17-19.

［8］潘秀红．劳动教育与思想政治教育双融合研究［J］．陕西教育（高教），2021（10）：12-14.

［9］崔增辉．高校劳动教育课程建构中“三全育人”途径探索［J］．安阳师范学院学报，2021（03）：152-156.

［10］庄坚俍，高磊．劳动教育的国外模式与课程实施［J］．思想政治课教学．2021,（02）：77-81.

［11］吴园．日本劳动教育及其对我国高校劳动教育的启示［J］．创新人才教育，2021（04）：70-76.

［12］张金玲，曹永勇．新时代大学生劳动教育实践课程的研究现状综述及展望［J］．产业与科技论坛，2021，20（16）：87-89.

［13］邱丹文．劳动教育与高校第二课堂相融合的内涵与意义［J］．高校后勤研究，2021（06）：66-68，76.

［14］何艳琳．新时代高校劳动教育融入思政课项目驱动教学的路径探析［J］．高教学刊，2021，7（14）：158-161.

政产学研用相融的智能制造工程专业建设探索

汤海斌　吴　鹏　汪惠芬　唐丹娜　田梦楚　杨龙飞　高天禹

摘　要：智能制造工程作为国家重点发展的新工科，是我国制造强国建设的重要发展方向。加快推动智能制造工程专业建设，可强有力地助推我国制造业更新换代。南京理工大学智能制造工程建设团队，提出政产学研用相融的智能制造工程专业建设方案，主要包含团队自身建设、国内资源交互、国际交流促进三个方面，即：高校、创新港、联合实验室共融，创新科研团队建设机制；深化部所、高企、资本合作，培育省部级科研平台；国际联合办学、国际竞教协同，建设新的国际合作基地。开创了一条新的智能制造工程建设道路，积极抢占新一轮智能制造领域技术制高点，为服务国家"两个强国"战略目标添砖加瓦。

关键词：智能制造工程　政产学研用　国际合作基地

为响应国家《中国制造2025》《新一代人工智能发展规划》《关于深化新一代信息技术与制造业融合发展的指导意见》《"十四五"智能制造发展规划》《"新工科"建设行动路线（"天大行动"）》等战略方针和指导性文件[1-4]，发展大数据、云计算、物联网应用、智能制造、增材制造、人工智能、机器人等社会急需的新工科是国内重点工科院校的核心建设方向[5, 6]。如何对传统工科专业课程升级改造，培养适应未来新技术发展的紧缺人才，已经成为亟待解决的关键课题。

“政产学研用”相融合的新工科建设是培养应用型人才的重要路径[7, 8]。“政产学研用”是指政府、企业、高校、研究单位和使用者五位一体的合作创新体系。政府应发挥指导和扶持的职能，制定相应的政策，保护学校、企业和科研单位的各种权益，创造一个有利于学校、企业和科研单位的创新环境；工业部门面向应用，是实施创新型人才培养的实践基地，能够与大学进行及时、高效的交流；高职院校是培养学生的主要力量；研究单位是高等学校培养应用型专业技术人员的实验场所；而使用者可以将其与市场要求相对应，通过实验来验证其创新的结果，并着重于对教育的成效进行反馈，从而使其达到理论与实际相脱离的目的。“政产学研用”协同创新是一项综合性的工程，它打破了以往单纯依靠“课堂讲授”的传统的教学方式，发挥政府、企业、科研机构和市场的作用，将多种教学资源有效地整合在一起。

为了促进“政产学研用”协同合作的新工科建设，国内重点院校设立了一批示范基地。在培育和引入科学技术人才上，创新示范基地起到了吸引和推动的作用。目前，清华大学组建未来实验室，瞄准未来 10 ~ 15 年的前沿性、革命性、颠覆性技术，推动从“中国制造”到“中国创造”的转型升级[9]；上海交通大学汇聚材料、智能、自动化等优势学科，发展人工智能、医疗机器人、微观尺度通信、微纳控制、新一代医疗等技术[10]；华中科技大学聚焦“大工程　大健康”未来战略产业发展，凝练先进智能制造、生物医学成像、光电子芯片与系统、人工智能等四个未来交叉学科技术方向。作为“211 工程”、“985 工程优势学科创新平台”、国家“双一流”建设高校，南京理工大学也已提前布局，积极探索新工科建设新模式。

一、专业建设的总体思路

南京理工大学智能制造工程专业依托机械工程、控制科学与工程、计算机科学与技术和管理科学与工程等学科，充分结合南京理工大学智能制造工程相关学科的特色和优势，以国家倡导传统制造向智能制造的升级转型为契机，采用跨学院、跨专业、跨学科联合共建，与智能制造相关行业深度融合，以项目驱动为牵引，产学研用协同培养，通过贯穿本科全过程的各类科研项目和生产实践等众多环节，建设智能产品/装备设计与制造、智能制造解决方案、智能管理与智能服务技术等综合实践平台。主要特色包括：①团队自身建设方面，高校、创新港、联合实验室共融，创新科研团队建设机制；②国内资源交互方面，深化部所、高企、资本合作，培育省部级科研平台；③国际交流促进方面，国际联合办学、国际竞教协同，建设新的国际合作基地（见图1）。

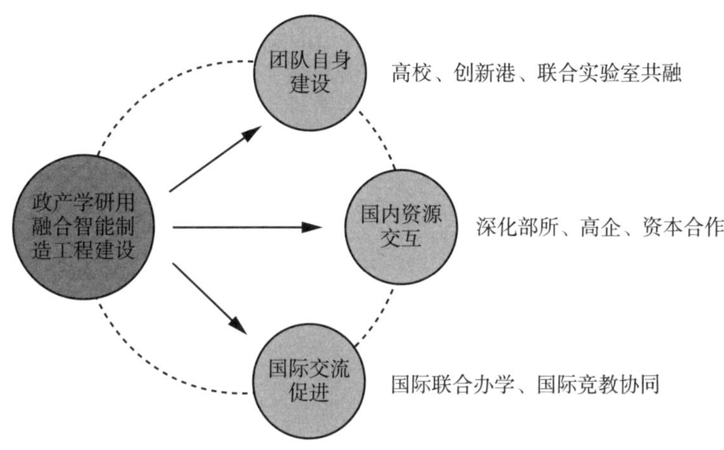

图1　南京理工大学智能制造工程建设主要特色

二、高校、创新港、联合实验室共融，创新科研团队建设机制

在团队自身建设方面（见图2），“引培并举”吸引海内外具有高水平的研究学者组建前沿课题组；深度融入江阴校区创新中心，打造“智能制造”科创产业基地建设；产学研用深度共融，组建“南理工-万沅”“南理工-海澜”联合实验室。南京理工大学智能制造工程建设团队抢抓国家加快传统制造向智能制造转型升级的机遇，坚持把不断强化与智能制造产业深度结合作为发展主线，以长三角数字创新港产业发展为牵引，努力打造具有校企联合特色的科技成果转化和人才培养示范共融。

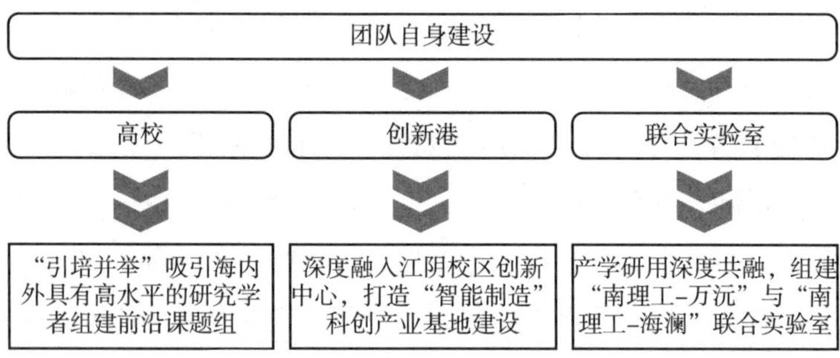

图 2 南京理工大学智能制造工程团队自身建设

以“强化脚踏实地，学科团队齐头并进”为指导原则，建设研究应用型专业，着力培养学术带头人，组建不同层面、不同领域的学科方向团队，以高层次人才引领专业高质量全面发展。通过建立“引”“培”并举的工作机制，优化队伍结构，弥补教师数量方面的不足，使教师具备较强的专业应用能力、实践教学能力、应用研究能力。对标国防领域智能制造服务需求，优化科研团队。为开展多学科交叉的智能制造工程专业建设，从国内外高水平大学或研究机构大量引进具有高水平科技研发成果的研究学者，包括北京大学、哈尔滨工业大学、中国科学技术大学、华中科技大学、东南大学等，研究方向涵盖智能设计、增材制造、微纳加工、工业机器人、仿生设计机器人、医工交叉与医疗机器人、智能运维、智能工厂、大数据分析等智能制造主要领域，分别就智能产品 / 装备设计与制造、智能制造解决方案、智能管理与智能服务技术三个方向组建研究课题组。

面向科研成果转化需求，孵化创新创业团队、策划论证合作申报“智能制造”科创产业基地。2020 年江阴校区创新中心所在长三角（江阴）数字创新港牵头建设了工信部工业互联网平台工程实训基地，形成了工业互联网平台体验中心、CPS 系统仿真环境、边缘计算仿真环境、大数据分析仿真环境和工业 APP 开发基地。作为江阴校区创新中心的重要组成部分，南京理工大学智能制造工程建设团队已深度参与工业互联网平台工程实训基地建设，融入数字创新港承办的中国数字创新高峰论坛，培养本科生、研究生、企业高管、技术人员和操作工人等各层次专业人才，为企业提供相关领域的产品创新设计、管理优化咨询、系统整体规划、关键技术攻关、成果应用推广等各类技术服务。依托长三角（江阴）数字创新港，加强了南京理工大学智能制造工程专业与校区所在地及周边上市企业的人才共引、共享工作，通过吸引人才、汇聚人才，推动了创新港的高质量建设工作、为周边科创发展、产业转型升级注入强劲动力的同时，也丰富了南京理工大学智能制造工程专业建设模式。

以“强化产业引领，产学研用互融互促”为牵引，在学科体系建设和科学研究方面，大力发展应用学科，发挥地处高新技术产业密集长三角地区优势，推动南京理工大学智能制造工程建设团队技术研究与地区产业特色对接、专业建设与地区优势产业链对接，教育办学与地区产业发展对接，形成产学研用深度合作、共生发展的协同发展局面。结合国内智能制造装备产业基础和发展需求，突出技术高端、强化集成创新，研发智能制造软件、系统集成产品，支持智能制造系统集成和应用服务，着力研发具有自主知识产权的智能制造关键软件技术，推动高端智能装备产业化、高端制造装备智能化。与装备、自动化、软件、信息技术等不同领域企业紧密合作、协同创新，共同培育争取国家重大项目，突破关键技术。围绕智能机器人、工业互联网、数字孪生、结构设计与控制等构建校企联合实验室，目前与江阴市万沅电子科技有限公司共同创建“南理工－万沅”联合实验室，包含智能装备实验室、智能控制实验室和智能管理实验室，占地面积 240 余平方米，可同时容纳 80 余名学生，内含 10 余台万沅智能售货机样机及各组件供教学、科研使用。此外，智能制造工程专业建成“南理工－海澜”云智能工作室，包含智能制造工作室和智能机器人工作室，占地面积 300 余平方米。万沅集团和海澜集团作为江阴机械电子领域重要企业，积极响应《江苏省制造业智能化改造和数字化转型三年行动计划（2022—2024 年）》，在新一轮的“智转数改”落实中扮演重要角色。“南理工－万沅”“南理工－海澜”联合实验室作为中间载体，强有力地保障了南京理工大学智能制造工程建设与社会生产需求接轨。

三、深化部所、高企、资本合作，培育省部级科研平台

在国内资源交互方面（见图 3），积极参与工业和信息化部及下辖研究院

在工业和信息化重点领域产业人才队伍建设；项目合作、联合培养博士后、技术指导等深度合作模式，推动校企技术全方位联合；对接产业投资基金，加速江阴地区智能制造科研成果转化，拓展产学研融合新模式。坚持“优势互补、共同发展”的原则，发挥地处高新技术产业密集长三角地区优势，推动南京理工大学智能制造技术研究与地区产业特色对接、专业建设与地区优势产业链对接、教育办学与地区产业发展对接，创新探索产学研用深度合作、共生发展的协同发展新模式。

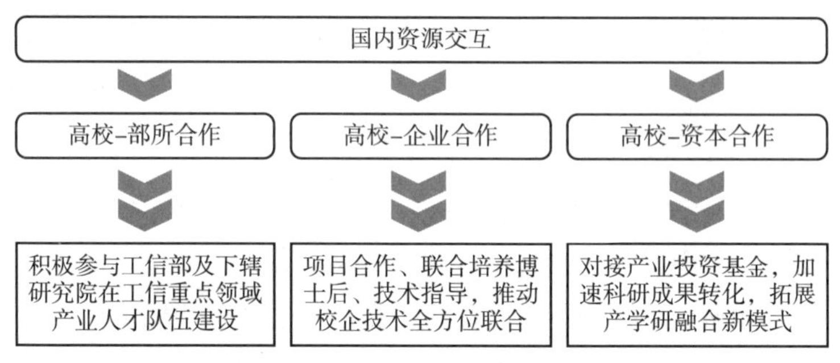

图 3 南京理工大学智能制造建设与国内资源交互

“政产学研用”创新主体应建立紧密的利益共同体，形成权责明确、风险共担、利益共享的深度合作机制，形成“政产学研用”产业的多方联动。南京理工大学智能制造工程建设团队积极参与工业和信息化部及下辖研究院在工业和信息化重点领域产业人才队伍建设。作为装备数字化的中坚力量，高度配合工信部整合建设规划，助力南京理工大学入选《第一批工业和信息化重点领域产业人才基地联合建设机构目录》，协助工业和信息化部建设具备人才研究、培训、评价、服务和国际合作等综合性人才培养与服务能力的产业人才基地。此外，为了有序建立基于标准的人才培养体系，南京理工大学智能制造工程专业主动配合中国电子技术标准化研究院（电子四院），开展智能制造、大数据、人工智能、物联网、工业互联网、信息技术应用创新等电子信息领域的人才培训工作。已配合完成“智能制造工程技术人员——初级（装备与产线智能运维）”“智能制造工程技术人员——初级（智能装备与产线应用方向）”课程开发，通过培训使从事数字技术职业人员改善知识结构、掌握数字技术、提升创新能力。与此同时，南京理工大学智能制造工程专业积极参与国家工业信息安全发展研究中心信息化所（电子一所）关于“工业大数据分析与集成应用工业和信息化部重点实验室”的共建工作，在工业智能模块、大数据与实体经济融合模块发挥特长，参与制定相关工作组年度工作技术的重点任务。通过政策引导、产学研用融合的模式，推动南京理工大学智能制造工程建设在人才培养与服务能力等方面的提升。

大学的使命是培养创新人才，然而，高校创业能力薄弱，缺乏对创业人才培养的促进。部分高校教师只掌握理论知识，很少参与社会实践，缺乏企业工作经验，对实践应用教育的指导作用较弱。在教学方法上，部分教师没有创新教学模式，仍采用传统“集中式”的教学方式，局限于自己的专业方向，没有打破学科界限，无法实现跨学科融合。因此，从校企合作实践问题提炼科学研究问题，优化科研方向，是南京理工大学智能制造工程建设新突破口。高校是科学研究的主力军，企业是成果转化、技术落地的归属地。校企联合攻坚技术难题，可保障从问题中来到问题中去，实现有目标驱动有实际价值的学术探索。搭建校企合作平台，促进本专业人才培养与智能制造高新技术企业用人需求紧密结合，加快实现校企合作良性互动、纵深发展。坚持开放式、高水平办学，以项目驱动为牵引，产学研用融合培养，在课程设置、科研创新、综合素质培养等方面实施特色培养举措，使学生熟练掌握智能制造工程领域的基本理论、专门知识和实践技能，培养兼备研究创新能力和工程实践能力的智能制造工程领域精英复合型人才。构建知名企业深度参与的实践培训机制以及创新产教融合的人才培育模式，为推动高校与企业的产学研合作，南京理工大学智能制造工程专业与地方龙头企业开展联合培养博士后工作。现阶段，与主营自来水制售、给水工程设计与建设的江南水务商讨联合开发水下设备焊接机器人；与从事加油（加气）站研发、生产、推广和应用的富仁高科协商联合开发加油站智能加油机器人；与从事废旧资源的回收再利用设备生产的华宏科技计划联合研发生产线的数字孪生智能监测系统；与从事软塑包装新材料生产经营的申达集团初步达成联合研发基于微纳加工技术的开发新型烟膜防伪技术等。此外，南京理工大学智能制造工程专业为兴澄特钢、法尔胜集团、柳工机械、港口集团等江阴市重点企业以及部分省市技能大师工作室的高级技术人员输出技术指导。通过项目合作、联合培养博士后、技术指导等深度合作模式，推动校企技术全方位联合。

以资本为助推，对接产业投资基金，加速江阴地区智能制造科研成果转化，拓展产学研融合新模式。江阴市制造产业正迎来新一轮数字化、智能化转型变革，旨在发展江阴智能制造业的用友产业基金也在寻求与高校、地方企业深度合作，结合江阴本地产业优势，以项目为抓手，孵化新型科技企业，实现科技成果转化，助力推动江阴经济数字化转型。用友产业基金以企业级服务领域为核心，重点扶持云计算、边缘计算、大数据、人工智能、虚拟现实、区块链等信息技术驱动的科技企业。南京理工大学智能制造工程建设抢抓国家加快传统制造向智能制造转型升级的机遇，坚持把不断强化与智能制造产业深度结合作为发展主线。在现有的智能制造工程建设的合作成果基础上，扎根江阴智能制造产业，重点推进智能制造工程建设与用友等产业基金的合作，实现智能制造工程研究成果的及时落地。

四、国际联合办学、国际竞教协同，建设新的国际合作基地

在国际交流促进方面（见图 4），邀请海外名校联合设置国际课程，实施“海外学术伙伴计划”；搭建国内外国际联合办学平台，申办教育部研究生学位合作办学项目带动中法科研、教学合作；以“互联网 +”等竞赛国际赛道项目带动南京理工大学智能制造工程专业与全球知名高校、企业的科教、竞教融合。结合共同申报国际合作办学项目申报、外专计划申请、国际课程申请，引导南京理工大学智能制造工程团队积极对接海外高水平学者，参与国际合作研究，提升科研、教学水平。

以“建成国内一流、国际知名、特色鲜明的智能制造工程专业”为愿景，推动与国外一流大学和一流学科的实质性合作，提升学校师资队伍、人才培养和科学研究的国际化水平和影响力，实施“海外学术伙伴计划”。南京理工大学智能制造工程专业积极响应南京理工大学国际交流处关于挖掘海外资源申报国际课程的倡导，与国际名校联合设置国际课程，邀请海外教学名师、学术

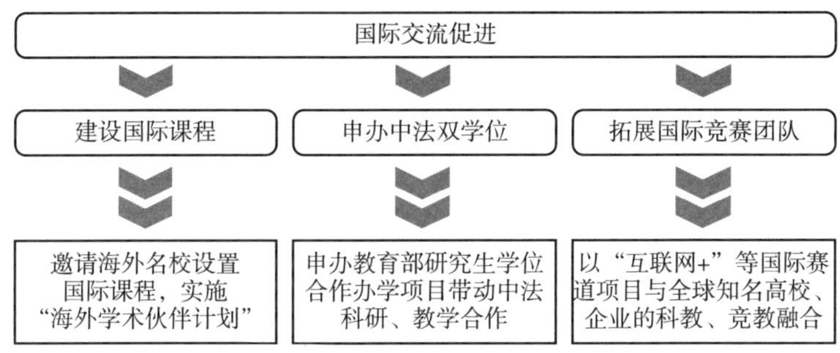

图 4　南京理工大学智能制造工程建设与国际交流促进

带头人给本校学生教授前沿精品课程，本专业优秀青年教师担任助教，拓宽本专业学生的专业知识，提升南京理工大学智能制造工程专业本科教学质量。目前，已获批共建国际课程有与澳大利亚迪肯大学共设 Pattern Classification（模式分类）等课程。通过与国际名校强强联合、汇聚多方优势教学资源，扎实推进和发展智能制造工程相关领域的教育，培育、储备智能制造工程领域高端人才，培养能够承担智能制造技术及产业发展重大项目的高层次创新队伍，为我国占领世界智能制造工程领域制高点提供有力支撑。

在国际交流合作办学方面，结合南京理工大学智能制造工程专业的实际情况，积极与国内外专家开展交流与合作，通过确定国际目标、搭建国内外国际平台、建立引智内涵发展的渠道等多个方面不断扩大交流领域以及合作层次，逐步完善国际交流管理模式，提高国际交流效果，为学生国际化培养提供有力支撑。目前，与法国 ESIGELEC（鲁昂高等电子工程工程师学院）就 Software Engineering & Digital Transformation（软件工程与先进制造）全日制专业学位研究生合作办学开展了多轮深入研讨交流，在办学层次、入校标准、学制模式、授课模式、合作办学培养方案、证书发放等方面已取得重要进展。鲁昂高等电子工程工程师学院在教育课程、教务方法及技能等方面具有丰富的经验，其电气工程及自动化、计算机、通信专业等在法国工程师学院名列前茅。南京理工大学智能制造工程专业与鲁昂工程师学院合作共建的“软件工程与先进制造”，在学科领域上和南京理工大学智能制造工程专业高度交叉，亦深度结合了合作办学院校法国鲁昂高等电子工程工程师学院的优势学科。通过中法联合授课，培养理论基础扎实，实验技能娴熟，具备创新能力和国际视野，掌握智能制造领域新理论、新知识、新技术，能在信息科学与技术、计算机等相关领域共同培养高层次工科人才。依托教育部研究生学位合作办学项目带动双方科研、教学合作。

深化创新创业教育国际交流合作，以“互联网+”等竞赛国际赛道项目带动南京理工大学智能制造工程专业与全球知名高校、企业的科教、竞教融合。中国国际“互联网+”大学生创新创业大赛自2015年以来，已有121个国家和地区的603万支团队参赛[11]。智能制造工程专业与“互联网+”建设主体相一致，南京理工大学智能制造工程建设团队构思了前沿参赛概念，并邀请了美国University of Texas at Dallas（得克萨斯大学达拉斯分校）等名校大学生参与了Additive Manufacturing Smart Factory（数字化增材制造智慧工厂）等项目。借助“互联网+”大赛契机，开展南理工智能制造工程专业与海外名校在“科教协同+竞教结合+多学科交叉”的人才培养方面的深度交流。

五、结论

智能制造工程作为国家重点发展的新工科，是制造强国建设的重要发展方向。加快推动智能制造工程专业建设，可强有力助推我国制造业更新换代。如何在科技日新月异的大环境下建设智能制造工程专业已是教学团队亟须解决的难题。南京理工大学智能制造工程建设团队提出了政产学研用相融的智能制造工程专业建设方案，分布在团队自身建设、国内资源交互、国际交流促进三个模块开展了智能制造工程专业建设的探索性教学研究工作。首先，高校、创新港、联合实验室共融，建设研究前沿、学术水平高、与产业接轨的创新科研团队。其次，融入工业和信息化部及下属研究院建设，深化产学研合作联合培养博士后，对接产业投资基金，培育省部级科研平台。最后，吸纳国际优秀教育资源，积极融合国际交流合作办学、国际竞教结合，建设新的国际合作基地。以“政产学研用”协同合作的方式，努力打造具有校企联合特色的科技成果转化和人才培养示范专业。

参考文献

［1］周济．智能制造——“中国制造2025”的主攻方向［J］．中国机械工程，2015，26（17）：2273-2284.

［2］国务院印发《新一代人工智能发展规划》［J］．广播电视信息，2017（08）：17.

［3］龚信．“十四五”智能制造发展规划［N］．中国工业报，2021-12-29（003）.

［4］佚名．“新工科”建设行动路线（“天大行动”）［J］．高等工程教育研究，2017,（02）：24-25.

［5］臧冀原，刘宇飞，王柏村，等．面向2035的智能制造技术预见和路线图研究［J］．机械工程学报，2022，58：285-308.

［6］姚锡凡，景轩，张剑铭，等．走向新工业革命的智能制造［J］．计算机集成制造系统，2020,（9）：2299-2320.

［7］曹丹．从“校企合作”到“产教融合”——应用型本科高校推进产教深度融合的困惑与思考［J］．天中学刊，2015，30（01）：133-138.

［8］刘献君，赵彩霞．在融合中生长：应用型人才培养路径探索［J］．高等教育研究，2022，1（43）：79-85.

［9］陈晨，马庆．交叉研究　洞见未来——徐迎庆谈清华大学未来实验室的设立与发展［J］．服装设计师，2021，12：76-78.

［10］杨蓉，李侠．从上海交通大学化学化工学科的发展史看学科发展（上）［J］．民主与科学，2022（1）：66-73.

［11］李腾龙．大学生参加创新创业类比赛的培训指导研究——以“互联网 +”大学生创新创业大赛为例［J］．现代商贸工业，2019，40（25）：75-77.

大数据时代下统计学课程改革思考

谢建春　许春根　张　军　吕　艳

摘　要：随着大数据和人工智能的高速发展，作为其生命线的统计学越来越受到各方的重视，随之而来的是各行各业对统计学人才的需求日益增长。这在为统计学人才培养带来新的机遇的同时，也对传统统计学课程的教学活动提出了新的更高的要求。统计学课程设置和培养模式正面临前所未有的挑战。本文以目前统计学课程教学的现状为基础，提出了在大数据时代下统计学教学改革的对策建议。

关键词：大数据时代　统计学课程　教学改革

近年来，大数据、人工智能等领域迅猛发展，数字化经济、数字化转型、数字政府等概念方兴未艾。作为数据收集与量化分析的必备方法与工具，统计学在各行各业中有着越来越广泛的应用，其作为一门理论科学，为大数据和人工智能提供了理论依据和方法论，在数据建模中占据核心位置[1]。同时，大数据与人工智能在各行业的应用与发展对统计学的研究也起到推动作用。目前，各行业都在强调大数据所蕴含的信息对生产与探究的重大意义，社会对统计学人才的要求也逐年增加，已不再满足于对数据的简单总结与归纳。如何在大数据时代下对统计学课程教学进行改革，使高校统计学专业的学生能与时代同步进步，是目前我国高校教育工作者亟须思考的问题[2]。本文正视大数据时代下统计学课程教学面临的挑战，梳理影响课程教学效果的痛点，并提出意见建议。

一、大数据时代下统计学课程教学面临的挑战

（一）大数据时代发展现状

习近平总书记指出：大数据是信息化发展的新阶段。如今大数据广泛应用于人们生活：借助大数据，电商可以给顾客推荐商品，可以根据用户浏览的网页数据对用户习惯进行画像[3]；借助大数据，可以实时调度物流，对物流仓储进行合理布点等。大数据能够获得成功得益于计算机运算能力与存储能力的跨越式提高。比如，计算机运算能力提高后，原来需要通过抽样获取样本后进行的计算，现在直接用原始数据即可——样本即总体，那么我们培养计划中的抽样方法就需要相应变革。同时，数据来源多样，可以对数据进行多角度度量，使得统计更具有说服力，但是各种大量的非结构化、半结构化数据甚至是异构数据，单纯依靠统计学很难进行有效的数据分析，因此，大数据时代对数据挖掘的学术研究也提出了更高的要求[4]。

（二）统计学课程教学面临的挑战

大数据时代的到来，给统计学科带来了发展壮大机会的同时，也使得统计学科人才培养、课程教学体系、课程教学内容、教学团队都面临着重大的挑战，需要根据统计学科的发展趋势积极开展相关课程的改革与建设。

1. 统计学人才需求与培养脱节的挑战

过去统计学专业毕业生可以进入政府部门、金融部门从事数据汇总、整理的工作，但现在对挖掘数据中蕴含的信息更加关切，传统的统计方法已经不满足需求。更多的行业需要的是对数据进行分析和挖掘的人才。大数据时代对统计学人才有了更高的要求，不管是理论知识、实践技能还是交叉学科知识的要求都达到了新高度。传统的统计学强调理论推演，现在强调实战和解决问题的能力。

2. 统计学课程体系与内容调整的挑战

大数据时代不仅拓宽了统计研究的范畴、丰富了统计研究的内容、增强了统计学的生命力，还意味着迫切需要构建符合大数据时代发展的精品课程体系，使统计学课程教学始终保持可持续发展的勃勃生机。

3. 统计学课程团队与时代同步的挑战

大数据不仅对统计学人才提出要求，同时也对统计学课程团队提出了新挑战。统计学人才培养模式具有鲜明的跨学科特色，需要有统计学和数据科学交叉学科背景的师资。只有将行业、企业的技术骨干和专家纳入教学团队，实现深度的校企合作，才能真正做到课程教学团队与大数据时代同频共振。

二、大数据时代下统计学课程教学痛点

从当前大数据时代对人才的需求以及统计学的培养模式来看，统计学课程教学存在以下痛点。

（一）培养模式重算法轻实践

一直以来，统计学被看作是数学的分支，强调理论推演的重要性，集中体现在两个方面。

（1）实践课少，实践时间少。统计学的课程中，如多元统计分析、线性回归分析、时间序列分析等都需要具体地进行数据分析，进行案例教学，但是实验时间投入偏少往往导致学生只掌握理论部分。

（2）实践课内容浮于表面，操作能力提高有限。目前，我们还有些实践课程仅仅是进行描述性统计，这是远远不够的。大数据时代下，数据分析的方法日新月异，特别是机器学习方法对统计学提出更大挑战。机器学习方法强调项目驱动式学习，在实践中改进算法提高数据分析能力是重点。

（二）校企合作困难

通过校企合作，高校能够更好地了解企业的需求，培养适合企业需求的学生。在大数据时代下，统计学需要与当前社会实践相结合，但当前校内安排的社会实践教学内容缺乏社会实践经验，为了解决这个问题，需要从企业中聘请行业专家、有实践经验者为学生讲授实践课程，介绍实战经验。就现阶段来讲，学校与企业专家尚缺乏对接的信息化平台和健全的指导体系。

（三）真实案例教学缺乏

从目前的统计学课程教材可以看出，各自的案例都是结合一个章节、一个课程的案例，只能算是微观案例或虚拟案例，缺乏课程之间知识点的融合，

缺乏真实的与能够紧贴时事的案例内容和授课体系。

（四）统计软件学习不足

在对大数据处理过程中，需要有适合的统计分析软件作为工具才能高效地发挥作用。通过利用统计软件减少烦琐的数据处理，可以将精力集中在统计模型的构建上。但是，当下的教学过程中对统计软件的教学重视程度不足，使学生很难对大数据进行实质性的分析与处理。统计学所采用的 SPSS、Excel 菜单式的数据分析方法，甚至是 R 语言也远远满足不了数据分析要求。

三、大数据时代下统计学专业教学改革的建议

（一）紧跟时代步伐，注重大数据统计思维能力的培养

《统计学的世界》的作者戴维·S. 穆尔这样要求学习统计："要把统计当作受过教育的人应有的文化素养……，统计是一种独立且基本的思考方法。"在统计学教学过程中不仅要借助传统的统计学理念，也应该注重大数据思维，数据的特点发生了改变，处理方式也应该做相应的改变，这样有助于学生在学习过程中提升对复杂数据的结构和特征进行识别和量化的能力。处理时不仅需调动统计学中平均思维、变异思维、比较思维、动态思维等，同时还需注重大数据的多样性思维、复杂性思维，以尝试锻炼创新性和全方位的思维模式。

（二）理论与实践并重，加强统计专业的课程建设

在大数据时代下，数据的采集、整理、分析过程都变得越来越多样。学生必须在掌握统计学的基本理论知识的同时掌握多种软件工具的灵活应用。所以，针对统计学课程的教学改革要围绕两大方面来开展。首先要对理论课教学进行改革，重视学生数据分析能力的培养与提升，教师应该重视为学生传授数据分析的相关知识，让学生掌握分析数据的理论知识；其次增加培养方案中实践环节比例，根据统计学专业的需要，开设"数据挖掘""统计计算与软件""抽样调查""应用回归分析""多元统计分析"等课程，这些课程都需要理论与实践相结合，强调学生的实践能力，应该在实践课内增加真实案例，设定开放性实验，以小组为单位合作完成，提高团队合作能力。通过开放性实验使学生能够了解数据挖掘与建模的全过程，从而激励学生进一步学好统计理论

知识。

（三）以竞赛为抓手，提高学生实践创新能力

数据挖掘竞赛是最近几年新设立的竞赛项目，目的是通过竞赛激发学生数据挖掘的积极性，提高学生分析、解决实际问题的综合能力。竞赛过程既加强学生对所学知识的理解，又将知识应用到实践中。解决问题的同时，学生能够主动扩展知识范围，学会与人沟通、提高团队合作能力，为今后创新创业打下基础。在竞赛中享受学习的乐趣，在获奖中享受胜利的满足感，对学生后续的学习起到激励作用。

（四）组织校企共建，加强跨学科师资团队建设

通过“基地”+“基地”一体化人才培养模式，以企业为产业基地，以学校为教学基地，通过校企协调、基础资源互通，实现需求对接、资源共享的人才培养模式。学校也可定期选送专业教师到企业挂职锻炼，深入实际工程任务一线，了解当前社会的技术主流应用情况，用实际数据分析项目的技术细节，以提高教师的教学水平和能力。

四、结语

大数据时代下的统计学教学改革必须充分结合时代的特点，应用新的教育技术，让学生在学习基础知识的同时建立大数据思维。作为高校统计学教师也要能够适应社会环境的巨大变化，要加强自身素质的提升。为培养更多适合时代发展的高水平人才，开展统计学教学改革势在必行，高校应当注重大数据思维的渗透，引导学生掌握大数据方面的知识，强化学生的综合素质。

参考文献

[1] 祝丹，陈立双．大数据驱动下统计学人才培养模式研究［J］．统计与信息论坛，2016，31（12）：87-92.

[2] 邱淑芳，王泽文，张家骥，等．大数据环境下统计学的人才培养模式与课程体系研究［J］．东华理工大学学报（社会科学版），2017，36（3）：279-282.

[3] 辜子寅. 大数据背景下统计学专业教学改革的一些思考 [J]. 统计与管理, 2017 (12): 15-16.

[4] 房祥忠. 大数据时代的统计学 [J]. 中国统计, 2021 (5): 33-35.

课程思政研究

环境专业教育角度解读习近平生态文明思想内涵，有效融入思政教育

王冰玉　谢慧芳　高海龙　江　芳

摘　要： 习近平生态文明思想的鲜明主题是努力实现人与自然和谐共生，高校生态文明教育需与思政教育协同共进，是生态文明教育的关键环节，是立德树人的重要要求。文章从环境专业教育角度分析了习近平生态文明思想中的深邃历史观、科学自然观、绿色发展观、基本民生观、整体系统观、严密法治观、全民行动观和共赢全球观，加强高校教师对习近平生态文明思想内涵的领悟，有助于将习近平生态文明思想的科学内涵有机融入环境专业课程体系。

关键词： 习近平生态文明思想　环境类专业　思政教育　内涵解读

党的十八大以来，以习近平同志为核心的党中央将生态文明建设摆在全局工作的突出位置，形成了习近平生态文明思想。坚持以习近平生态文明思想为根本遵循，牢固树立和践行“绿水青山就是金山银山”理念，推进美丽中国建设，建设人与自然和谐共生的现代化。生态文明建设是一场涉及生产方式、生活方式和价值观念的革命，要牢固树立生态红线观念。高校环境专业是培养习近平生态文明思想的积极传播者和模范践行者的重要阵地。

目前，高校思政教学方面存在着生态文明教育未成体系、受教育者缺乏兴趣、教师缺少环境相关专业背景，授课内容不深入、实施效果不理想等问

题[1]。在高校环境专业教学方面，存在着教师对习近平生态文明思想内涵领悟不深、站位不高等问题，导致授课内容与习近平生态文明思想结合不理想、分析不够深入，从而也影响了实施效果。习近平生态文明思想具有丰富的思政元素，将生态文明教育融入高校环境专业教育中，可有效提升专业课程思政水平，形成协同效应。

为此，环境专业教育首先必须加强高校教师对习近平生态文明思想内涵的理解，做到在课程教学中自觉地以习近平生态文明思想为指导，确立教学目标，整合教学内容，创新教学方法，将习近平生态文明思想的内涵根植到学生心中。高校环境专业教育应推动生态文明教育与思想政治教育协同共进，把生态文明教育纳入高校教学课程体系，全方位培养学生生态环境意识。本文从环境专业教育角度分析了习近平生态文明思想中的深邃历史观、科学自然观、绿色发展观、基本民生观、整体系统观、严密法治观、全民行动观和共赢全球观，并指出其在教学中的实现路径。

一、深邃历史观

习近平生态文明思想与马克思主义生态观一脉相承，发展了历届共产党人的生态保护理念，借鉴了中国优秀传统文化中的生态思想，吸收了西方生态思想中的可持续发展理论，回应了人民对良好生态环境的诉求，指出走基于东方智慧的生态文明之路，是解决当下生态问题的行之有效之路[2, 3]。

教学中，可以沿着中国生态文明建设的脉络，回顾中国环境事业发展历史，带领同学直面中国“生态欠账依然很大，环境问题依然严峻”的现状，领会“生态文明建设就是突出短板”的国家需求，将绿水、青山、天蓝、地绿、水净这些生态文明建设的推进目标作为专业学习的目标，增强学生的历史责任感。更要让学生认识到新中国在环保方面付出的艰苦努力，取得的巨大成效，正如美国芝加哥大学能源政策研究所在对中国治理空气污染取得的巨大进步进行评估之后所总结的，中国空气污染治理技术“不管从哪种标准说都相当卓越”[4]，引导学生剖析习近平生态文明思想的引领作用[5]。

二、科学自然观

生态文明思想的核心在于人与自然的和谐共生[3, 6]，在《中华人民共和国国民经济和社会发展第十四个五年规划和2035年远景目标纲要》中明确提出“推动绿色发展，促进人与自然和谐共生”，因此，要培养学生将“人与自然的和谐”作为解决问题的出发点和落脚点，帮助学生构建人与自然、社会三维和谐的生态价值观。

教学中，要注意引导学生从生态角度学习领会相关环保技术，如人工湿地、活性污泥等污水处理技术；在乡镇污水处理、面源污染控制、河流湖泊生态修复等当今重点环境问题解决方面，自然生态系统所发挥的重要作用等。要帮助学生树立“依靠科技创新破解绿色发展难题，形成人与自然和谐发展新格局”[7]的信念，坚定学生学习环境专业知识、造福社会的信心和决心。要使学生具有工程师的责任感，明确技术的使用需要建立在尊重自然、尊重人与自然的和谐共存关系的基础上。

三、绿色发展观

“绿水青山就是金山银山”为核心论断的绿色发展观解答了当下面临环境与发展矛盾时应该秉持的立场，“有效解决且避免现代化道路上的弊病，形成以生态文明为导引的中国特色社会主义现代化道路”[8]。未来的文明必须是走出生态危机的文明，是继承了工业文明的积极成果，同时避免了工业文明弊端的更高水平的文明[9]。

教学中，可以据此引导学生正确分析某些困惑，如在分析表达经济与环境污染之间关系的库兹涅茨曲线时，要重点分析我国环境改善拐点提前的原因[7, 10]。要注重引导同学们认识到，为达到“十四五”提出的“提升生态系统质量和稳定性”“持续改善环境质量”和“加快发展方式绿色转型”的目标要求，环境在优化能源结构、发展循环经济、建设海绵城市、倡导低碳生活、推进实现碳中和等诸多领域中要发挥的重要作用。

四、基本民生观

“良好的生态环境就是最普惠的民生福祉”，生态文明思想始终坚持以保障人民生活质量和健康福祉为根本宗旨，以解决影响人的基本生存和发展的生态危机和生态矛盾为主要目标[11]，而高效的治理是保障生态民生的重要途径。

教学中，要使专业学生树立在强化、巩固和深化污染防治攻坚战成果、促进高质量发展与环境保护协调发展诸多方面实现自我价值的信心，激发他们的学习兴趣和动力。要引导学生认识到在实现公民对安全、舒适、健康、干净环境的享有权方面，环境类专业学生要在解决各类环境问题，建设真正的“美丽中国”方面承担应尽的责任。

五、整体系统观

“山水林田湖草沙是生命共同体”体现了生态文明思想的系统性特征，“山水林田湖草沙统筹治理”是以中国话语表达的可持续发展理论[12]，在此思想引领下，生态文明建设被纳入战略安排，整体性、系统性地实施了系列战略措施，通过近期与远期、整体与部分、供给与需求、政府与市场、国内与国际的有效结合[10]，取得了巨大的成效。

教学中，可以以自然生态系统中相互依存、紧密联系的有机链条为切入点，引导同学理解各自然生态要素对系统保护、宏观调控、综合治理的作用；在工程设计中，引导学生从系统工程和全局工程角度合理选择治理工艺，关注科技创新成果，统筹各单元工艺，综合考虑处理效果、能耗等因素；可以结合我国山水林田湖草沙生态保护及修复工程实践，围绕生态目标控制、规划设计、生态维护管理等功能需求，加深学生对“山水林田湖草沙统筹治理”的理解。

六、严密法治观

“用最严格制度、最严密法治保护生态环境，加快制度创新，强化制度执行，让制度成为刚性的约束和不可触碰的高压线”[13]。制度改革和法治建设是生态文明建设稳定良好开展的保障。新《中华人民共和国环境保护法》构建了多元共治、社会参与的环境治理基础格局，2018 年生态文明写入宪法[6]，2019 年《中央生态环境保护督察工作规定》明确规定在生态治理的责任链中建立起“党政同责、一岗双责”的中国特色问责模式[6]。

教学过程中可以沿着生态文明法治建设的脉络，除了专门的环境法相关课程之外，也要带领学生深入理解法治理念、法治方式在污染防治、生态保护和修复、“双碳”目标达成等生态文明建设方面发挥的重要作用。

七、全民行动观

习近平生态文明思想强调党对生态文明建设的领导作用；同时提出生态文明建设既是为了广大人民，同时也要依靠广大人民，“环境保护要靠自觉自为”[7, 10]。全民行动观提倡“要把建设美丽中国转化为全体人民自觉行动”，鼓励公众成为“保护者、建设者、受益者”，而不要做“旁观者、局外人、批评家”。全民行动观提供了防范化解“搭便车”“公地悲剧”“邻避”等问题的方法。

在教学过程中，可以引导学生关注或调研社会热点问题，如垃圾分类、垃圾焚烧厂选址、环保热线、环境公益诉讼等，了解环境信息，参与环境决策，监督企业和政府的环境行为，提出基于全民行动的解决方案；鼓励学生参加环保志愿者等活动，引导大学生增强自身及周边成员的环保意识、生态意识，培育生态道德和行为准则，树立更为积极的环境参与意识，增加他们的社会责任感。

八、共赢全球观

共赢全球观体现了一个发展中大国应有的责任担当，为推进全球生态治理、工业文明向生态文明转向的现代化进程和解决当前全球生态危机提供了中国范例和中国方案，推动更高水平全球可持续发展[14]。中国积极主动参与国际环境领域的合作与治理，积极引导应对气候变化国际合作，成为全球生态文明建设的重要参与者、贡献者、引领者。生态文明思想正在推动全球生态觉醒，丰富全球环境治理体系[10]。

在教学过程中，要注意引导学生学习了解中国在解决全球性环境问题（空气污染、气候变化、臭氧层损耗等）方面所做出的贡献，如“一带一路”倡议、强化生态治理国际合作、打造绿色丝绸之路、构建人类命运共同体等的意义。在培养具有国际视野的环境人才时，要将“人类命运共同体”的理念传达给学生，让学生树立以改善全球环境为使命的责任感。

九、结论

高校环境专业教育具有传播和践行习近平生态文明思想教育的先天优势，将习近平生态文明思想的丰富内涵融合进环境专业教育，帮助学生从环境专业角度深刻理解生态文明思想，形成生态文明价值观，做生态文明思想的践行者，成长为合格的环保人。

参考文献

[1] 周婉如. 生态文明教育融进高校思政课程教学的问题分析 [J]. 汉字文化，2020（14）：178-179.

[2] 陈俊. 习近平生态文明思想的十大特征 [J]. 中国矿业大学学报（社会科学版），2020，22（4）：1-16.

[3] 赵志强. 习近平新时代生态文明思想的四个维度解析 [J]. 理论研究，2020（04）：38-46.

[4] 钟声. “中国绿”为地球添生机 [N]. 人民日报，2019-02-18（03）.

[5] 万军，王倩，蒋春来. 新时代中国的生态环境保护：成效、经验和世界意义 [J]. 当代中国与世界，2021（3）：37-43.

[6] 余俊. 习近平法治思想对环境立法法典化的指引 [J]. 浙江工业大学学报（社会科学版），2021，20（4）：380-388.

[7] 侯子峰. 习近平生态文明思想的三大特征 [J]. 湖州师范学院学报，2021，43（5）：5-9.

[8] 张瑞军，王娅. 从工业文明向生态文明生成的人本路径探索——生态人本思想阐释 [J]. 北方民族大学学报，2021（5）：34-40.

[9] 周国文，朱迎迎，胡丹．在新时代生态文明建设中的环境哲学和环境伦理学——2021 年中国环境哲学环境伦理学学术年会暨首届儒释道文化与环境哲学环境伦理学高峰论坛会议综述［J］．南京林业大学学报（人文社会科学版），2021，21（6）：105-109.

［10］叶琪，黄茂兴．习近平生态文明思想的深刻内涵和时代价值［J］．当代经济研究，2021（05）：60-69.

［11］罗志勇．习近平生态文明思想中的生态民生观［J］．南京林业大学学报（人文社会科学版），2021，21（6）：35-45.

［12］巩固．山水林田湖草沙统筹治理的法制需求与法典表达［J］．东方法学，2022（1）：109-119.

［13］董成．习近平生态文明思想十大特征［J］．湖南社会科学，2020（3）：26-31.

［14］张娜．新时代中国特色社会主义生态文明思想的生成逻辑［J］．长春师范大学学报，2022，41（1）：8-11.

“微处理器原理与应用”课程思政的实施

刘景萍　朱　红　马晓峰

摘　要：教育部提倡将思想政治教育贯穿人才培养全过程，全面推进高校课程思政建设是非常必要的。“微处理器原理与应用”作为一门工科课程，秉承育才首先育人的教学理念，采用多种形式并行的教学方式，在课堂教学、实验课程，以及课后辅导中，有效地将自身发展、国家建设、人类科技进步的责任感和使命感教育贯穿其中，使学生树立正确的世界观、人生观和价值观。

关键词：工科课程　思政教育　多种形式并行　思政主题

2020 年 5 月 8 日教育部印发了《高等学校课程思政建设指导纲要》，纲要指出把思想政治教育贯穿人才培养体系，全面推进高校课程思政建设[1]。目前高校部分学生中存在为社会奉献意识不强、唯金钱论、团队意识缺乏、以自我为中心等问题。随着信息通信技术的发展，在各种网络传播渠道中充斥着各种言论，加之一些不好的社会现象被某些舆论放大，使得学生对正确的人生观和价值观产生了怀疑，极易受误导，因此教育部的这一举措是非常必要的。

鉴于此，各个高校都积极贯彻教育部的纲要精神，将思政教育贯穿于每门课程的教学中。在教学大纲和教学方案中，增加了思政教育的内容，目的就是在授课过程中不仅要传授知识，还要将思政教育贯穿于课程教学全过程中，发挥好每门课程的育人作用，提高高校人才培养质量。采取的方法有提升教师的思政意识与水平、改革课程考核方式以及融入现代化教学模式等[1]。以章为模块、以节为单元挖掘拓展思政元素，以教学效果为导向设计内容与教学形式，以内容需要为前提确定思政元素融入时机，有机统一知识传授、能力培养与价值塑造，在理论水平、教学技能、知识储备等方面提出不足及完善策略，力求全方位育人[2]。通过“多视角、多内容、多手段”的课程思政教学方案设计，铸牢爱国主义，坚定理想信念，维护民族团结和加强创新教育，不断深化、细化、优化更具特色的课程思政教育教学过程，努力培养德才兼备的新时代人才，助推国家建设和民族事业的蓬勃发展[3]。结合课程内容深入挖掘思政教育元素，形成典型教学案例[4]。用演讲比赛等方式传承工匠精神，引导师生树立正确价值追求，引领学生树立积极进取的职业目标，将工匠精神融入思政教育过程中[5]。

“微处理器原理与应用”作为一门工科课程，是对大三学生开设的专业基础课程，如何有效并真正将思政教育贯穿于课程教学全过程中，是教师要面对的问题。在课程教学中采取什么样的思政教育模式，如何将思政教育顺利融入教学，而又避免流于形式或牵强附会，的确是摆在授课教师面前的一道难题。虽然可以在教学点中穿插思政教育，比如讲到 CPU 芯片，可以穿插爱国主义教育，但是这类的知识点毕竟有限，而且思政教育不够全面。因此我们在课程思政教育中采取多种形式并行的方法，在课堂教学中，以思政专题模式，在课堂教学开始的前 5 分钟，开展专题思政教育。在实验课中，采用小组合作形式，让同学们团结协作，发挥团队合作精神。组织每周一次的课后辅导，既可以对课程中的专业知识进行答疑解惑，也可以对学生生活中遇到的问题给予帮助。课程结束后，每位学生结合自身学习生活，提交一份感想总结。从 2021 年秋季的课程教学开始，我们秉承育才首先育人的教学理念，在课堂教学、实验课程，以及课后辅导中，有效地将自身发展、国家建设、人类科技进步的责任感和使命感教育贯穿其中，使学生树立正确的世界观、人生观和价值观。使学生在学习中脚踏实地、不怕困难、勇于探索、刻苦钻研，具有团结友爱、以诚待人、互帮互助精神。从教学效果看，收到了良好的思政教育成效。

一、课堂教学与思政教育

在课堂教学中，主要采取的方法是，课前5分钟以不同的思政主题对学生进行思政教育，并结合“微处理器原理与应用”的课堂教学进度，融入自身发展、国家建设、人类科技进步的责任感和使命感教育，树立学生不忘初心、牢记使命的科学发展担当感。在课程主要内容教学伊始，教育学生认真对待每一个知识点，培养学生脚踏实地的精神。针对测试及作业中出现的问题，教育学生勤于思考、努力学习，帮助学生树立不怕困难、刻苦钻研的观念。

课堂思政教学是共性化的思政教育，即针对大多数学生存在的价值观模糊的问题开展教育，以提升和完善学生的人格。比如，在当今经济社会中，唯金钱论的思想很普遍，造成互相攀比、内心浮躁等不良的现象出现。因此在课程教学中，要让学生树立正确的人生观和价值观，要将为国家、为人类作贡献作为自身发展和前进的动力。中国共产党的宗旨是全心全意为人民服务，这一宗旨并不会随着时代的发展而过时，这也是在我们思政教育中必须重点强调的观念。同样，互相帮助、以诚待人也是思政教育的重点。课程的10个思政专题为：

（一）做什么样的人

教育学生无论何时何地，都要坚持正确的做人理念，即做一个正直、乐于助人、表里如一、积极向上、开朗大方的人。虽然这样的道理学生们从小就听到过，但是还要时时处处结合生活和学习去督促学生落实。教育学生并不是都要去做轰轰烈烈的事情，而是要从身边的一点一滴做起。

（二）不忘初心　朝着自己的理想去努力

每个人都在心中有一个理想，比如成为一名科学家、教师、企业家、军人等，虽然理想会随着年龄的增长而调整，但是无论怎样都要朝着自己的理想去努力。教育学生现在的主要任务是学习，首先要将学习搞好，努力学好每一门课程。业余时间根据自己的理想不断提高个人能力和素养，同时要珍惜时间。今后走上工作岗位，无论在工作和生活上遇到多大的困难，都需要坚定理想信念，不忘初心。教导学生在理想实现的道路上一定会遇到很多困难和阻碍，但是一定要始终保持积极向上的信心，相信通过努力，终会实现自己的理想。

（三）家国情怀

教育学生时刻都要将自身发展和国家建设紧密联系在一起。国家的繁荣昌盛和每个人的发展息息相关，只有国家和平、繁荣、强大，自身的发展才有坚强的后盾。同时随着科技的进步、交通的便利，我们这个地球村里国家、民族之间的关系越来越紧密，世界是一个利益共同体。我们的爱国并不是狭隘的民族主义，而是着眼于世界的发展、人类的和平。作为一名大学生，珍惜时间、努力学习、不浪费光阴就是作贡献。只有掌握了本领才能在未来回馈社会，为国家建设、人类发展作贡献。同时要使学生认识到，不是轰轰烈烈的事业贡献就大，以己之力在平凡的工作岗位上努力、勤奋工作，一样是作出了伟大贡献。

（四）持之以恒　贵在坚持

教育学生无论生活上遇到什么障碍，都要及时调整，待事情解决后及时恢复原有的生活学习节奏。另外做事情要结合自身情况脚踏实地，切不可好高骛远。一辈子踏踏实实做好一件事的例子不胜枚举，比如可以给学生宣讲本校王泽山院士的事迹，以及“杂交水稻之父”袁隆平的故事等。

（五）严于律己　宽以待人

和谐的生活和学习工作环境，会使学生减少很多不必要的麻烦，而紧张的氛围会带给学生烦恼。教育学生要想拥有一个祥和的氛围，首先要能做到“严于律己，宽以待人”，出现问题首先从自己身上查找问题，同时要有以德报怨，己所不欲、勿施于人的胸怀。

（六）孝顺父母　尊敬师长

孝顺父母，尊敬师长是我们中华民族的传统美德。教育学生作为子女孝顺父母就要落实在行动中，好好学习，不浪费光阴，注意身体，加强锻炼。同时也要教导学生在学习工作中尊敬师长。

（七）一分耕耘　一分收获

教育学生有耕耘才有收获，要勤劳、勤奋。体现在学习中，就是要合理安排好时间，认真学习每一门课程、每一个知识点，具有克服困难的决心和信心。学生日后走上工作岗位，更要勤奋工作，正所谓“天道酬勤”。

（八）助人为乐

雷锋精神并不随着时代的发展而落伍，助人为乐也是一种高尚的品德。教育学生在自己力所能及的范围内去帮助他人，在他人遇到困难时，哪怕一句安慰、一声鼓励都可能带给他人莫大的勇气和信心。快乐并非来自索取，快乐来自付出。

（九）团队精神　团结协作

教育学生作为工科学生，今后的工作很多是需要依靠团队协作完成的。在协作过程中要做到求同存异，有一颗包容的心，出现问题不抱怨、不埋怨。

（十）以诚待人　虚怀若谷

教育学生以诚待人，要始终有一颗真诚的心。虽然社会上有阴暗面，但是要去做那个正能量的人。同时，要拥有一颗谦虚的心，正所谓“满招损，谦受益”。

二、实验教学与思政教育

在学生中普遍存在团队意识欠缺的问题，造成这一问题的原因主要是在课程教学过程中没有给予学生团队协作的机会。团队协作是工程设计中至关重要的内容，因此本课程在实验教学中，将团队协作贯穿全过程。

课程的智能小车设计实验贯穿整个学期。在理论课程开始的第一堂课，教师就将小车部件发给学生，定期开放实验室，以便学生焊接、调试，实验采取 3 人一组。我们在实验教学中融入了团结协作的教育，树立学生分工协作的团队合作精神。在实验辅导及进度检查中适时对学生开展互相帮助的教育，使学生树立互助友爱的思想意识；开展不怕困难、勇于探索的教育，培养学生的创新意识；在实验结果检查考核中开展互相学习的教育，让学生能够认识自身不足，树立互相学习的意识。

三、利用课后辅导开展思政教育

课堂思政教育和实验教学思政教育可以解决共性化问题，但是每位学生还存在个性化问题。课程按照每周配备一次课外辅导课的方法，不仅给学生提供互相讨论、互相帮助的时间，还给学生提供了及时向教师提出课程学习和思想上的困惑的机会，使教师能够给学生答疑解惑。

学生的个性化思政教育更为重要，比如有的同学感觉时间上不知道如何平衡，会显得手忙脚乱。针对此困惑，告诉学生需要平衡时间和精力，如果确实很忙，可以放弃一些相对来说不是非常重要的事情，因为只有这样才能保持好的身体和精力做更重要的事情。

有的学生说现在无法孝顺父母，等有条件再去做。我们在和学生交流时就告诉他们，其实孝顺是无条件的，没有经济能力的学生孝顺父母就是在学校好好学习、身体健康，在家帮助父母做些力所能及的事情。有了经济能力就要在经济上回馈父母，孝顺父母不光有感恩的心，还要有实际行动。

有的学生一直对自己之前没有好好努力考上自己理想的学校耿耿于怀。针对此类想法，教师会和他们说要把眼光放长远，学习奋斗是一生的事情，即使上了好的大学也不能说明后面的路都是平坦的，后面怎么走也是需要继续努力的。

有的学生对社会上存在的知识和收入不对等的现象感到困惑，认为上大学也没什么用。针对此类困惑，教师会告诉他们金钱、地位并不是衡量一个人成功的标准，个人的品德修养也是衡量人生价值的重要参照。我们可以看到古今中外各行各业受人尊敬的人物，他们都是品德修养高、不畏困难、勇于进取的人，他们是我们大家学习的榜样。作为学生，现在要做的事情就是不断提高个人的品德修养，好好学习，珍惜时间，脚踏实地，这样成功就会属于你。

有的同学针对目前社会上普遍存在的“内卷”现象，提出了自己的看法。现在所谓的“内卷”、焦虑都是在做各种比较，忽略了自身的情况。我们要向别人学习，但是没有必要去比较，不用在意一时的成绩不理想或失败，眼光要放长远。只要坚持自己的信念，勇往直前，在人生的道路上不畏困难，坚持进步，就会实现自己的价值。

还有的同学在人际关系中遇到了问题。针对此情况，教师会告诉他们，只要能够以诚待人、宽以待人，多看别人的优点，并发自内心的赞美，就会有良好的人际关系。

四、结语

思政教育将学生的人格培养贯穿于课程教学中，使学生具有团结友爱、以诚待人、脚踏实地、勤奋努力、舍己为人的高尚品格。高校在传授知识的同时，不能放松对学生文化的传送，习近平总书记说的“文化自信”需要在思政教育中充分体现出来。中华民族是一个具有优秀文化传统的民族，我们每一个中国人都要有民族自信、文化自信。从本次教学过程的实践来看，思政教学效果良好，学生对于人生观及价值观进行了深入的思考，思政教学为学生提高自身素养、日后成为栋梁之材奠定了基础。

参考文献

[1] 何玉平. 大学物理课程开展课程思政教育的思考[J]. 教育信息化论坛，2021(1)：58-59.

[2] 于辉，李维刚，纪莉莉，等. 融思政教育于专业课程教学改革的审思——以佳木斯大学管理学课程为例[J]. 佳木斯大学社会科学学报，2020. 38(03)：198-200，206.

[3] 蔺蘭. 高校工科专业课程思政教育探究[J]. 教育教学论坛，2022(03)：185-188.

[4] 王新荣，奚琪，李小海. 工科专业课与思政教育相融合的探索与实践[J]. 经济师，2021(2)：160，162.

[5] 周成. 工匠精神融入工科院校思政教育的实践途径探索[J]. 教育教学论坛，2021(5)：117-120.

“数字图像处理”课程思政的理论与实践

刘红毅　张　军

摘　要： 数字图像处理课程具有鲜明的时代性和应用实践性，蕴含了丰富的课程思政元素。通过对课程专业知识的深入剖析，精心设计了课程思政教学案例，从培养家国情怀、培养科学思维、培养创新意识三个方面，挖掘了其蕴含的思政元素，实现了专业知识传授与思政教育的无缝融入，取得了很好的教书育人效果。

关键词： 数字图像处理　课程思政　图像恢复　边缘检测

围绕“立德树人”的根本任务，在专业课程中，将专业知识传授与思政教育无缝融入，推进全方位、全过程、全员的育人，是教师义不容辞的责任。要针对“数字图像处理”课程以及授课对象的特点，因材施教，润物无声地进行思政教育。本文以南京理工大学数学大类专业本科生必修课“数字图像处理”的课程思政建设为例，以课程专业知识为课程思政的载体，深挖课程内容蕴含的思政元素，根植爱国情怀。

一、课程思政总体设计思路

随着电子计算机技术的发展，数字图像处理应运而生，且在近几十年得到了迅速发展，在航空航天、医疗卫生、智能交通、工业制造等多个领域都有广泛应用。因此，“数字图像处理”课程具有强烈的实践性、前沿性与多学科交叉性，需要教师与时俱进，具有国际视野[1]。另一方面，课程的授课对象是数学大类大四学生，学生即将面临就业或升学的选择，迫切需要了解当前学科的发展前沿，制定个人发展目标。因此，课程的思政建设理念为紧跟学科发展，强调创新理念，培养创新应用型科技报国人才。通过在授课过程中，加入学科发展的前沿热点和应用实践环节，培养学生的创新意识和创新精神，提高学生分析问题、解决问题的能力。通过知识传递，强调科学的创新精神与辩证唯物主义的哲学思想，根植家国情怀，为社会主义建设培养合格的接班人。

“数字图像处理”课程的思政目标是通过剖析图像处理背后的数学机理，培养学生利用数学知识发现问题、分析问题、解决问题的能力，培养科学素质与创新能力。通过数字图像处理方法的介绍，使学生掌握现代数字图像处理的基本方法，了解我国成像技术、图像处理技术的飞速发展，坚定“四个自信”。培养学生为科学献身、科技报国的远大情怀[2, 3]。因此，在课程思政的设计中，加入更多的人文因素与名人事迹，培养学生的民族自信心，引导学生树立正确的人生价值观；在数学公式的推导中，培养科学思维；在图像处理方法的介绍中，延伸问题，拓宽思维，培养学生的创新意识和创新思维。

二、课程思政教学实践

“数字图像处理”是一门多学科交叉的发展中学科，教学内容包括数字图像处理的基本概念、图像的表示、图像变换、空域平滑滤波、锐化滤波、统计排序滤波、傅里叶变换、小波变换、高通滤波器、低通滤波器、带通带阻滤波器、维纳滤波、图像退化模型、非局部滤波、图像去模糊、图像超分辨等。根据授课对象特点，分别从培养家国情怀、培养科学思维、培养创新意识等三个方面开展课程思政教育。

（一）培养家国情怀

在数字图像处理的发展简史中，从第一张数字图像的故事说起，随着电子计算机的产生，产生了数字图像处理，从中引出与科技之间的关联性，并拓展到与世界万物之间的关联性。通过分别介绍不同类型的图像，从可见光照片到医学图像、遥感图像，介绍科技的飞速发展，让学生感受到课程的时代感与前沿性，激发学生学习兴趣，激发学生的爱国情怀。

1. 钱学森的故事

在介绍遥感图像时，特别提到对我国航空航天领域的飞速发展做出巨大贡献的钱学森院士的事迹。我国的航天事业起步于1956年，在我国著名科学家钱学森院士的带领下，中国组建了第一个火箭、导弹研究所——国防部第五研究院，钱学森院士担任首任院长。他主持完成了“喷气和火箭技术的建立”规划，参与了近程导弹、中近程导弹和中国第一颗人造地球卫星的研制，直接领导了用中近程导弹运载原子弹“两弹结合”试验，参与制定了中国近程导弹运载原子弹“两弹结合”试验和中国第一个星际航空的发展规划，发展建立了工程控制论和系统学等。1964年10月16日，中国第一颗原子弹爆炸成功，1967年6月17日中国第一颗氢弹空爆试验成功，1970年4月24日中国第一颗人造卫星发射成功。“感动中国”组委会授予钱学森的颁奖辞为：在他心里，国为重，家为轻，科学最重，名利最轻。五年归国路，十年两弹成。他是知识的宝藏，是科学的旗帜，是中华民族知识分子的典范。通过钱学森院士献身国防、志在强国，成就了“两弹一星”伟大事业的先进感人事迹，激励学生科技报国。

2. 载人航天工程

中国载人航天工程于1992年9月21日由中国政府批准实施，代号“921工程”，是中国空间科学实验的重大战略工程之一。2021年10月16日0时23分，搭载神舟十三号载人飞船的长征二号F遥十三运载火箭，在酒泉卫星发射中心点火发射，神舟十三号载人飞船与火箭成功分离，进入预定轨道，顺利将翟志刚、王亚平、叶光富3名航天员送入太空，飞行乘组状态良好，发射取得圆满成功。2022年4月16日9时56分，神舟十三号载人飞船返回舱在东风着陆场成功着陆，神舟十三号载人飞行任务取得圆满成功。通过回放视频，强调各种不同传感器的图像、视频信息的综合交互，为载人飞船顺利返回提供了技术保证。这让学生领会到我国载人航天工程的高科技性，同时也意识到图像在现代科技中的重要作用，激发了学生的学习兴趣，培养民族自豪感与认同感，根植爱国情怀。

3. 先验知识

图像恢复过程在数学上是一个反问题，其求解需要借助图像先验知识。首先说明人类发展中先验知识的重要性。人类文明的发展，都是建立在前人智慧基础上的。中华民族几千年的历史，留给了我们丰富珍贵的精神与物质财富。这些先验知识包括民间谚语、诗词书画、科学技术等。如古诗词的优美，带给我们语言上的审美与享受；包括《本草纲目》在内的医学书籍、中医文化，带给我们的不只是健康，还有与自然的和谐共处，培养学生的文化自信。再以当前人工智能这一研究热点为例，提到我国科技工作者所做出的卓越成绩，包括华为、百度、小米等国内企业的先进技术，从而激发学生的民族自豪感。最后提到目前工业技术、通信行业等的“卡脖子”问题，强调要突破技术瓶颈，数学作为基础学科在其中所发挥的重要作用。培养学生的专业自信心，激励学生为国家富强、民族振兴而努力学习。

4. 数字图像成像波段变化。

光谱波长如图 1 所示，其中可见光成像只占所有光谱范围的一小段，亦即我们之前接触到的图像，只是所有图像范围内很小的一部分。随着成像技术的发展，产生了各种类型的图像，图像的视野变大了，我们的视野也应该在关心科技、经济等社会发展中不断得到拓展。由此引导学生意识到，虽然个人的力量微乎其微，但正是有了每个个体的不懈努力，才有了人类社会的今天。在推

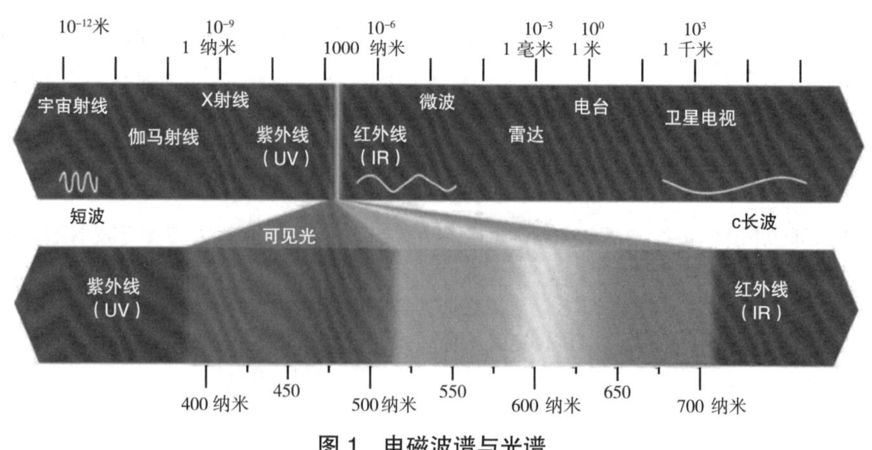

图 1　电磁波谱与光谱

动国家发展的征程上，我们虽然不过是沧海一粟，但同时也都在推动着社会的发展。“从我做起，从小事做起”，人人做好自己的本职工作，社会则会安定、团结、进步，我们的国家才会富强繁荣。

（二）培养科学思维

1. 数字图像处理的范围变化

宏观思维方式是全面地、整体地、系统地看待问题，微观思维方式是片面地、局部地、个体地看待问题，两者是一个有机整体，共同构成事物的全貌。通过宏观和微观思维方式的结合，可从现象中发现本质和规律，正确理解事物的结构和内容。因此，在思维方式上，强调哲学的辩证唯物主义思想，不以偏概全，不以管窥天，同时也要做到具体问题具体分析。

另外，从事物发展的内因和外因来看，内因即事物的内部矛盾，是事物发展的根本原因，规定了事物发展的基本趋势和方向。外因即事物的外部联系，是事物发展的第二位的原因。外因是事物变化的条件，外因通过内因起作用。因此，在观察事物、分析问题时，既要看到内因，又要看到外因，坚持内外因相结合的观点。碰到困难时，不怨天尤人地归罪于外部环境，而应该积极从自身寻找问题根源，并解决问题。

2. 空域图像增强

在空域图像增强中，提到图像增强是面向特定的应用目的，没有统一衡量标准，从中引申出多角度全面分析问题的哲学思想。首先，客观评价指标和人类视觉系统并非完全一致，即存在主观与客观的协调一致性问题。其次，某种评价指标，代表了分析问题的一个角度，如果转换视角，则可能得到完全不同的结论。如欧氏空间向量的内积，度量了两个向量之间的相似性，但如果将向量降维后，在投影空间来看，则大概率此时的内积会发生变化。即在原空间相似的，在现有空间不一定相似。从而说明，分析问题的视角不同，会得到不同的结论。如“横看成岭侧成峰”的诗句，也包含了这种思想。因此，我们需要采用辩证的思想，摆脱主观成见，超越狭小范围，从多角度分析问题，才能达到对事物更全面的理解。

3. 微分算子

不同阶微分算子，可以提取图像的不同尺度的细节结构，尺度越小，提取的细节越丰富。一方面，通过高阶边缘检测算子说明尺度的精细变化，培养学生细致、认真、严谨的科学态度，弘扬善于奉献、精益求精的工匠精神。另一方面，“细节决定成败”。细节看似普通，却十分重要。每一颗普通的细小的螺丝钉，对整台机器的正常运转都起到了至关重要的作用。因此，我们要向雷锋同志学习，在自己的岗位上“做一颗永不生锈的螺丝钉”。“不因恶小而为之，不因善小而不为”。“时代楷模”张桂梅张妈妈，她扎根边疆教育一线40余年，默默耕耘、无私奉献，为了改变贫困地区女孩失学辍学状况，创办了全国第一所全免费女子高中。2008年建校以来，已帮助1800多位女孩走出大山走进大学，用知识改变贫困山区女孩命运，用教育阻断贫困代际传递。她教书育人、立德树人，引导学生从小树立远大志向，倡导女性自尊自信自立自强，注重言传身教，传承红色基因，让“感党恩、听党话、跟党走”成为广大学生自觉追求；她坚韧纯粹、甘当人梯，用爱心和智慧点亮万千乡村女孩的人生梦想，展现了当代人民教师的高尚师德和责任担当，被孩子们亲切地称为“张妈妈”。她坚持用红色文化引领教育，培养学生不畏艰辛、吃苦耐劳的品格，引导学生铭记党恩、回报社会。她吃穿用非常简朴，对自己抠门，却把工资、奖金捐出来，用在教学和学生身上。她以坚韧执着的拼搏精神和无私奉献的大爱，诠释了共产党员的初心使命。“自然击你以风雪，你报之以歌唱。命运置你于危崖，你馈人间以芬芳。她的故事，值得你讲给孩子听。”通过给学生讲全国道德模范的人物事迹，讲中华民族的优秀传统故事，讲中国共产党人的优秀故事，引导学生树立正确的价值观、人生观、世界观。

（三）培养创新意识

1. 空域滤波

在空域滤波中，有代数平均值滤波、最大值滤波，通过提问，引导学生思考是否还有算术平均值滤波、最小值滤波，启发学生的对比性、开放性思维。在经典的平均值滤波中，主要是通过对局部邻域内相似像素进行加权而进行滤波的，由此启发学生从空间局部邻域、像素点的相似性，以及加权权重等方面出发，寻找可能的创新点。从而引出 2005 年提出的图像处理的新方法——非局部均值滤波，再到 BM3D（三维块匹配算法）方法，开拓学生思维，拓宽学术视野。进而再启发学生从空域滤波卷积的角度，思考深度学习中的卷积含义。

2. 边缘提取

在讲解边缘检测算子时，先抛出问题：平均值算子对应了图像的平滑处理，那么，平均值的逆算子是什么，对应了怎样的图像操作。从而引入了微分算子的图像锐化功能。进而，从数学的角度回顾各阶微分算子的定义及计算有什么不同。以一阶微分算子为例，给出在图像边缘检测时的几种一阶微分算子，并展示和分析它们在边缘检测时的细微差别。启发学生思考，高阶微分算子的定义，以及在提取边缘方面的优劣性。进而，通过不同阶微分算子提取的图像边缘细节图，提出问题：是否还有其他的类似于微分算子的算子可以达到提取多尺度边缘的效果。引出后面章节所要讲解的多尺度分析理论。在这些知识的讲解中，通过由浅入深、层层递进的解释与提问，启发学生不断思考，培养创新意识与创新思维。

三、总结

本文通过对数字图像处理课程中的思政元素的挖掘，从家国情怀、科学思维、创新意识三个培养方面，详细阐述了课程中专业知识背后的思政元素。在授课中，课程思政效果明显，对学生的激励作用明显，取得了很好的授课效果，达到了为国育英才的目的。

参考文献

［1］刘红毅，张军，张峥嵘．“数字图像处理”课程思政教学实践——以图像变换单元为例［J］．教育教学论坛，2021，(50)：129-132.

［2］徐雷．“三全育人”格局下的系统工程［N］．中国教育报，2020-06-13(04).

［3］李向东．树立正确的宇宙观——“宇宙简史”的课程建设的实践与认识［J］．中国大学教学，2018(9):10-13.

高等数学课程思政教育的实践研究

李星秀

摘　要：探索在高等数学课程中有效融入思政教育的方式，对于培养有理想、有道德、有文化的新时代大学生具有重要意义。本文分析了在高等数学课程中融入思政教育的意义、必要性和可行性，并提出了在高等数学课程中融入思政教学的实践策略，以实现立德树人的育人目标。

关键词：高等数学　课程思政　立德树人　实践策略

2016年12月，习近平总书记在全国高校思想政治工作会议上指出，“要坚持把立德树人作为中心环节，把思想政治工作贯穿教育教学全过程，实现全程育人、全方位育人，努力开创我国高等教育事业发展新局面”[1]。全面推进课程思政建设是落实立德树人根本任务的战略举措，也是提高人才培养质量的重要途径。当前，尽管广大教师完全认同课程思政在人才培养中的重要作用，但对于如何在具体的课程中推进课程思政依然缺乏思路。高等数学作为一门重要的理工类专业核心基础课程，对于提高学生的逻辑思维能力、解决问题的能力有着不可替代的作用，同时它又是学生学习后续课程的重要基础。如何在高等数学课程中有机融入思政教育，非常值得研究和探讨。

一、高等数学课程中融入思政教育的意义

“课程思政”是指以构建全员、全程、全课程育人格局的形式，在各类非

思政课程的教学过程中有机融入思政元素，形成协同效应，把“立德树人”作为教育的根本任务的一种综合教育理念。“高等数学”的授课对象是所有理工科专业的大一学生。对于这些刚走出中学校门、踏入大学校园的学子们，这个时期正是他们的世界观和人生观形成的关键时期。他们有理想、有抱负，但同时又对学习上即将面临的困难估计不足，缺乏勇气和毅力。所以，进行正确的思想教育和价值引领显得格外重要。高等数学课程贯穿大一整个学年，将高等数学课程作为思政教育的重要载体，不仅可以让学生学习到专业的数学知识、了解数学背后的故事，还可以培养学生严谨、求实、开拓创新的科学精神，激励和帮助学生建立勇于战胜困难的自信心，进一步让学生树立正确的世界观、价值观和人生观。所以在高等数学课程中有机融入思政教育，对完成“立德树人”这一教育根本任务具有重要的意义。

二、高等数学课程融入思政教育的必要性和可行性

（一）必要性分析

高等数学作为所有高校理工科的必修基础课程，思政教育融入其中能够充分发挥其基础学科的价值与作用，与课程思政理念形成协同效应[2]。一方面，高等数学课程本身具有高度的抽象性，学生往往会未学先畏，谈“数”色变。因此，如何提高学生学习高等数学的兴趣与积极性，则是教师们面临的首要问题。而课程思政为广大教师们提供了一个重要契机。教师在教授专业数学知识的同时，有机融入思政教育，可以让学生更了解高等数学的发展历史、思想内涵，从而进一步喜欢高等数学、热爱高等数学，对学生树立正确的学习态度具有非常重要的作用。另一方面，高等数学覆盖高等教育众多专业，且学分大，课时多，课程资源丰富，教学内容涉及知识面广，应用范围大，为课程思政教育提供了可以尽情施展的舞台，有利于培养出既有专业素养，又有人文情怀的新一代大学生。

（二）可行性分析

首先，高等数学知识的发展过程中蕴含着很多古今中外数学家的励志故事，通过介绍数学家孜孜不倦、锲而不舍、追求真理的精神，激励学生建立积

极向上的学习态度和勇于挑战的自信心，培养学生刻苦、执着及开拓创新的科学精神。其次，将数学史、数学文化融入日常教学，向学生介绍中国古代具有世界意义的数学成就，让他们了解祖先的伟大智慧和创造力可以增强学生的民族自豪感，激发他们的爱国热情。学生在潜移默化中受到人文精神与道德情操的熏陶，增强文化自信，最终实现全面发展[3]。再次，高等数学中的很多数学概念和思想方法的出现过程是伴随着曲折和艰辛的，介绍三次数学危机可以让学生了解数学知识的发展过程经历了很多“艰难险阻”，让学生领略到数学发展过程中的曲折与创新，帮助学生建立吃苦耐劳的学习奋斗的精神。在这个过程中提升了学生的学习兴趣，使得他们的知识结构更加丰富和多样化，有助于建立和发展创造性思维，从而培养他们辩证唯物主义世界观和顽强的探究精神。所以说在高等数学教学过程中融入思政元素是可行的[4]。

三、高等数学课程中融入思政教育的实践策略

在高等数学课程中融入思政教育，旨在实现知识传授、能力培养和价值传授。而实现这一目的，要以课程为基础，以思政为切入点，关键在教师。本文将从转变教学理念、调整教学目标、梳理教学内容和创新教学模式这四个方面研究在高等数学课程中融入思政教学的实践策略。

（一）转变教学理念，提升思政教学能力

教师是教学的组织者，教师的教学理念和教学能力，直接决定了教学质量和教学效果。广大的高等数学教育者应不断加强对习近平总书记关于阐释教育的根本任务的重要讲话的深入学习，在了解讲话精神的基础上，体会思政内涵，树立正确的教学理念，将思政教学“润物细无声”地融入具体的课程教学过程中，将“立德树人”作为教育的根本任务。

在保持正确教学理念的同时，还应提高自身的专业素养，提升自身的思政教学能力。如何根据课程的内容和特点，设计恰到好处的、易于让学生接受的思政融入点，需要高等数学教师发挥智慧，不断学习探索、归纳总结。课程思政的教学内容建设不是一蹴而就的，也不是一成不变的，应顺应时代变化，体现时代精神。

（二）调整教学目标，将课程思政贯穿整个教学过程

教学目标是观念与教学使学生发生何种变化的明确表述，是指在教学活动中所期待得到的学生学习结果。在教学过程中，教学目标起着十分重要的作用。教学活动以教学目标为导向，且始终围绕实现教学目标而进行。在传统的高等数学教学活动中，融入思政教育，在教学过程展现出全新的形式。为实现课程思政在高等数学课程中落地生根，应制定具体的思政教育目标。教师需要紧紧围绕课程思政的融入点和内涵，并在传统教学目标的基础上，进行恰当调整。制定的教学目标不仅需要包含传统知识、能力目标，还应包含基于课程思政教学的德育目标。德育目标可包含但不限于：树立社会主义核心价值观，培养学生的社会责任感、使命感和民族自豪感；让学生了解数学历史、数学文化，感受数学魅力；引导学生追求刻苦钻研、努力拼搏的工匠精神，不断超越自我，追求卓越。

（三）梳理教学内容，设计课程思政融入点和教学元素

依据课程思政教学目标，教师需要积极探索、挖掘合适的思政元素融入点，进一步选择恰到好处的思政元素。好的思政元素应是让学生感同身受且易于接受的，可以让学生和教师产生情感上的共鸣，拉近教师和学生的心理距离。这样，不仅可以达到教学的德育目标，还可以更进一步促进知识和能力目标的有效实现。具体来说，可融入中国数学史，提升学生对课程的认同感与爱国热情；讲述数学家的励志故事，为学生树立精神榜样，打造有温度的课堂；展示高等数学在科技发展中的应用成果，增强学生的社会使命感；结合哲学、美学等领域内容，培养学生的辩证唯物主义世界观以及审美与情操；践行社会主义核心价值观，全面塑造学生的人格品质。

（四）创新教学模式，提升课程思政教学效果

高等数学课程本身具有的特点是内容丰富、抽象、逻辑性强，需要教师精心设计教学环节，合理安排教学内容，才能在保证传统教学质量的前提下，让思政教学散发光彩。教师可以利用互联网平台，借助多媒体网络技术手段，充分发挥学生的学习能力，使学生思想政治教育得到发展。在课前预习环节，教师可提前在在线教学平台上发布知识背景视频、数学家小传等，让学生通过

听觉、视觉等不同角度感知思政教学内容。在课中讲授环节，教师可通过一些社会热点问题或应用案例进行知识导入，让学生通过分组讨论的方式分析问题，探索问题的解决方案，这有利于提高学生对所学知识的兴趣和积极性。课后拓展环节，教师可在线上交流平台发布拓展作业，让学生进一步搜集资料，丰富应用案例，并和学生交流学习的心得体会。

四、结语

高等数学课程的思政教学建设不是一蹴而就的，也不应是一成不变的。我们需要不断拓宽自己的眼界，提升课程思政教学能力，勇于创新教学方法，丰富教学模式，深入探索课程思政教学内容，不断完善高等数学课程思政教学资源，逐步培养学生求真务实、积极进取、坚持真理和实事求是的科学精神，最终实现立德树人的育人目标。

参考文献

[1] 习近平. 把思想政治工作贯穿教育教学全过程 [EB/OL] (2016-12-8) [2022-05-20]. http://www.xinhuanet.com/politics/2016-12/08/c_1120082577.htm.

[2] 崔连香，闫立梅，李秋萍，等. 高等数学课程思政建设的实践探索 [J]. 安阳师范学院学报，2022 (2)：147-150.

[3] 李璇，张淑娟. “三全育人”视域下高等数学课程思政建设路径研究 [J]. 黑龙江工业学院学报（综合版），2022，22 (1)：37-42.

[4] 王平，左林. 课程思政在高职院校《高等数学》课程建设中的实施路径 [J]. 科教导刊电子版（下旬），2022 (1)：226-227.

传播学视域下高校课程思政亲和力的提升路径研究

郭 怡

摘 要：课程思政是推进高校“三全育人”格局形成、落实立德树人根本任务的重要途径，而亲和力是影响课程育人功能实现的关键因素，是高校课程思政的应有之义。课程思政是一种特殊的信息传播活动，亲和力作用于教育教学传播全过程，借鉴传播学中的议程设置、“把关人”理论、受众理论对课程思政的内容、传播者、传播对象进行分析，探索高校课程思政亲和力的提升路径，促进课程思政的有效传播和有效接受，提高育人实效。

关键词：传播学 课程思政 亲和力 立德树人

高校立身之本在于立德树人。立德树人，意味着要“把思想政治工作贯穿教育教学全过程，实现全程育人、全方位育人”[1]，课程思政是将思想价值引领贯穿于课程教学的教育理念和方法。当前课程思政开展过程中存在“表面化”“硬融入”、课程教学思政元素资源挖掘不足、教师育人意识和能力有待提升的现象，导致学生对课程思政“不买账”、育人成效不佳，究其根本原因是课程思政亲和力不足。提升课程思政亲和力是破解该难题的有效途径，有利于构建“三全育人”格局、发挥教师育人职能、落实高校“立德树人”的根本任务。

一、高校课程思政亲和力的内涵

所谓课程思政，就是要将思想政治教育贯穿人才培养体系，挖掘课程中蕴含的思政元素并运用到教学中的教育理念，是发挥好各门课程育人功能的一种隐性教育方式，是推进“三全育人”格局、落实高校立德树人根本任务的重要举措。据此，高校课程思政亲和力，是指高校课程教学中秉持立德树人根本任务，融入思想政治教育元素，在课程思政开展过程中教育者、教育目标、教育内容、教育方法、教育环境等诸要素具有亲对象性并持续优化、相互协调，使大学生对课程思政产生亲近感、认同感和共鸣感的一种系统合力。

二、亲和力是高校课程思政的应有之义

（一）高校课程思政亲和力研究的理论基础

课程思政的对象是“现实的人”，亲和力作用于教育教学中人的对教育目标、内容、理念的接受过程，这一过程与信息传播过程有着内在的契合性，其在促进信息接收、影响思想观念的目的上存在相似性，在双向互动的模式上存在一致性，在教育者（传播者）、教育对象（受传者）、教育内容（信息）、教育方法（传播方式）、教育载体（传播媒介）、教育环境（传播环境）等构成要素上具有相通性，因此课程思政是一种特殊的信息传播。亲和力贯穿、融入传播全过程，既体现了传播学“受众本位”的理念，也是课程思政以人为本的要求。

双向互动开放的现代传播模式为优化课程思政的开展提供有益指导；传播学的受众研究、媒介研究、效果研究、反馈控制研究为课程思政提供新视角。在课程思政开展过程中提升亲和力，能够在认知阶段引发学生的关注、理解和主动选择，在情感层面满足学生的需求、引发学生的认同，进而在实践层面驱动学生自觉践行课程思政的要求。亲和力，既是课程思政诸要素应具有的品质和特征，又是诸要素持续优化、互相协调形成的综合力量；既是课程思政传播效果的一种表征，又是有效传播的关键因素和重要保障，是课程思政的内在要求和外在形象的统一。

（二）高校课程思政亲和力研究的现实依据

随着时代发展和社会变迁，高校育人工作面临的外部环境复杂多变，作为教育对象的大学生群体也呈现新特征，这些变化和特征既为学校育人工作发展创造了条件和机遇，同时也为提升课程思政的实效带来了一定的困难和挑战。

1. 外部环境催生提高课程思政亲和力的需求

环境本身对大学生的影响是自发的、弥散的。这一影响可能是正向的，能够为课程思政创设有利条件，也可能是负面的，会使课程思政陷入不利局面。复杂环境下的不良因素，对课程思政育人功能的发挥造成一定的耗散，想要在与环境对人的自发影响的拉锯战中占据优势，就必须要尽可能地争取教育对象的亲近和认同，亲和力便是拉近与教育对象的距离、赢得教育对象支持和认可的重要手段。外部环境的新变化催生提升高校课程思政亲和力的需求。

2. 教育对象呼唤课程思政亲和力

随着社会经济、政治、文化环境的深刻变化，大学生的生活方式、思想意识和行为习惯也随之变化，使思想政治教育迎来了新的发展机遇和挑战。“00 后”大学生整体呈现思维活跃、求新求变、积极进取、追求独立、向往自由、主体意识彰显的特征；在掌握新技术、运用网络新媒体方面具有优势，由此也形成了特殊的交往方式、认知习惯和话语表达模式；既有群体特征，个体间又有显著差异。

课程思政承担着立德树人的重要职责，蕴含着为社会发展、国家建设、民族复兴培育英才的积极愿望，但现实中大学生并不总是能够对课程思政做出积极反应。根据托尔曼的“刺激－机体－反应”（S–O–R）理论，要想引起教育对象的反应，还需要通过中介变量，这种中介变量是作用于教育对象的需求、所处场域、价值信念等从而对行为产生导向作用的量。在高校课程思政中，亲和力便是一种中介变量，它通过贴近高校学生群体的认知习惯、情感需求和理性期待，促使学生群体接受教育引导。高校学生的新特征呼唤亲和力，亲和力之有无、之强弱程度，都关系到课程思政的有效性。

三、基于传播学的课程思政亲和力提升路径

高校课程思政的有效实施意味着思政元素的有效传播，于潜移默化间浸润学生的心灵、增进认同、提升学生思想境界、使学生在实践中自觉践行，亲和力的介入不可缺少。借鉴传播学理论，需从传播者、传播内容、传播对象等要素出发探索亲和力提升路径，从而提高课程思政的实效。

（一）守好把关责任，塑造具有亲和力的领路人

“全面推进课程思政建设，教师是关键。要推动广大教师进一步强化育人意识，找准育人角度，提升育人能力，确保课程思政建设落地落实、见功见效。”[2]教师即传播者，肩负着“把关人”的使命，通过调整传播内容和方式，吸引和影响受众。当前，信息高度开放也带来了各类信息的良莠不齐，意识形态领域竞争激烈，在育人过程中“把关人”作用凸显，而传播者亲和力状况影响受众对其的信赖度，是实现“把关”的前提和基础。亲和是人在社会交往和信息传播中的普遍心理，这种亲和需求使人在交往中更愿意趋近与自己时空距离和心理距离较近的人。教师在学生接触和感知课程思政亲和程度的第一线，构筑着教育传播者的亲和力，在构建课程思政整体亲和力过程中起着奠基作用，教师要担当好“把关人”角色，注重自身情感魅力、道德品质、理论学识和教育艺术的提升，塑造良好形象，成为学生亲近信赖的领路人和知心人。

1. 以理服人，夯实理论素养，强化信服力

课程思政传播承载着意识形态教育的任务，课程思政内容有其特殊性，要求教育者坚定政治方向，对课程思政理念掌握透彻，真懂真信，在教育教学中才能更有底气，增强信服力。教育者不仅要系统学习掌握思想政治教育理论，也要与时俱进将学科发展前沿与之结合，不断发展完善自身的理论体系；不仅要浸润于文本知识，还要理论联系实际，在实践中丰富理论；不仅要有坚实的理论基础，还要有将理论知识转化为通俗易懂的、以受众乐于接受的形式表达出来的能力，有信仰、讲责任、有智慧。

2. 以德树人，涵养道德品质，强化感召力

高校教师是否能够为人师表、以身作则，其自身的道德品质和言行举止

是否符合其所传授的教育内容，直接影响到教育对象对教育内容的接受与否。言行雅正，塑造良好的传播者形象，能够赢得学生的青睐和信任，为教育对象提供榜样示范，以个人高尚的道德品质感染教育对象，达到桃李不言下自成蹊的效果。

3 以情感人，激发情感共鸣，增强感染力

亲和力作为引发教育对象对课程中思政信息做出反应的中介力量，是通过影响情绪情感来发挥作用的。首先，教育者对自身所从事的事业要真信真爱，以积极饱满的情绪投入到教育教学中，感染教育对象，调动其积极性。其次，教育者要了解和掌握教育对象的情绪情感特征和变化状态，寻找彼此情感的联结点，注重情感交流，同心共情，消除传受双方的隔阂，化“墙”为桥，缩短与教育对象的心理距离。此外，适当采用情感体验式教学方法，使学生沉浸其中切身体会，强化教育效果。

4. 目标同构，民主平等交流，激发认同感

课程思政秉持育人为本的理念，教师要始终关心爱护学生，为学生成长成才服务。教育对象既有的思想道德水平与课程思政的先进性要求之间存在差距，教育对象日益多元多样的发展需要与相对确定的教育目标间存在一定的不匹配，在教育教学中，既要引领学生贴近既定的教育目标，也要寻找与学生内在合理诉求相契合的目标，适时调试整合、增强匹配度，激发学生对课程思政目标的认同，自觉遵从教育要求。同时，控制意图明显的教育传播容易引发受众的逆反心理，教育者在传播过程中要走下“神坛”，转变话语表达方式，避免命令式、单向式说教，注重平等交流，不怯于讲自己的故事，“以心换心”激发学生认同，做好学生的同路人。

（二）优化内容设置，彰显人本底色、时代热度、生活质感

教育内容使教育者和教育对象相联结，彰显教育目标，是教育方法的服务对象，始终居于核心地位。因此，课程思政内容亲和力的构筑居于课程思政整体亲和力提升的最核心、最首要地位。

1. 夯实理论基础，以求真务实为导向，彰显真理感召力

根据“休眠效果”理论，随着时间的推移，信息源的可信度、传播者的

个人影响、传播方式和传播环境等因素对传播效果的影响逐渐削弱，信息内容本身的价值成为影响传播效果最稳定最持久的因素。课程思政内容是否具有亲和力与其可信度密切相关，可信度又与教育传播效果成正比。课程思政内容的可信度，从本质而言源于其内容的真理性、科学性和先进性，越是能反映客观事物发展规律、越是与社会现实相符合的内容，可信度越高，也越容易与受众的认知和实践相匹配，促使其自发接受。内容亲和力的提升最根本的是以先进、科学、真实的理论为基石，不断夯实理论内核，使其彰显出自身价值从而生发出强大的感召力，驱使人主动接受。

2. 以需求为导向，契合学生实际，优化内容安排

需要是人类活动的动机之一，内容亲和力的水平与其是否能够满足受众需要息息相关，关注受众的需要也是以人为本的传播理念的要求。提升内容亲和力，要以需求导向为基础，关注大学生在成才成人过程中多样多变的需求，为其提供能够满足自我成长、自我发展、自我完善、自我实现需要的教育内容，赢得受众的关注和青睐。根据各阶段教育需求的不同，结合受众对各类教育需求的不同迫切度，做好各阶段教育内容的统筹安排，优先满足最核心的需求。同时，既要考虑大学生群体的普遍需求，也要充分考虑个体需求的差异性，在教育传播中准确定位、精准发力，增强个体在课程思政中的获得感。

3. 坚持受众本位的理念，打造有益、有用、有趣的内容

亲和力面向的对象始终是人，内容亲和力的提升要秉持受众本位的理念，坚持以人为本。当代大学生呈现从容、理性、务实的特征，提升内容亲和力既要考虑大学生群体的精神需要，也要贴近现实生活、解决实际问题，增强生活质感，切实服务学生。同时，结合大学生求新求异的心理特征，注重教育内容的趣味性，增强吸引力。

4. 因事而化、因时而进、因势而新，抓住教育契机，创新教育内容

增强时代感，与时俱进是课程思政的生命力所在。内容亲和力的提升，有赖于课程思政元素的不断革新、发展和完善，能够适应时代变迁，保持先进性，始终吸引人、引领人。信息传播具有很强的时效性，某一时期普遍存在的理论热点、学术前沿问题和社会热点，也是大学生迫切渴望得到教师解答、给

予教育引导的内容，作为“把关人”的教师要敢于直面问题，把握热点，抓住契机、因势利导开展教育，同时在教育教学中避免对学生已经掌握、已经过时内容的无意义重复，避免引发学生的逆反和抗拒心理。此外，教育内容的创新也要跟上科技发展、技术革新的步伐，贴合学生使用新技术、新媒介的习惯，创新内容的传播方式和手段，提升教育对象与内容的亲和程度。

（三）坚持受众本位，调动积极性共塑亲和力

有效的传播意味着受众不仅是传播活动的客体，也要成为信息传播的主体、参与融入传播互动中来。课程思政是做人的工作，提升亲和力的出发点和落脚点始终是人，只有受众产生亲和意愿、主动参与融入、接受教育才能共生出亲和力，才能真正实现培养人、塑造人的目标。因此，提升亲和力，要从受众入手，尊重其主体地位、分析其先在结构、关注其心理需求和个体差异，实现有效传播。

1. 坚持受众本位，考察受众特征，发挥其主体性

信息传播的效果不仅和传播者的传播活动有关，很大程度上也取决于受传者的接受信息的能力和参与意愿。同理，课程思政的成效也与受众自身的成长背景、知识结构、情感态度、行为习惯等息息相关，因此，要增强受众与课程思政的契合程度和亲和属性。在课程思政实施过程中要尊重受众的主体地位，立足受众实际，结合受众特征，开展贴合受众的教育活动，吸纳受众参与；合理设置目标，立足需求，优化方法，增强受众的接受意愿；促进受众综合素质发展，促进道德品质提升，培养和塑造受众的接受能力。

2. 关注个体差异，契合受众需求，增强施教精确度

受众的个体差异性，即在个性特点、心理特征、行为习惯、利益需求方面都存在差异，“是影响他们对媒介的注意力以及对媒介所讨论的问题和事物所采取的行为的关键因素”[3]。课程教学中的思政信息传播既要立足于受众的群体特征，也要考虑到受众个体的差异，只有增强教育传播与受众个体的密切程度，才能实现精准施教，促进受众参与进而产生认同。即使是同一个体，在不同发展阶段也有着不同的特征和需求，各类需求的重要程度也存在差异，在进行教育传播时既要立足长远统筹安排，也要关注当下解决学生的实际问题，

逐步融入受众，建立长期稳定的亲和关系。

3. 加强交流互动，注重受众的情感体验

情绪情感是引发思想意识变化的基础，亲和力通过影响情绪情感发挥作用。在教育教学中，要重视教育对象积极情绪的培养，使其主动融入教育活动。青年学生群体乐于互动交流，可选用互动性强的技术手段开展教育。此外，利用新兴技术和媒介创设体验场景，如利用 VR 技术创设虚拟现实情境，使受众沉浸其中进行交互体验，产生更真实更强烈的情绪情感，推动知情意行的转化。

4. 立足心理分析，关注特有效应，因势利导

当代大学生生长于开放、包容、物质丰裕的时代，追求个性、向往自由、自我意识迸发，面对课程思政先进要求与自身实际之间的差距时，选择性心理较强，易建立起防御机制，产生抵触情绪；信息网络的“茧房效应”和圈层化现象，进一步加剧了受众视野的狭窄化，形成圈层壁垒和思想隔阂，使得课程思政难以渗透。立足受众心理化解上述困境，在施教过程中培养塑造“意见领袖”，发挥向心力和影响力，传播正能量；尊重受众的话语权，构建民主平等的互动氛围，促进师生、生生之间的交流，打破思想壁垒。

参考文献

[1] 新华网. 习近平：把思想政治工作贯穿教育教学全过程 [EB/OL] [2016-12-08]. http://www.xinhuanet.com/politics/2016-12/08/c_1120082577.htm?isappinstalled=0.

[2] 中华人民共和国中央人民政府. 教育部关于印发《高等学校课程思政建设指导纲要》的通知 [EB/OL] [2020-05-28]. https://www.gov.cn/zhengce/zhengceku/2020-06/06/content_5517606.htm.

[3] 梅尔文·德弗勒，桑德拉·鲍尔－洛基奇. 大众传播学诸论 [M]. 杜力平，译. 北京：新华出版社，1990.

人才培养和机制创新

南京理工大学新工程教育的探索与实践

胡　访

摘　要： 世界范围内新一轮科技革命和产业变革加速进行，以新技术、新业态、新产业、新模式为特点的新经济蓬勃发展，迫切需要培养适应时代发展的创新型工程人才。本文以人才培养目标、课程体系、课堂教学模式和教师教学能力四个问题为导向，结合国内外工程教育改革趋势和南京理工大学的探索与实践，提出解决新形势下工程教育改革的方案，在国内高校已经全面展开新工科教育的背景下，希望本文提出的方案对国内新工科建设有一定的参考意义。

关键词： 新工程教育　培养目标　课程体系　教学模式　教学能力

自世界历史车轮在蒸汽机的轰鸣声中驶入现代社会，在蒸汽机发明驱动的第一次工业革命开始的历次工业革命的推进下，人类逐步迈进信息技术时代。时至今日，以云计算、大数据、物联网、机器人等为代表的新技术登上了历史舞台，开启了第四次工业革命的序幕，人类迈进了智能制造的新时代。当前，以科技革命和产业变革为特征的时代正在对经济社会发展和人们生活方式产生深刻影响，也必将对高等教育提出新的挑战。

工程教育，即高等工程教育，旨在通过系统的理论学习和实践训练，为学生提供工程科学、技术、设计和管理等方面的知识和技能，地位举足轻重。

工程领域人才所需的知识结构和层次、实践经验和技能、创新精神和能力、道德品质及态度等，必须随着经济社会的进步和前沿科技的突破与发展而更新，以满足新业态、新环境和新经济等对人才的要求。为应对第四次工业革命对工程教育提出的新挑战，培养符合社会需求的“新人才”，新的教育框架和模式应运而生，深入推进契合形势。

一、工程教育的国内外现状

应对经济社会和技术发展对人才培养的新需求，各国都在启动应变行动，一流高校也推出工程教育改革创新计划。

美国的高等工程教育随社会经济发展而不断变革，以其独具特色的培养理念和培养模式，享有很高的声誉和影响力。2017 年麻省理工学院启动实施“新工程教育转型”（New Engineering Education Transformation，NEET）计划，培养更具创新能力和跨学科知识的工程师，以应对当今复杂的社会和技术挑战。强调本科教育探究型教学，采取以项目式教学为主的多样化教学方法，构建“项目中心课程”的人才培养新模式。麻省理工学院围绕“项目中心课程”回答工程人才应该成为什么样的人的问题，坚持以学生为中心的理念，提出“新工程人才的 12 种必备思维”。

佐治亚理工学院是位于美国佐治亚州，成立于 1885 年的公立研究型大学。2018 年提出“开创未来教育”（Creating the Next in Education，CNE）行动，致力于为学生提供创新的教育和培养未来领导者的机会，学生在校期间参与课堂教学、实践项目和研究活动，通过解决现实问题和挑战来培养自己的技能和素质。通过丰富多样的学习和实践机会，学生可以发展自己的创新能力、实践能力和领导力，为未来的职业发展做好准备。

伦敦大学学院（University College London，UCL）实施涵盖多个工程领域的综合性研究和教育计划的“综合工程项目”（Integrated Engineering Program，IEP）改革，培养学生综合应用不同工程学科知识和技能解决实际问题的能力。项目为学生提供了一个全面深入地学习和实践工程学的机会，帮助学生更好地理解工程学科的实际应用，并提供他们在未来职业生涯中的实践技能和经验。鼓励学生进行独立研究和创新，培养他们的批判性思维和问题解决能力[1]。

我国于2017年兴起新工科建设。2017年2月，在复旦大学召开了高等工程教育发展战略研讨会，形成“复旦共识”，提出我国高校要加快建设和发展新工科。一方面主动设置和发展一批新兴工科专业，另一方面推动现有工科专业的改革创新[2]。同年4月，在天津大学召开新工科建设研讨会，形成“天大行动”，强调高等工程教育需面向产业发展对工程科技人才需求，明确新工科建设路径[3]。同年6月，新工科建设“北京指南”问世，指出在新工业革命加速发展之际，为谋划我国工程教育深化改革和创新发展，新工科建设势在必行[4]。新工科建设“三部曲”形成后，教育部和相关部门积极推进新工科建设，发布了《关于加快建设发展新工科实施卓越工程师教育培养计划2.0的意见》等文件，对我国高等工程教育改革和新工科建设提出了更高、更具体的要求，加速推进我国由工程教育大国向工程教育强国的飞跃，探索领跑国际工程教育的“中国模式”。

南京理工大学是一所工科见长、办学特色鲜明的“双一流”高校，办学70年来，以服务国家战略需求、推动社会进步为使命，围绕“工程精英、社会中坚”的人才培养定位，立足信息化社会对人才的知识、能力、素质等新要求，2015年构建工程精英人才培养体系，2019年学校第十二次党代会明确提出培养德才兼备、求真务实、具有家国情怀和国际竞争力、能引领未来的创新型精英人才。学校始终以扎实的举措深耕工程教育改革，不断进行探索与实践。

二、现阶段国内工程教育的主要问题

国内高等工程教育立足于工业生产需要，采取的“技术”理念，培养满足各行各业所需的工程师。随着时代的发展和科技的进步，工程教育理念和模式与时俱进，但存在一些问题。

（一）人才培养目标不够明确

人才培养目标是高校人才培养的总纲，是人才培养着力达成的目标要求和质量标准，在高校人才培养工作中起统领作用。培养目标能够反映本专业的办学层次和办学理念，对本专业学生毕业后所在专业领域的发展进行预期定位。科技发展日新月异，新的技术被越来越快地应用，且不断扩展，学生所需要的知识、能力和素质和过去相比要求更高，相关行业对高校专业人才的需求随之变化。当前，人才培养中“理科化”重理论轻实践，使学生工程实践能力培养不足；工程人才培养和企业实际结合不够紧密，缺乏开展工程实践的真实教育环境，课程体系偏向于理论课程教学，学生学业评价以考试成绩为导向，对工程实践能力、系统思维的培养不足。学生解决复杂工程问题的能力和原始创新的能力培养不够。其主要原因在于高校专业培养与相关行业企业间的联系不够密切，产学结合程度不足，专业的培养目标持续改进机制不健全。

（二）课程体系交叉不够融合

国内高等工程教育在很长一段时间内都采取“科学主义”课程理论构建课程体系和结构，表现为重知识逻辑构架，轻知识发展演变过程；重知识纵向研究，轻知识场景应用和相互渗透。导致通识教育课程和专业教育课程之间存在壁垒，培养学生运用多学科多领域知识解决工程问题和以问题为导向、以项目为驱动的人才培养模式没有真正建立起来，无法应对未来工程实践和科技创新复杂性、不确定性的特征。理论课程和实践课程融合不足。新一轮工业革命大背景下，新的知识不断涌现，新的技术不断发展，高校专业的理论课程和实践课程需要不断追赶新知识和新技术的进展。然而，实践课程和理论课程常常在发展中存在一定差距，原有的实践课程体系和现今的理论课程体系缺乏有机融合和良好衔接，整体系统性不足，难以保障实践课程和理论课程之间相互支撑的重要作用。

（三）课堂教学模式不够创新

现阶段课堂教学现状表现为以教师为中心，教师处于权威地位，“满堂灌”的填鸭式讲授，教师将知识传授给学生，学生被动接收，师生、生生之间缺乏互动与参与，导致学生缺乏参与的机会和激发兴趣的机会，容易出现学生注意力不集中、学习意愿不高等问题，从而抑制了学生的主动性和创造力，使学生缺乏探索和尝试的机会。课程以线性的逻辑方式呈现教学内容，将知识按照一定的顺序来教授，忽略了知识之间的联系和综合能力的培养，导致学生对知识理解片面，无法进行创新和应用。单一的知识传递方式没有充分考虑到学生的个体差异和学习风格，导致有些学生无法充分理解和吸收所教的知识；同时，注重知识的记忆和背诵，重视学科的表层知识而忽视学科的深层理解。这种教学模式使学生形成以考试为导向的学习模式，从而忽视了对学科内容的真正理解。

（四）教师教学能力不够

工程实践是工程教育的基本要求，教师的工程实践经历和能力对工程人才的培养至关重要。长期以来，高校在教师的聘任上比较看重学历、论文发表数量和研究成果，青年教师“高校出高校入”的比例也比较高，没有真正进入行业开展项目合作和创新技术研究，未能深入企业接触行业最前沿的技术。高校教师整体上，在工程实践经历与原始技术创新、多学科视野与融会贯通、应对新技术发展开展数字化教学等方面有待提升，企业导师尚未深度参与到人才培养全过程中，一流工程教育教学团队尚未形成。从个体来看，高校导师的工程实践能力、原始创新能力有待提升；企业导师专业理论水平、教育教学能力有待加强；校企导师在工程实践性和创新性、理论知识前沿性上尚未形成优势互补的育人格局。

三、新时代工程教育改革的探索与实践

（一）面向未来调整培养目标，建立培养目标持续改进机制

新一轮科技革命和产业变革的发展，使工程项目逐步表现出综合性和开放性的特征。以新技术、新业态、新产业、新模式为特点的新经济蓬勃发展，对专业人才的知识、能力、素质提出新的要求，我们需要培养的不仅是掌握专业知识和技能的“专门人才”，而且是具有厚植家国情怀和开阔国际视野，能够融会贯通跨学科知识，具备一定工程实践能力和解决复杂工程问题能力的创新型、复合型科技人才。新的工程教育背景下，专业的培养目标需要实现从科学导向转向产出导向，面向新技术和新产业发展需求，优化与之相匹配的人才培养目标。同时，基于学习产出的教育模式（Outcome-based Education，OBE）

理念，开展培养目标合理性评价和达成度评价，建立培养目标的持续改进机制。通过对师生、用人单位和行业专家等多元主体进行座谈、问卷和咨询等多种方式开展调研，获悉他们对培养目标的评价，包括专业培养目标与学校人才培养定位、培养目标与学生自我发展需要等符合度评价，用人单位对毕业生工程实践能力和创新能力等满意度评价，进而分析专业培养目标合理性与达成度，便于专业培养目标的持续改进。

（二）强化交叉融合，优化课程体系

新一轮科技革命和产业变革对行业发展的改变不可小觑，所学的专业知识也须与时俱进，强化多学科的交叉融合，将科技前沿引入课堂教学，结合最新产业发展动态案例，激发学生的学习兴趣，增强学生对所学专业产业需求的适应性。

“通专融合”通识教育课程。强化通识教育与专业教育融合理念，突显通识教育和专业教育的相容与互补，关注非技术能力的培养，提高学生的人文艺术修养和科学素养，健全人格，培养时代使命感和社会责任感，促进学生综合素质全面提高[5]。南京理工大学将通识教育分为人文素养、艺术审美、自然科技和经济社会四个大类，要求在“人文素养类”中必须选修1学分“心理健康教育”课程，在“艺术审美类”中至少选修2学分，在“经济社会类”中至少选修1门“四史”课程；理工类学生在“人文素养类”中至少选修2学分，其他类学生在“自然科技类”中至少选修2学分。

“交叉融合”专业教育课程。单一学科已不能有效解决复杂难题，把交叉融通作为核心理念，注重学科平台课程的前沿性和交叉性，鼓励学生跨学科大类修读另一学科类的课程，为学生自主选择专业铺垫基础；依托高水平科研项目，将科研成果转化为教学内容，统筹校内外资源支持跨学科交叉融合课程建设，着力提升学生学术创新思维；与企业共同开发校企合作课程，加强复合交叉和工程实际技能训练，培养复合型、综合性的人才。把新建206门交叉融合课程列入专业选修课模块，对全校开放共享，实现多学科交叉深度融合。

“理实融合”实践教育课程。专业理论教学与实践教学有机融合，重塑实践教学课程体系，强化创新实践能力培养。实施项目引导式实践教学改革，构

建“四层次、六类型”递进式综合实践课程体系，即“基础、专业、综合、创新”四层次，“教学实验、综合实践、实习实训、科研训练、毕业设计、素质发展”六类型。建设“学术研究类”实验课程，训练学生科学思维和方法，培养学生探索创新能力。建设“就业创业类”实验课程，强化工程实践、实训，培养学生综合应用技能及动手能力。

（三）创新课堂教学模式，提升课堂教学质量

打破课堂沉默氛围，焕发课堂活力，以提升教学效果为目的创新教学方法，通过教学改革促进学习革命。促进教师以学生为中心，选用具有真实性和挑战性的企业案例或科研项目，将传统知识融入项目中，引导学生提出问题、规划方案、解决问题、评价反思，促使学生参与并主导整个过程，以此来解决具有现实意义的问题，推动本科教学改革深水区课堂教学模式创新。以学生发展为中心，运用多种恰当的教学方法和现代教育技术手段，推广混合式教学、翻转课堂，构建线上线下相结合的教学模式，有效调动学生学习积极性，促进学生学习能力发展。推进研究型课堂教学模式改革，强化课堂设计，充分发挥高水平科研团队的科研资源优势，强化跨学科、跨学院的交叉融合课程建设，把知识传授与能力素质培养相结合。强化师生互动、生生互动，课堂从单向灌输向质疑争辩转变，培养学生创新性、批判性思维。

（四）强化教师能力培养，加强教学团队建设

教师的教学能力直接影响着学生的培养质量。建立高校和相应企业的合作关系，推动教师深入企业，配备具有工程实践经验丰富的企业人员担任指导教师，到生产一线了解产品制造过程、工艺等，由浅入深逐步提升工程实践经历。同时，“指导教师”参与工程训练、毕业实习等教学环节，直接指导学生。建设“双师双导”工程教育师资团队，不仅是“既会教又会做”的“双师型”教师，也是“既有企业工程师，又有高校教师”组成的“双导师”团队。评价是改革的指挥棒，建立以工程实践能力为导向的工程教育师资评价体系，在工科教师遴选、评聘、考核与晋升中对工程实际经验提出要求，完善选聘考核评价机制，推动教师和企业人员互聘互认。

［本文是2023年江苏省高等教育教改立项研究重点课题“师资融合、资源融通、科教融汇的拔尖创新创业人才培养模式研究与探索（2023JSJG114）”阶段性成果］

参考文献

［1］李肖婧，张炜．伦敦大学学院本科工程教育体验教学及其启示［J］．高等工程教育研究，2019（03）：87-93.

［2］佚名．“新工科”建设复旦共识［J］．高等工程教育研究，2017（01）：10-11.

［3］佚名．“新工科”建设行动路线（“天大行动”）［J］．高等工程教育研究，2017（02）：24-25.

［4］佚名．新工科建设指南（“北京指南”）［J］．高等工程教育研究，2017（04）：20-21.

［5］胡访．“通专融合”构建理工科大学通识教育课程［J］．中国高等教育，2020（03）：77-78.

新形态下国际化人才培养模式改革研究与实践

刘菁菁　安　蓉　兰　司

摘　要： 新形态下，国际化人才培养需要通过考虑大学资源的获取、配置和利用，以国际视野和理念制定大学发展战略；参与国际分工，在全球范围内与各大学的高等教育接轨，融入世界大学群体，进行人员－学术－知识的合作交流，参与世界高等教育竞争；最终培养出具有国际视野，熟悉国际规则，能够参与国际事务与国际竞争，具备专业知识和交流能力的“全球化公民”及“世界一流人才”。通过聘请国际师资、设置国际化课程、优化国际化教学模式，构建有效的国际化人才培养体系，建立国际互动、中外协作竞赛型创新团队，从而培养一批具备国际化视野与国际化思维的创新人才。

关键词： 国际化　高等教育　创新型人才　实践探索

党的十九大报告指出，“加快一流大学和一流学科建设，实现高等教育内涵式发展”“推动形成全面开放新格局”[1-4]。目前，我国高校在全面推进“双一流建设”和“一流本科教育建设”的背景下，聚焦如何提高人才培养质量和办学水平，特别是如何培养同时具有专业知识扎实和国际视野宽广的高素质、拔尖创新型人才。为实现我国一流大学与世界一流大学的接轨，作为高等教育国际化中的关键环节，全英文专业课程建设应运而生[5-9]。早在2001年，教育部在发布的《关于加强高等学校本科教学工作提高教学质量的若干意见》文件中指出："为适应经济全球化和科技革命的挑战，本科教育要创造条件使用英语等外语进行公共课和专业课教学。"到2007年，教育部、财政部在《关于实施高等学校本科教学质量与教学改革工程的意见》中直接明确要求高校要推动全英文课程建设，增强学生在全球化背景下的国际竞争力，并提出建设500门国家双语教学示范课程的规划。然而，到2021年，我国高校本科生专业的全英文课程建设进度依然远落后于欧洲（母语非英语国家）、日韩等国家[10-12]。

一、纳米材料与技术专业国际化人才培养思路

（一）培养目标

培养具有国际化视野、国际化专业素养、国际化就业竞争力和国际化人才综合素养的，具有创新、创业潜质与能力的爱国守法、诚实守信的，具有良好的学术道德和敬业精神的拔尖青年工程师人才。毕业生应具有坚实深厚的数理基础和良好的人文素养，掌握职业生涯中可能遇到的科学技术、经济、社会等多领域各类基础知识和多种专业知识，同时具有系统思维和团队精神、自我学习及职业拓展能力、融入和领导多学科团队能力、在国际化环境中参与跨文化协同创新能力，具有良好的多种专业和工作环境的适应性，为在科研机构和高等院校、跨国企业以及政府部门继续工作和学习打下坚实的基础。

（二）培养理念

新形态下，国际化人才培养需要通过考虑大学资源的获取、配置和利用，以国际视野和理念制定大学发展战略；参与国际分工，在全球范围内与各大学的高等教育接轨，融入世界大学群体，进行人员－学术－知识的合作交流，参与世界高等教育竞争；最终培养出具有国际视野，熟悉国际规则，能够参与国际事务与国际竞争，具备专业知识和交流能力的"全球化公民"及"世界一流人才"。

二、国际化人才培养举措和特色

（一）国际化培养方案

中德纳米材料与技术国际实验班瞄准纳米科技前沿，结合先进的国际化科研育人平台优势，对接高性能纳米结构材料、新型功能纳米材料、半导体材料与器件、微纳米加工技术等国家战略性新兴产业快速发展对纳米材料与技术的需求，坚持“问题导向、特色引领、国际视野、稳中求进”，采用“面向国际、科教融合、注重创新”的新人才培养模式，培养具有国际化视野、理论基础扎实、创新意识强、勇于攻坚、能服务国家重大战略需求的卓越工程师和综合素质全面的研究创新型和应用型人才。本专业核心课程采用全英文授课，学生掌握扎实的材料科学和纳米科学基础理论，微纳米加工技术等实践能力强，具有国际化视野和创新意识，善于独立思考、开拓进取，毕业后将活跃在纳米材料与技术相关的纳米材料制备和应用、半导体芯片微纳米加工技术等“卡脖子”技术相关行业领域，从事科学研究、技术开发或科技管理工作。

中法材料班致力于培养具有坚实数理基础、精深专业能力、创新实践能力、广阔国际视野的国际化工程师人才。该班强调“书院制”特色培养，严格按照法国工程师认证标准设置课程体系和培养环节，授课教师中法国教师占到 1/3，特别注重实践教学，尤其注重企业实习。培养模式为 3 年后进行分流，按 60% 的比例选拔确定免试研究生资格，实施“校内 + 企业”双导师制，与后续的研究生学习阶段贯通，开展校企联动的工程实践培养。

（二）国际化课程

中德纳米材料与技术国际实验班聘用外籍教师面向本专业学生开设全英文课程。与德国卡尔斯鲁厄理工学院等院校合作开设国际课程，霍斯特·哈恩（Horst Hahn）院士和哈罗德·富克斯（Harald Fuchs）院士分别主讲“非晶合金材料研究新进展”“纳米科学概述”等课程；洛桑联邦综合技术大学戈尔捷·雷杰克（Gaulthier Rydzek）教授和英·马丁（IN Martin）教授分别主讲“电化学：从基础到先进功能材料”“软物质凝聚态应用物理化学”等全英文课程。中外授课教师合作开设全英文课程。实行“外籍教师 + 青年教师”“1+1”

授课模式，以德国科学院院士哈罗德·富克斯（Harald Fuchs）教授领衔的授课团队，中外合作构建全英文专业和全英文教学模式。构建与国际接轨的课程体系，开设“材料科学基础”等30余门全英文课程。

中法材料班的培养方案按照《中外合作办学条例、中外合作办学条例实施办法》及法国工程师CTI认证等相关规定与标准，引进法方大量优质师资（1/3以上）担任核心课程的教学工作，从课程安排、教学环节、实践环节等各个方面切实落实提高法方师资授课的比例，构建国际化高水平的师资体系。

（三）国际化教学模式

中方教学团队与外方教学团队共同探索先进、高效的全英文专业建设及课程教学模式，重新思考与设计“谁来教，谁来学，学什么，如何教与学”等问题，坚持探索提升专业、师生的国际性与保持本土性的新关系等，着眼于未来发展趋势，切实推动高等教育国际化的内涵式发展。比如采用任务驱动式实践教学方式：教授老师可通过介绍某个正在研究的国际前沿课题，引出一个问题（任务），该问题的解决离不开正在学习的理论知识，通过这种启发和引导式教学，加强和维持学生的学习积极性，引导学生提出问题或目标，引起学生兴趣，通过讨论、讲解，或者实验演示，使之完成任务，从而学会相关的理论和技能。这种教学方式不仅突出应用，又激发了学生的学习兴趣，解决了学生对理论知识望而生畏的问题，使课堂教学在师生共同研讨的过程中完成教学目标。

三、国际化人才培养的实践探索

依托本专业的国际合作平台，充分利用赫伯特·格莱特（Hebert Gleiter）院士、哈罗德·富克斯（Harald Fuchs）院士、霍斯特·哈恩（Horst Hahn）院士等大师领衔的国际化师资，进一步增加全英文课程比例；拓展与北卡州立大学和卡尔斯鲁厄理工学院的合作办学；利用好格莱特材料国际前沿研讨会及暑期学校，拓宽学生的国际化视野。对接国际标杆学校，构建国际化人才培养新方案，强化工程基础和人文基础教育，使用国际主流教材，建设高质量的慕课课程，实现专业课程国际化；构建全英语教学模式，实行点－线－面全员育人机制。扩大国际化办学的受益面，提升专业办学水平与吸引力。

（1）构建本硕贯通的国际化精英工程师人才培养模式。借鉴法国工程师职衔委员会 CTI 认证标准，前三年注重培养学生数理分析、计算机应用、多语言交流等能力，后三年侧重培养学生专业知识、工程实践、工程师职业素养、经济管理等综合能力，对学校的卓越工程师人才培养形成示范效应。

（2）拓展联合办学模式，促进学生国际化培养。与美国北卡州立大学开展了“3+X”合作办学，入选教育部优秀本科生留学项目；与德国卡尔斯鲁厄理工学院、德国明斯特大学、法国洛林大学、英国伦敦大学学院、俄罗斯乌法国立航空技术大学、俄罗斯陶里亚蒂国立大学、日本东北国立大学、澳大利亚悉尼大学、澳大利亚墨尔本大学、澳大利亚莫纳什大学、美国加州大学河滨分校等欧、亚、澳、美洲 10 多个国家 30 多所大学联合培养人才。

（3）推行小班化、分类分组的团队化教学组织模式。按照理论、习题、实践等不同课程属性，分类分组实施小班化教学，重视培养学生团队合作、综合分析和解决工程实际问题的能力；多样化的教学组织模式成效显著，具有示范性。

（4）开展多种形式的学生互访、交换或实习项目。鼓励推荐学生赴美国阿贡国家实验室、橡树岭国家实验室等开展实验访问；赴加州大学洛杉矶分校、亚利桑那州立大学开展夏令营与学期交流交换。推荐学生赴香港城市大学等进行培训，参加“纳米材料与技术”“中子散射”等暑期课程。

四、国际化人才培养面临的问题

新形态下，我国大多数工科优势高校的国际化人才培养还存在许多问题，难以满足新工科建设的要求。“双一流”建设背景下国家和市场对国际化人才的要求，也难以满足对外合作交流的需要。国际化人才培养面临的主要问题详述如下：

（一）国际化办学理念有待完善

“双一流”建设的提出，体现了国家和政府对高等教育国际化的重视。然而从总体上看，我国高校普遍重视学生的升学率和就业率，而对国际化办学缺乏足够的认识。近年来，各工科优势高校在一些优势学科上开始与国际其他高校合作，依托国际交流项目或国内国外两段式联合培养模式，初步形成了国际化办学模式，但大多数工科优势高校缺乏具体有效的国际化人才培养制度和政策，也缺少资金、师资等方面的投入，这是我国高等教育国际化进展不快的原因之一。

（二）国际化师资队伍建设有待加强

对于我国大多数工科优势高校来说，缺少具有国际化背景和国际化经验的教师是影响国际化人才培养工作的一个重要因素。调查显示，目前我国工科优势高校的教师队伍中具有海外学术经历的教师平均不到10%，而美国耶鲁大学的这一比例高达40%～75%，这说明我国高校教师队伍的国际化水平与世界一流高校相比还存在巨大的差距[5]。同时，许多工科优势高校把建设国际化师资队伍的重心放到了引进优秀海外人才上，而忽视了对于本土教师的国际化培养，导致我国高校具有国际化背景的教师的数量无法满足人才培养的需求。

（三）国际化人才培养实践环节有待提高

经济全球化对于国际化人才的要求不仅是理论知识扎实，更是要具有国际视野的创新思维和实践能力。因此，要想国际化人才培养取得实效，首先要做好学情分析，也就是对培养对象的特点进行分析。我国的国际化人才培养主要针对的是我国大学生，其普遍存在理论知识扎实，但动手实践能力较弱的情况，因此，在国际化人才培养中应着重提高实践环节的过程培养。然而，当前很多高校在国际化人才培养的运行中实践性教学环节欠缺，国内高校与国（境）外高校合作多，与国（境）外企业合作少，校内实践性教学环节针对性与实用性不强，学生的思维仍固化于课本知识而非国际市场。此外，由于学校的师资及硬件设施均达不到国际化专业实践教学水平，也进一步导致了本土培养的国际化人才不能与国际行业实现有效的对接。

五、国际化人才培养未来方向和定位

（一）构建有效的国际化人才培养体系

制订具有国际化办学特色的创新人才培养计划，培养具有国际化应用型专业的人才，才是中外合作项目培养的根本目的。中外合作项目应该进一步强化人才的培养方案。同时，构建国际化的课程体系，中外合作办学是高等教育国际化应运而生的一种教学方式。而国际化课程体系的构建，应该是立足于学校本身的优势专业，以及特色专业，然后结合国外合作高校的优秀教学资源和教学方式，合理、合适、恰当地调整专业课程设置，从而让国际化课程体系的构建更加顺利。课程体系建设既要有国际格局，也要扎根国情；既要紧跟国外先进的产学研究理念与实践，也要还原本土对人才的实际需求。

（二）协同培养国际化联合创新水平

基于新工科建设，与国外高校建立合作关系，对学生进行联合培养，实现学分互认。引进优质创新创业培育资源，开展大学生创新创业训练项目。确立本科生“学业导师制”，专业课程教师作为导师，组织开展大学生创新创业训练及竞赛，主要有创新训练项目、创业训练项目、创业实践项目。学生在学业导师的指导下，自主完成创新创业训练项目。同时面向世界，接收国外留学生，同时鼓励学生走出国门，与国外（留）学生进行国际团队合作，发挥各自的优势，取长补短，促进学生的国际化创新创业思维与能力。建立国际互动、中外协作竞赛型创新团队，从而培养一批具备国际化视野与国际化思维的创新人才。

（三）云系统的构建与应用

积极借鉴国外优秀的教学资源还包括云系统的构建与应用，学校可以效仿建立云学习系统；通过计算机技术和网络的前沿性，为中外合作办学，构建一个可视化、信息滚动化的教学平台。例如：云学习系统的建立和使用，不仅能通过新媒体、网络等途径进行教育的宣传和引导，为学生增加国际化的视野，开拓眼界；也能在学习过程中，树立学生自主学习的意识，转变传统的教学单向线性模式，增强教与学的互动性。与此同时，也能够通过这个云学习系统发布国际化的、最前沿的、最新的相关国际学术活动等。由此可见，云学习系统的建立和使用，也是有助于国际化交流教育发展的。

参考文献

[1] 商辉. 本科化学工程与工艺全英文专业课程体系建设[J]. 广州化工，2020，48(24)：222-224.

[2] 孙珲. 本科生全英文教学课程建设问题及策略探析[J]. 黑龙江教育(高教研究与评估)，2020(06)：44-45.

[3] 邓国亮，杨雪，计玉娟，等. 全英文专业课程改革及思考[J]. 大学教育，2020(12)：117-119.

[4] 徐健，温良英，张生富，等. 专业基础课全英文课堂教学中的同伴教育[J]. 中国冶金教育，2019(05)：16-17.

[5] 徐玲琳，杨晓杰，孙振平，等. 材料专业课程全英文教学效果评价[J]. 教育现代化，2018，5(31)：215-217.

[6] 牟鹏. 全球化背景下高校全英文教学的现状及启示[J]. 中国高教研究，2017(09)：99-104.

[7] 黄玉波，刘晓宇，陆小龙. 本科全英文专业课程建设的难点及挑战探讨[J]. 教育观察，2021，10(01)：73-75.

[8] 郭振威. "海洋地球物理"全英文课程体系建设[J]. 教育教学论坛，2020(23)：350-351.

[9] 张晓灿，郭绍辉. "双一流"背景下的大学化学全英文课堂建设[J]. 河南化工，2020，37(07)：60-61.

[10] 张洁，黄宏伟. "双一流"背景下全英文课程建设案例分析及建议[J]. 研究生教育研究，2021(03)：57-61.

[11] 杨阳，王穗东. ABET认证与一流本科专业专业建设——以苏州大学纳米材料与技术专业为例[J]. 科教导刊(下旬)，2019(15)：6-7.

[12] 陈坚，张亚梅. 本科材料学专业基础课全英文教学的探索与思考——以材料热力学为例[J]. 东南大学学报(哲学社会科学版)，2013，15(S1)：155-157.

荣誉学院拔尖创新人才培养课程体系的构建与实践

常其玥　王雨潇　袁丽丽　孔　雯

摘　要：课程体系建设直接反映着育人主体的目标，体现着育人活动的指导思想，是实现学生全面发展目标的载体，是保障和提高教育质量的关键。通过分析钱学森学院新版培养方案课程体系的设置，探寻课程设置的深层次原因，明确培养目标，清晰培养理念，规划培养途径，助力学生成长。

关键词：课程体系　荣誉学院　人才培养

所谓“致天下之治者在人才，成天下之才者在教化”[1]，教化之本在于学校，学校对人才的培养显得尤为重要。钱学森学院作为南京理工大学拔尖创新人才培养的前沿阵地，一直致力于培养具有“扎实的数理基础、良好的创新能力、全面的综合素质、宽广的国际视野”，服务于国家和地方经济建设的行业领军型人才。

2018 年,《教育部等六部门关于实施基础学科拔尖学生培养计划 2.0 的意见》[2]提出，要选拔培养一批基础学科拔尖人才，推动国家科技进步，为把我国建设成为世界主要科学中心和思想高地奠定人才基础。拔尖创新人才的培养不仅是建设创新型国家的关键因素，也是新时期教育发展的自身需求。

一、国内拔尖创新人才培养历史沿革

教育一词始见于《孟子・尽心上》,“得天下英才而教育之”被誉为人生三乐，孔子也将教育和人口、财富作为立国的三大要素。从西周开始就有“学在官府”的制度，至唐代形成较成熟的学校制度，新中国成立以来逐渐形成现行的教育体系。

随着社会政治经济形势的发展，培养拔尖创新人才已成为大学的重要使命之一。我国重视并多次强调增强大学生创新能力对国家发展的意义，并出台一系列政策、计划推动创新人才培养，如2005年推出“研究生教育创新计划”、2007年开展“大学生创新性实验计划”、2009年实施“基础学科拔尖学生培养试验计划”、2010年以来陆续施行“卓越工程师教育培养计划”等六类卓越人才培养计划、2018年启动“六卓越一拔尖”人才培养计划2.0版、2020年正式启动“强基计划”[3]，不断深化拔尖创新人才培养。为响应国家教育方针政策，国内部分高校根据自身办学特色，开展多种形式的拔尖创新人才培养模式，从早期的基地班、实验班、试验班，逐渐形成现在的荣誉学院，拔尖创新人才培养逐渐体系化。总体而言，拔尖创新人才培养计划进展相对顺利，为祖国输送了大批优质人才，逐渐成为新时期国家建设的中坚力量。

二、学院课程体系变革背景

自2017年钱学森学院挂牌成立以来，2018版本科人才培养方案首次经历了一个完整的培养周期，在课程设置方面暴露出一些荣誉学院的共性问题。如课程体系规划不够完善、基础课程与专业课程衔接不够紧密、课程间的先修后续和支撑关系不够明确、课程模块板块设置不够灵活、人文素养课的选课范围有一定局限等问题，导致学生学分压力过重，在有限的时间里忙于应对理论学习和考试，忽视了实践应用部分，坐而论道、纸上谈兵，综合素质能力并不突出，违背了该课程体系设置的初衷，也没有体现出设立拔尖创新学院的本意。

学院以学校开展2022版本科人才培养方案修订为契机，以落实学院人才培养目标为根本，以钱学森“大成智慧”教育理念为指引，对设立荣誉学院的国内知名高校（如西安交通大学、中国科学技术大学等）进行网络调研，组织培养成效好、培养模式相似的高校（如东南大学吴健雄学院、中国矿业大学孙越崎学院、苏州大学敬文书院等）实地调研，深入学习优秀荣誉学院的典型经验。通过参加江苏省荣誉学院峰会，以及与校内机械学院、电光学院、理学院等专业学院的恳谈会，对2018年版培养方案进行梳理、收集师生意见和建议，针对目前的培养方案实施过程中出现的问题进行完善，紧跟时代发展，顺应社会需要，符合人才发展规律，拟定钱学森学院2022年版培养方案初稿。

新版方案强化多学科交叉融合和综合素质提升，通过缩减学分让学生有更多精力投入感兴趣的知识领域和科研竞赛，增设“大成”特设课程组和指导性课程框架，提高课程体系的学科融合性、系统性、科学性，实现厚基础、宽口径、强创新、本研贯通的拔尖人才培养。

三、学院课程体系设置特点

（一）厚基础、宽口径、重交叉、强实践

强调体系构建，系统思维。“合抱之木，生于毫末；九层之台，起于累土”[4]，一个人创新思维和创新能力的发掘发现，必须要有广博的知识作基础。人的文化知识越丰富，其组合或发现新知识的可能性就越大。因此，新版培养方案在整体框架上依然延续“厚基础、重实践”的特色。基础阶段坚持“宽口径，重基础”培养，第一学年按照大类强化数理基础，并在计算机、英语应用及人文素养等方面打下坚实基础。第二学年强化不同学科方向的学科基础培养。后两年以“重交叉、强实践”为特点，为每位学生聘请专业导师，在专业导师的指导下确定具体专业，制定交叉融合的个性化培养方案进行专业课程学习，同时，进入导师科研团队开展科研训练、创新实践和毕业设计等，培养锻炼学生的科研创新实践能力，强调“个性化、重实践”。

无序的自由带来的是选课与专业培养目标的错位，选课自由反而成了学生逃避专业性较高、难度较大课程的借口，设置三四年级个性化选课的参考性指导目录，明确基础核心课程，在确保课程设置契合专业培养目标的同时，给予一定的灵活和自由。课程设置既成体系，又兼顾了个性化学习兴趣，“让学

生上系统科学的课程，把系统科学的最新成果教给学生。让学生对客观世界有一个整体的认识，对于不同类别的系统，知道用哪一类方法论去面对”[5]。

大类培养是实现通识教育和专才教育相结合、实现学科交叉融合、促进学生全面发展和个性化发展、力图达到均衡教育目标的一种学生教育管理制度，是高校实现“三全育人”的有效途径[6]。如果学生只局限于某一个专业的课程，就难以从其他学科专业中汲取营养、受到启发、得以借鉴，也就难以融会贯通、举一反三，作出独创性的贡献。如同一角突出的“箭头”，远不如一个“六边形战士”更稳固，走得更远，相信这也是各荣誉学院选择大类招生培养的原因。拥有宽广知识面的人更容易产生新的联想和独到的见解，也更容易碰撞出思想的火花。

（二）文以化人，润物无声

拔尖创新人才不仅需要具备扎实的专业知识和优秀的实践能力，更需要具备包含文化素质教育在内的综合素质。中共中央、国务院《关于深化教育改革全面推进素质教育的决定》指出“高等教育要重视培养大学生的创新能力、实践能力和创业精神，普遍提高大学生的人文素养和科学素质”[7]。通过知识的积累和熏陶，使学生由内而外地发生思想上、行动上的改变。丰富而恰当的文化素质教育能够促使拔尖创新人才根据个人不同情况，有意识、有目的地自我探寻，完成知识的汲取，完善知识图谱结构，在拥有宽广的知识面和坚实的理论基础的条件下加以融会贯通、综合运用[8]。

正如钱学森先生所标榜的，“量智”和“性智”是相通相融的[5]，“科学需要艺术，艺术也需要科学”。特别是理工科学生在学校主要学习自然科学和工程技术，习惯于逻辑思维、演绎推理、实验分析，侧重于定量的思考。而人文学科知识的学习与训练，有利于学生形象思维与直觉思维的训练。创造性思维是对事情间的信息联系进行前所未有的思维过程，是对未知事物进行的创见性思索的过程。开设“文化导论”，通过人文艺术理论的熏陶，将文学、哲学、美学与理工学科相映照，在提高学生的人文艺术素养，提升对美的感受力、审美力、创造力，开阔视野、拓展思维，打破人文与科学的边界，用人文精神引领科学研究，促进科学与艺术思维的交融，重视人文素养的培养。增设“批判性思维”“领导力思维”“科技论文写作”课程，培养学生的辩证思维逻辑、独立思考能力、团队协作能力。文化素质教育是素质教育的核心，贯穿于素质教育的全过程，而“教育是帮助被帮助的人，完成他的人格，于人类文化上能尽一分子的责任”[9]。蔡元培先生在《教育独立论》中如是说。

科研之路是极其枯燥、漫长而艰巨的，科研人必须心无旁骛、一往无前，必须有源源不断的强大的精神力量支持科研之路的前进，而人文精神的培养能为学生树立起正确的世界观、人生观、价值观，影响他们产生强烈的职业道德感、学术诚信观念以及崇高的科学献身精神、集体主义精神和爱国主义品质。将原本以院士、名家讲座为主的“钱学森论坛系列讲座”和以教授、专家为主的“科学家的科学”的两门课融合为一门“科学家讲座（Ⅰ）（Ⅱ）”，在大一学年开课，激发学生的科研兴趣和科研热情。通过聆听科学家故事，感悟科研初心、矢志不渝；通过聆听科研创新之路的见闻，领悟持之以恒、不骄不躁的心态和精神。通过这些人文素养课有效丰富学生的精神生活，充分调动丰沛情感，反哺创作热情和前进动力，保证创造主体的创造实践。

此外，为落实中共中央、国务院《关于全面加强和改进新时代学校体育工作的意见》[10]，弘扬中华体育精神，推广和传承中华传统体育项目，学院开设体育特色课程——龙舟和游泳。邀请校内老师进行游泳授课，与江苏艇进赛艇俱乐部签署合作协议，组织学生在玄武湖阳光码头进行龙舟训练，在训练中培养学生的集体意识和拼搏精神，弘扬龙舟精神和传统文化，将体育、民俗、文化融为一体，培养全面发展的拔尖创新人才。

加强文化素质教育，使学生在本专业课程的学习之外，接受人文学科的熏陶，拓宽他们的知识面，为创造性思维和活动的进行提供基础条件。同时，学科交叉融合已成为现代科学发展的必然趋势和重要方向，在宽厚的知识面基础上进行文理工交融和学科渗透，对于拔尖创新人才的培养具有重要意义。

（三）国际视野、全球素养

随着中国经济的发展，从国家到个人，与世界的联结越来越多。在全球一体化的背景下，国际视野和全球素养逐渐成为拔尖创新人才的基本能力，包含处事交流、认知观念、价值观念、思维体系等。学院充分挖掘国际优质教育资源，完善国际化教学及交流方式，开展广泛而深入的国际交流活动，拓宽学生国际视野、增强学生国际竞争能力。同时，在新版培养方案中将国际交流纳入课程体系，为学生国际竞争力的培养提供稳定的政策支持与制度保障，鼓励学生在大学期间参与国际交流活动。

一是统筹规划，签订国际交流协议。通过各种渠道，积极接洽国外高水平大学或科研院所，洽谈学生线上项目交流事宜。目前，学院均与新加坡国立大学、帝国理工学院、慕尼黑工业大学等建立过短期合作关系，举行了一系列国际交流项目，并获得学生的积极参与和一致好评。二是营造学院学术氛围。将国际交流列入新版人才培养方案，引导学生深度参与国际交流，了解国际形势变化。目前学院正在拟定相关国际交流项目的学分认证细则，将深入推进学分互认制度，鼓励学生在大学期间，至少参加一次国际课程、国际会议、国际项目、交流学习等活动，拓宽全球视野、提升综合能力。三是扩大国际课程学习渠道。充分利用慕课、在线课程，缩短时间和空间的距离，拉近学生与世界的距离，方便快捷地了解国际动态。四是拓宽国际化培养内涵。2018 年国际学生评估项目（PISA2018）提出：“全球素养是能分析当地、全球和跨文化议题，理解和欣赏他人视角和世界观，与不同文化背景者进行开放、得体和有效互动，为集体福祉和可持续发展采取相应行动的能力。”[11] 全球素养强调个体的思维意识，能对当地、全球和跨文化的议题和趋势作出自己的判断，能够以超越自身的视角思考他人的行为和观点，乃至全球事务，知晓其他文化的规范、互动方式，以开放、得体和有效的方式开展跨文化互动，积极、负责任地对当地乃至全球事务产生影响。正确而良好的全球素养能够快速准确地获取和分析信息，能够在不同文化背景下进行有效沟通，能够换位思考、快速适应并有效化解矛盾。

（四）第二课堂入方案，实践锻炼助成长

只有能够把理论创造性地应用于实践才有可能产生发明，将实践结果创造性地提高到理论，则可能获得新的发现，特别是在不同学科知识的交叉、融合和碰撞的过程中系统地思考、综合地运用，从而产生独创性的见解。因此，只有将理论与实践相结合并创造性地实现相互转化，才能实现个人成长与科技

进步。

组织学生申报科技创新项目、参加学科竞赛和学术论坛、参与志愿服务和社会实践活动、发挥协同育人基地作用并参与产教融合项目等，使得学生的能动性与创造性得到激发，学会观察生活，培养科学发现的洞察力，勤于思考，开阔思路，能创造性地运用所学知识思考问题，深刻把握与认识事物内部规律与本质特点，不断提出新理论，解决新问题，创造新奇迹。最大限度地发挥自身爱好、能力和特长，实现个性和能力的充分发展，在不断地实践探索中激发创新意识、开发创新思维、培养创新能力。将社会实践、志愿服务纳入培养方案，引导学生树立社会责任感[12]，培养奉献意识，强化责任担当，实现社会责任感的知行转化。充分利用志愿服务和社会实践活动，让学生在实践中夯实责任，培养团队意识和责任心；培养奉献精神，引导他们主动承担社会责任，热忱关爱他人，具有同理心、同情心；培养公民意识、法治思维，使学生树立正确的权利义务观念，正确履行公民应尽的责任和义务；在社会实践中了解社会、了解国情，培养学生对人民群众的情感，为他们履行社会责任提供情感基础。

恩格斯指出，劳动是整个人类生活的第一个基本条件，从某种意义上来说，劳动创造了人本身。正确理解“劳动创造了人本身”这一哲学命题，可以使学生了解世界、认识自我、认识劳动，树立马克思主义劳动观。根据 2020 年教育部关于印发《大中小学劳动教育指导纲要（试行）》[13]文件精神，学院劳动教育纳入必修课程，在延续以往的劳动教育基础上，构建“生产性劳动”“服务性劳动”“创造性劳动”相结合的劳育新格局。与南京农业大学白马教学科研基地和南京理工大学学生公寓服务中心加强合作，打造“学院统筹—校内载体—校外基地”三位一体的劳动教育平台。角色翻转，学院与学生公寓服务中心确定校园卫生清扫、学生公寓绿植养护、夜间值班、安全巡查等合作项目，使学生体验服务性劳作，仅 2021 年就有 147 人次参与活动，总计劳动时长 468 小时。环境翻转，使学生“深入田间地头”开展全过程农作，学生百分之百全参与，劳动环节百分之百全覆盖，充分体验翻地、插秧、除草、收割等农作全过程。2021 年共赴白马基地 3 次，劳动时长总计 1600 余小时，收获稻米 250 千克，融合推进工匠精神和科学家精神的传承弘扬。

拔尖创新人才培养是一项系统的、长期性的工程，钱学森学院的拔尖创新人才培养历经 20 多年的探索与实践，取得了阶段性成效，但由于荣誉学院的特殊性，前进道路是曲折向上的，需要各部门不断探索、齐抓共管、协同联动，共同解决推进培养过程中遇到的问题，不断完善工作体系和教学体系，为培养改革提供强有力的保障，学校、学院、师生，同心、同向、同行，为更好地建设钱学森学院共同努力。

参考文献

[1] 胡瑗．松滋堂学记［M］．//周德昌．北宋教育论著选．北京：人民教育出版社，1998.

[2] 中华人民共和国教育部．教育部等六部门关于实施基础学科拔尖学生培养计划 2.0 的意见［EB/OL］．［2018-10-08］．http://www.gov.cn/zhengle/zhengceku/2018-12/31/content_5443537.htm.

[3] 杨森，王娟，冯国娟，等．基于“荣誉教育”的拔尖创新人才培养模式探索——以西安交通大学钱学森学院为例［J］．创新人才教育，2020（3）：50-56

[4] 老子．道德经［M］．北京：中华书局出版社，2021：5

[5] 钱学敏，杨克强，黄笑元，等．钱学森与大成智慧教育构想［J］．中国发明与专利，2013（10）：66-72.

[6] 张亚洁，冯彧，郑秀英．大类招生培养模式下本科人才培养方案和课程体系的构建［J］．北京教育（高教），2021（11）：84-85

[7] 中共中央、国务院．关于深化教育改革全面推进素质教育的决定［EB/OL］．［1999-6-13］．http://wenkubaidu.com/view/4aof016add36a32d72758149.html?_wkts=17120378777358needweloomeRecommand=1.

[8] 陈小丽，马建辉，甘世斌．拔尖创新人才培养与人文素质教育——以华中科技大学启明学院创新实验班为例［J］．高等理科教育，2013（1）：98-107

[9] 蔡元培．教育独立议［M］//高平叔．蔡元培教育论著选．北京：人民教育出版社，1991.

[10] 中共中央、国务院．关于全面加强和改进新时代学校体育工作的意见［EB/OL］．［2020-10-15］．www.goe.cn/xinwen/2020-10/15/content_5551609.htm.

[11] 陈诗豪. 英国高校“全球胜任力”培养研究[D]. 上海：上海师范大学，2020.

[12] 阎琨，吴菡，张雨颀. 社会责任感：拔尖人才的核心素养[J]. 华东师范大学学报（教育科学版），2021（12）：18-41.

[13] 中华人民共和国教育部. 大中小学劳动教育指导纲要（试行）[EB/OL]. [2020-07-16]. http://www.moe.gov.cn/jyb-xwfb/s5147/202007/t20200716_473075.html.

双一流高校拔尖创新人才个性化培养路径探索

张一戎　施信疑

摘　要:“一制三化”是拔尖创新人才培养的重要特征，与小班化、国际化等可量化指标不同，个性化体现在拔尖创新人才培养的各个要素环节。通过分析目前高校拔尖创新人才个性化培养面临的现实困境，提出打通学校－专业学院－荣誉学院的体制机制壁垒，达成个性化培养共识；明确导师－管理人员－学生在教育环节中的角色定位，实现个性化育人指导；构建博－专－精的本研贯通培养方案，提升个性化培养质量；依托产－教－研的协同育人体系，彰显个性化培养成效的四维培养路径。

关键词: 双一流　拔尖创新人才　个性化培养

国以才立，人才是实现民族振兴、赢得国际竞争主动权的战略资源，是衡量一个国家综合国力的重要指标。高校肩负着为党育人、为国育才，培养担当民族复兴大任的时代新人的重要使命，习近平总书记深刻指出，“我们对高等教育的需要比以往任何时候都更加迫切，对科学知识和卓越人才的渴望比以往任何时候都更加强烈”。国务院印发的《统筹推进世界一流大学和一流学科建设总体方案》中，将拔尖创新人才概括为“具有历史使命感和社会责任心，富有创新精神和实践能力的各类创新型、应用型、复合型优秀人才”[1]，并将培养拔尖创新人才列为“双一流”建设的核心任务。培养拔尖创新人才是“双一流”建设五项重点任务（建设一流师资队伍、培养拔尖创新人才、提升科学研究水平、传承创新优秀文化、着力推进成果转化）之一，也是高等教育肩负的重要使命[2]。

一、个性化培养的历史沿革

教育视阈下的“个性”，指的是“个体在一定生理和心理基础上，通过环境和教育的作用及个体自身的实践活动逐渐形成的在身体、心理、道德、审美等方面相对稳定的特征的总和，是人的独特性、主体性、创造性与和谐性的集中体现。”[3]，个性化培养就是根据个体自身特点，顺应其个性发展的需求，施以与之匹配的培养方式，制订量体的培养计划，构建合理的课程架构，留出尽可能多的自主学习空间，最终达成培养对象的个性化发展[4]。个性化培养不是舶来品，可以说古已有之，教育家孔子的因材施教的教学理念实质上是个性化培养的雏形，历经古代书院到现代教育的不断发展，个性化培养也不断丰富、完善。

（一）古代书院以因材施教为雏形的个性化培养阶段

孔子在《论语·为政》中对弟子子游和子夏关于同一个问题给出了不同的回答，并予以解释“子游能养而或失于敬，子夏能直义而或少温润之色，各因其材之高下与其所失而告之，故不同也。”孔子根据弟子们的才能和缺陷有的放矢进行指导教诲，北宋程颐将其概括为“因材施教”。明代教育家王守仁提出“随人分限所及”的教育思想，使得因材施教理念得到进一步发展[5]。古代书院所体现的因材施教极大地促进了书院学生的个性成长与发展，并对新时代构建以学生个性发展为目标的高等教育人才培养新模式，有着十分重要的价值和意义。

（二）中华人民共和国成立之后的高等教育培养阶段

根据教育部统计，1949 年我国仅有高等学校 205 所，高等教育毛入学率为 0.26%，应该说，中华人民共和国成立后的高等教育整体都属于精英培养。1978 年恢复高考之后，中国科学技术大学、西安交通大学等高校开始创建少年班，选拔早慧少年提前进入大学学习，开启了高等教育对特殊学生个性化培养的新篇章。

（三）由“钱学森之问”带来的拔尖人才个性化培养进入飞速发展阶段

“为什么我们的学校总是培养不出杰出人才？”著名的“钱学森之问”引起了教育界的广泛讨论与深入思考。2009年，教育部出台了《基础学科拔尖学生培养试验计划》（简称“珠峰计划”），国内高校根据自身办学定位和学科特色，开展了多种形式的拔尖创新人才培养计划，从培优班、基地班、实验班等，到现在多是以实体荣誉学院或虚体荣誉机构为培养主体，形成了“一制三化”（是指导师制、小班化、个性化、国际化）的培养模式。再到2018年《教育部等六部门关于实施基础学科拔尖学生培养计划2.0的意见》[6]（简称“珠峰计划2.0”），深化培养具有国际一流水平的基础学科领域拔尖创新人才，将拔尖创新人才培养工作推向了新的阶段。

二、个性化培养面临的现实困境

（一）站位不高，缺乏高屋建瓴的顶层设计

为培养拔尖创新人才，高校陆续成立荣誉学院来承担拔尖创新人才的培养任务，但是每个高校成立荣誉学院的初衷不一。大多数高校跟风建设，没有根据自身特色行业定位制定培养目标，短期谋求优秀生源，实现吸引优秀高考生源、培养储备优秀本科生源的目的。这种功利化最本质的问题是对国家人才战略的站位不高，对“国之大者”领会不深，对拔尖创新人才培养目标不够高远清晰，缺乏高屋建瓴的顶层设计，进而导致个性化培养口号化。

（二）认识不够，缺乏健全高效的体制机制

1. 职能部门与专业学院对个性化培养的认识不够，荣誉学院作用发挥不够充分

职能部门承担全校范围内普适性、常规性工作，习惯于固定模式与统一要求，刚性管理比较强势，在个性化培养涉及的政策激励、资源倾斜等特殊需求方面难以做到柔性变通。专业学院承担学科专业建设，教师教学科研管理，与荣誉学院相对独立运行，在个性化培养涉及的选派优秀教师上课、导师工作量核算等核心问题上缺乏行之有效的制度保障，不会优先考虑荣誉学院诉求。

学校各职能部处、专业学院与荣誉学院在认识上没有实现统一，难以盘活学校教育教学资源总盘子，导致荣誉学院在个性化培养中的作用发挥不够充分。

2. 教师与管理人员对个性化培养的认识不够，学生个性化学习需求得不到满足

不同于传统意义上的教与学，个性化培养对教师的教学水平、能力、经验要求较高，要在常规的课程讲授基础上，关注到学生的个体学习水平差异，还要不断进行启发式、研讨式教学模式的改革，这对教师在当前重科研大环境下的精力投入方面是一个不小的挑战。此外，教学管理人员在工作落实中对个性化培养的认识也远远不够，没有针对个性化培养需求对教学管理系统进行模块开发，导致学生在跨专业、跨学科、跨学期等选课过程中遇到诸多壁垒，个性化学习需求得不到满足。

（三）资源不足，缺乏科学规范的培养方案

1. 课程资源不够丰富，对课程选择的限制过多

个性化培养要以丰富多样的课程为基础，开设的课程数量越多，可供学生自主选课的空间就越大；课程前沿交叉性越强，学生获取知识的迭代更新就越快。国家对高校的师资比例要求是不低于 1∶14，承担教学任务的教师数量少，以某双一流高校为例，每年学校开设本科生课程约 2500 门，其中选修课近 700 门。此外，受制于传统教学方式，教学计划按专业设置，培养方案中教学计划总学分在 165 学分左右，必修课所占比例较高，学生选课的自由度不大。

2. 本研课程还未完全打通，本研贯通培养还有差距

本研贯通、本博贯通一直是高校拔尖创新人才培养的重要途径。目前，不少高校已经开放本科生修读研究生课程的权限，这已经在本研课程贯通的道路上进行探索。但是学生多是以临时账号的形式进行修读，一般要等到研究生入学后再进行课程认定，选修课程的范围和门数上也有所限定，并未做到完全打通。此外，在制定个性化培养方案的时候，本科教学和研究生教学的分管人员不同，在方案制定中未统筹考虑本科和研究生课程的连贯性和整体性，本研贯通培养还有差距。

（四）渠道不多，缺乏科教融合的有效抓手

科研和教学相融合是现代大学的本质特征，科教融合、产教融合已成为新时代复合型人才的共识。但是，一方面高校普遍存在的科研和教学“两张皮”，重科研轻教学的不良风气，对人才培养产生了不利的影响。另一方面由于荣誉学院特殊的组织架构，依托学校专业学院的师资办学，没有自己的专业老师，学院大多为教学、学生管理人员，难以形成从专业教师或科研团队将学术资源辐射学院科教融合的渠道，在调动教师积极性投入拔尖创新人才科教融合培养方面也缺少抓手。

三、个性化培养的路径探索

南京理工大学钱学森学院是全国高校第二个、江苏高校第一个以我国“两弹一星”元勋钱学森先生冠名的荣誉学院。学院先后经历了培优班（1991年）、优才计划班（1999 年）、教育实验学院（2013 年）、钱学森学院（2017年）四个阶段，时间跨度近 30 年，学院融入钱学森教育理念，积极回应“钱学森之问”，为拔尖创新人才的个性化培养探索出较为可行的培养路径。

（一）打通学校 – 专业学院 – 荣誉学院的体制机制壁垒，达成个性化培养共识

个性化培养是一个系统工程，很大程度上要依托学校的各级组织管理，依托各职能部（处）、专业学院与荣誉学院的通力协作，依托导师、管理人员和学生的相互促进，才能真正实现个性化发展成才。学院成立了以分管教学副校长为主任，教务处处长、国家级教学名师为副主任，各专业学院教学副院长为委员的教学委员会。委员会按照学院培养专业大类，下设机械、电气信息、材料化工三个分委会，开展拔尖创新人才培养工作的理论与实践研究，制定教学质量标准和指导制定人才培养方案等工作，并就学校拔尖创新人才培养相关的学科专业建设、教材建设、教学改革等工作予以指导并提出意见建议。委员会的设置，打通了“学校 – 专业学院 – 荣誉学院”之间存在的体制机制壁垒。经过近十年的运行，学院拟将委员会优化为建设与发展委员会，进一步加强对拔尖创新人才培养工作的指导与管理。

（二）明确导师－管理人员－学生在教育环节中的角色定位，实现个性化育人指导

导师作为学生的“执灯者”和“引路人”，要依据“个性发展”对学生采取多样化指导方式，遵循教育培养和学生成长发展规律，对学生做出符合其成长与发展特性的安排，因材施教，制定符合学生学习、生活实际的职业发展规划。

学院管理人员作为师生“协调人”和运行“保障方”，以满足学生个性化培养方案、实现自由选课为目标，做好教务管理系统升级，优化排课选课算法，合理完善跨专业、跨学科、跨学期选课，减少不必要的课程冲突，放宽课程间听、免听门槛，从教务运行上支持个性化培养的教学资源供给。在管理的过程中如何更好地落实导师制度，促进学生个性化成长成才，学院从管理角度做了几方面努力。一是在导师双向选择过程中，打通师生互相了解的壁垒，从背靠背盲选向面对面转变，开设了“致真学堂”导师交流系列活动。学堂每周邀请来自各领域优秀教师与学生面对面深度交流，分享专业领域知识与学科发展前沿，优秀教师带领学生了解优秀科研平台与团队，解答学生求学之路上的困惑，启迪学生在轻松的气氛中发问，在辩证的角度中思考。二是开展恳谈交流、召开导师工作会议。学院联合学校职能部门与各专业学院定期举行恳谈交流，了解导师在培养工作中遇到的问题及困难，吸收采纳专业学院提出的改进建议。通过与专业导师的深入交流，一方面让专业导师更了解学院拔尖人才培养模式，明确导师职责，同时也从导师的视角，为完善拔尖创新人才培养模式提供新思路。三是修订完善的导师管理制度体系，鼓励学生尽早融入教师科研团队，学院每学期组织学生学业考核，对导师指导成效进行督导、评估，为个性化培养做好制度保障。

学生是培养目标的“达成者”和“受益者”，是学习的主体，但是很多学生的自我主体意识较弱，习惯被动服从[7]。只有学生形成自主学习、自主管理、自我规划，才能深刻意识到自己要主动学习而不是被动接受安排。

只有导师－管理人员－学生全员参与，明晰各自角色在教育环节中的精准定位，做到导师指导个性化、管理人员服务精准化、学生自我管理自主化，

实现全员、全方位育人的蓬勃局面，才能实现个性化培养的育人指导。

（三）构建博－专－精的本研贯通培养方案，提升个性化培养质量

学校在钱学森学院个性化培养先期探索的基础上，以2022年版培养方案修订为契机，试图构建以学生为中心的“321”个性化人才培养模式，将课程模块划分为“通识、学科、专业”三个培养阶段，按“学术领军、行业精英”两种人才发展路径提供阶梯式、组合式课程资源，分类、分级、分层教学，最终形成“一人一套培养方案”[8]。钱学森学院进一步对标工程精英发展路径，在前期“2+X”的培养模式基础上，改革深化形成了“1+1+X”的本研贯通培养模式。“1+1+X”本研贯通培养按照学段划分，第一阶段的“1”为本科一年级，以夯实数理基础为主，同时设置厚基础、宽口径的通识教育和学科教育课程，是为“博”；第二阶段的“1”为本科二年级，以掌握专业大类所需的专业基础知识为主，同时提供学生所选专业方向的必修课程，是为“专”；第三阶段的“X”为个性化培养阶段，包含了本科三四年级及后续研究生阶段，X为弹性学制，为提升学生学习的自主性和开放性，突出学生的个性化培养，在本科阶段学生在导师的指导下，以科研项目为导向选择研究生学位课和选修课，是为“精”。

博－专－精的“1+1+X”本研贯通体系的构建，一方面可以充分体现导师培养意志，将导师制度深刻内化，系统学习所必要的本研课程，做到专与精；另一方面也可以充分缩短培养时间，让学生在尽可能短的学制年限内完成学业。拔尖学生的培养以“博”为基础，广学而博；以“专”为方向，学有所专；以“精”为目标，专一而精，为学生构筑个性发展与全面发展相互贯通的发展空间。

（四）依托产－教－研的协同育人体系，彰显个性化培养成效

本着“优势互补、平等互惠、协作共赢、共同发展”的原则，学院与诸多科研院所共建协同育人基地，勾勒协同育人体系，实现高校与科研院所协同育人。科研院所定期选派优秀科研人员到学院授课（讲座课程或暑期课程等），开展学术交流活动，加强核心课程建设，提供实习基地，以科研项目为导向促进学生创新实践能力的培养、推进产教研结合。

参考文献

[1] 国务院. 国务院关于印发统筹推进世界一流大学和一流学科建设总体方案的通知[J]. 中华人民共和国国务院公报，2015(32)：110-114.

[2] 张大良. 完善具有中国特色的拔尖创新人才培养机制——在拔尖人才培养工作研讨会上的致辞[J]. 中国大学教学，2017(06)：4.

[3] 王道俊，郭文安. 主体教育论[M]. 北京：人民教育出版社，2005.

[4] 王晓辉. 一流大学个性化人才培养模式研究[D]. 武汉：华中师范大学，2014.

[5] 田建荣. 古代书院因材施教与现代高等教育个性化[J]. 大学教育科学，2020(6)：94-100.

[6] 教育部. 教育部等六部门关于实施基础学科拔尖学生培养计划2.0的意见[J]. 中华人民共和国教育部公报，2018(10)：29-31.

[7] 王姣，周颖，苏文星. 高校个性化培养模式中的校、师、生角色定位[J]. 宁波教育学院学报，2020(2)：12-15.

[8] 夏立，李强，黄爱华，等. 基于“分层分级”课程体系的个性化人才培养模式研究[J]. 高等工程教育研究，2021(4)：118-124.

理工类高校新文科人才培养模式探索与改革

——以南京理工大学为例

奚文静　夏　立

摘　要：为了回应科学技术多向度发展的内在需要，理工类高校成为新文科建设实践的关键场域。理工类高校应依托优势学科基础，激发学科协同发展的巨大潜力，积极探索改革新文科人才培养模式，促进学科交叉融合和跨界整合，着力培养能够适应新技术和新产业要求的应用型、复合型新文科人才。基于此，从依托理工类学科优势以深化专业内涵建设、深度融合多学科知识以构建“X+Y”型课程体系、打造开放式平台以开展项目引导式实践教学三个方面出发，研究探索理工类高校新文科人才培养新模式。

关键词：新文科建设　理工类高校　人才培养模式

习近平总书记在全国哲学社会科学工作座谈会上的讲话中指出：“一个国家的发展水平，既取决于自然科学发展水平，也取决于社会科学发展水平。一个没有发达的自然科学的国家不可能走在世界前列，一个没有繁荣的哲学社会科学的国家也不可能走在世界前列。”[1] 当前，我国理工类高校正在从传统的“理工科为主”发展模式向“多学科协调发展”战略布局演进。随着教育部“四新”建设计划的启动，新文科建设开始在全国高校范围内全面推进。新文科之“新”首先应体现在人才培养之新，根据新技术和新产业发展趋势，促进学科交叉融合和跨界整合，致力于培养兼具工具理性和价值理性的应用型、复合型人才。在此背景下，以问题为导向，研究探索理工类高校背景下新文科人才培养模式的改革与创新具有重要意义。

一、新文科建设现状

新文科的概念最早由美国希拉姆学院提出，该学院自 2017 年开始将新技术融入文学、哲学、语言等专业课程之中，以提供学科交叉型学习模式[2]。在新一轮科技革命和产业变革之下，我国开始掀起新文科建设浪潮。新文科建设并不是对传统文科的颠覆，而是强调自我改革与创新，在原有文科基础上，研究高等文科教育发展与经济社会发展、新科技革命和产业变革间的互动规律和未来发展趋势，探索形成新的人才培养目标、知识能力素质要求及实现途径。如，北京语言大学以服务国家重大战略和经济社会发展需求为导向[3]，遵循学科发展规律，创新人才培养机制，通过完善“语言 +”培养模式、新设特色“语言学”专业、构建“知识 + 能力 + 素质”立体化培养方案、智能化课堂教学四大举措，积极探索推进新文科专业建设。又如山东大学结合“十四五”规划和“双一流”建设，落实融合发展要求，谋划实施“学科融合创新计划”[4]，打破学科壁垒，鼓励人文社会科学学科与理、工、农、医学科深度交叉融合，开拓金融科技、科技考古、社会信息学、计算法学等新兴领域，探索推动创新型复合型人才培养。

为了回应新时代背景下科学技术多向度发展的内在需要[5]，理工类高校作为科学技术革命的主阵地之一，也是新文科建设实践的关键场域。依托理工类高校的科研基础，充分发挥理工类学科优势，从而激发学科协同发展的巨大潜力，成为新文科改革与发展的强大推力。以南京理工大学为例，其作为一所理工类高校，在长期发展过程中形成了兵器与装备、信息与控制、化工与材料三大优势学科群，工程学、化学、材料科学、计算机科学、环境与生态学、物理学 6 个学科进入 ESI 国际学科领域全球排名前 1%，设有江苏省部级哲学社会科学研究基地 13 个，为新文科的开放性教学和共融实践提供了学科科研基础。学校现有经济管理学院、外国语学院、公共事务学院、马克思主义学院、设计艺术与传媒学院、知识产权学院6个文科类专业学院，依托理工背景，积极对人才培养方案进行论证和考核，形成“通识、学科、专业”三模块培养体系，部分引入跨学科专业教学，致力于培养高素质、应用型专门人才。然而，现阶段这些文科类专业仍普遍存在跨学科交叉融合不够深入、人才培养体系偏固化、实践平台和师资较缺乏、理工院校特色不够明显等问题。因此，本文以问题为导向，结合南京理工大学办学基础和特色，在新文科背景下人才培养模式探索道路上深入研究与实践。

二、理工类高校新文科人才培养模式的改革

（一）依托理工类学科优势，深化专业内涵

当前，我国各学科专业孤立办学，尤其是文科与理工科专业之间壁垒森严，缺少交流，融合度不够，无法满足社会发展需要[6]。应以需求而非学科为导向，打破专业分割，促进多学科深度交叉融合，从适应服务转向支撑引领，深化专业内涵建设。一是可依托理工类高校的学科优势，突破传统文科的思维模式，将优势理工科元素融入文科培养体系，推动原有文科专业的改造升级。如南京理工大学会计学专业，以传统会计为基础，发挥理工院校优势，积极融合“大数据、智能化”相关理念，交叉应用计算机、信息管理等相关学科的先进工具方法，构建深度融合的人才培养体系。二是可立足国家发展战略需求，拓展重构现有文科类专业知识体系，推动专业内涵外延，研究探索现代信息技术与文科专业、文科与理工科专业深度交叉融合的新方向，研究提出新兴文科专业的增长点和发展方向。如南京理工大学以语言学科为主体，与优势学科如电子与信息、计算机科学、信息管理等跨学科合作，构建文－理－工学科交叉的人才培养方案，建设以语言信息智能处理为核心的新型“语言学”专业。

（二）深度融合多学科知识，重构课程体系

面向新时代下对新文科人才提出的跨界性、复合性、创新性要求，传统的文科专业课程体系难以支撑新型人才在知识、能力和素质上的新目标，大多存在通识素质教育不全面、基础知识支撑不扎实、学科交叉融合不深入、专

业技术培养不前沿、理论与实践联系不紧密等问题。根据新文科建设需求，以“厚基础、促融通、重能力、强创新”为原则，以通识教育、学科教育、专业教育、实践培养四大模块为基础，构建“X+Y”型课程体系，如图1所示。

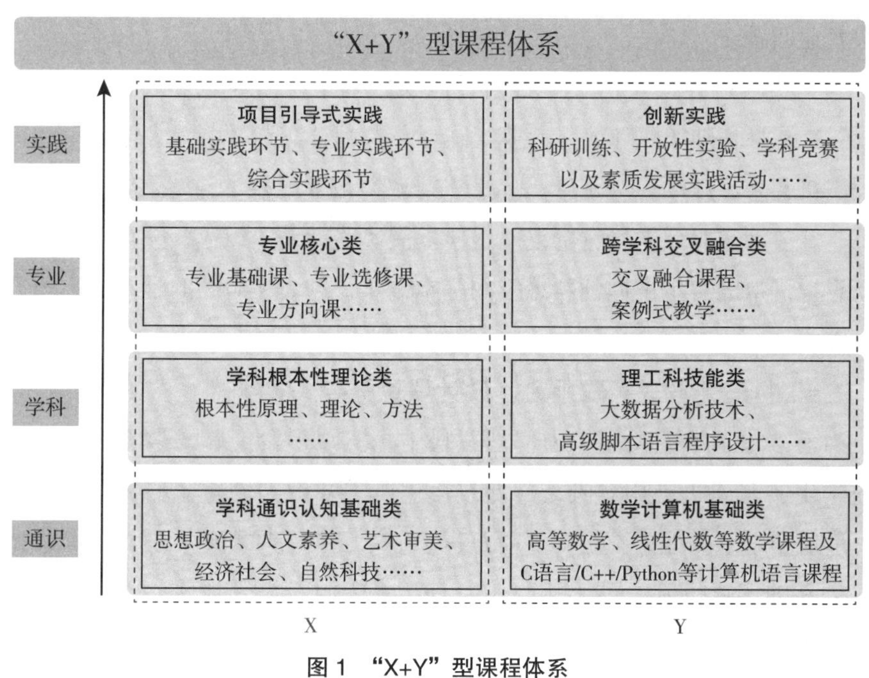

图1 “X+Y”型课程体系

（1）通识教育模块由“学科通识认知基础类课程（X）+ 数学计算机基础类课程（Y）”构成。X具体包含思想政治、人文素养、艺术审美、经济社会、自然科技等方面的通识课程，注重培养学生的综合素养，强化学科认知；Y特指高等数学、线性代数、概率与统计等数学课程以及C语言/C++/Python等计算机语言课程，帮助学生掌握数学及计算机基础知识和研究方法，为后续技能学习筑牢基石。

（2）学科教育模块由“学科根本性理论类课程（X）+ 理工科技能类课程（Y）”构成。X专攻文科专业的根本性原理、理论、方法等；Y旨在掌握基本的理工科技能，如大数据分析技术、高级脚本语言程序设计等。

（3）专业教育模块由“专业核心类课程（X）+跨学科交叉融合类课程（Y）”构成。X以专业能力培养为核心，结合专业技术前沿发展，体现专业培养的基本要求；Y以跨学科交叉融合为核心，将理工科技能应用与专业课程教学内容相互渗透、融合，开展案例式教学，培养学生掌握运用新工具技术研究解决专业问题。

（4）实践培养模块由“项目引导式实践环节（X）+创新实践环节（Y）”构成。X指将基础实践环节、专业实践环节、综合实践环节等大学四年的实践课程串接起来，以项目为基础，促进实践教学与理论教学深度融合；Y由科研训练、开放性实验、学科竞赛以及素质发展实践活动等组成，注重培养学生的创新意识，帮助学生掌握创新思维的基本方法，进而在后续的学习中不断进行创新实践。

（三）打造开放式实践平台，设计项目引导式教学

当前，大多理工类高校内部理工科学生实践平台广、教学资源丰富，而文科学生实践课程则相对匮乏，导致运用所学知识去创建新链接、解决新问题、形成新思维的能力不足，创新意识不够，创新习惯不好，迫切需要开拓新文科创新的实践机制。可依托高校原有学术资源、科研基地、校企合作基地等，打破学科、行业壁垒，形成跨学科交叉融合的多场景开放式实践教学平台，形成多元主体之间服务与共赢，拓展学生实践渠道。实践教学的设置以项目为基础，以基本课程项目、专业拓展项目、创新科研项目为主干，将大学四年的实践教学串接起来，形成一个从知识学习到初步能力形成再到目标能力的渐进式、动态化连续过程。以南京理工大学设计专业为例，大学一二年级以基本课程为主，针对特定概念、原型设计，进行与学习目标相关的课程实践；大学二三年级以专业拓展为主，依据项目需要建立交叉学科团队，研究设计与策略、制造、操作、维护过程的深入结合；大学三四年级以创新或科研为主，学生根据未来发展方向选择实践型创业项目或研究型科研项目，进行系统性综合设计实践，引导学生运用跨界整合的设计思维方式，贯通设计与技术的理论研究、实践应用。

三、师资队伍建设与质量评价

学生的培养离不开教师的指导，一流的师资队伍决定了一流的学科专业建设，建设一支思想素质高、业务精湛、适应新文科创新人才培养需要的一流师资队伍至关重要。一方面，可主要依托高校现有教师队伍，逐步打造跨学科教学团队，进行研讨学习，开展跨学科项目研究、跨学科专业课程建设，提升自身交叉研究与应用能力；另一方面，可借助名师引领，开展名师工作室，以提升教师教育教学水平为核心，建成面向全校广大教师开展教学改革、教学方法探究、教学能力提升以及先进教育教学理念推广的研究、交流、活动平台，培育高水平教学团队，引领教师及教学团队发展，显著提升全校文科师资队伍的研究水平。除此之外，理工类高校应摒除对文科师资不够重视、不多投入的传统观念，强化师资引进制度与教学科研扶持力度，充分发挥教师主观能动性，提供教师积极发展的良好平台。

质量评价是保证新文科人才培养质量的重要手段，在这方面需要建立质量评价体系。研究面向培养目标达成的定量和定性评价方法，建立校院两级质量保障机制，通过学生、教师、同行专家、督导（领导）等不同评价主体，对承担本科教学的教师从教学规范、教学组织、教学效果、教学反思及改进等方面进行综合评价，形成“评价、反馈、改进”相结合的评价机制，形成自觉、自省、自律、自查、自纠的文科教育质量文化。

四、结束语

自教育部“四新”建设计划启动以来，国内一流大学纷纷在培养符合时代发展要求的新文科人才培养改革道路上作出积极尝试。理工类高校由于传统“理工科优先”的历史沿革，既存在新文科建设的极大挑战，也为多学科协同发展带来了机遇。本文以南京理工大学为例，从深化专业内涵、重构课程体系、设计项目引导式实践三个方面出发，深入剖析理工类高校传统文科人才培养模式普遍存在的问题，研究探索新文科背景下人才培养模式改革举措，浅析新文科师资队伍建设与质量评价体系制定，具有鲜明的时代特征和实践价值，对全国理工类高校的新文科人才培养模式改革都具有很好的借鉴意义。

参考文献

[1] 习近平. 在哲学社会科学工作座谈会上的讲话 [N]. 人民日报，2016-05-19 (002).

[2] 卞雅婷. "双一流" 背景下理工类院校新型文科建设路径探讨 [J]. 江苏科技大学学报 (社会科学版)，2019，19 (04)：104-108.

[3] 刘利. 新文科专业建设的思考与实践：以北京语言大学为例 [J]. 云南师范大学学报 (哲学社会科学版)，2020，52 (02)：143-148.

[4] 袁凯，姜兆亮，刘传勇. 新时代　新需求　新文科——山东大学新文科建设探索与实践 [J]. 中国大学教学，2020 (07)：67-70，83.

[5] 高德胜，季岩，李芷仪. 理工类高校在新文科建设中的机遇与挑战 [J]. 学校党建与思想教育，2022 (18)：83-86.

[6] 郑展鹏，陈少克，吴郁秋. 新文科背景下经济学类一流专业建设面临的困境及实践 [J]. 中国大学教学，2022 (09)：33-39.

新形势下人才培养模式改革研究和实践

马梦婷

摘　要：高校是人才培养的重要场所，应当准确把握新形势下的人才需求，致力于培养高素质创新型人才。然而，目前的人才培养模式存在“重科研轻教学”、学科交叉度和融合度不够、校企联合培养机制不健全、质量评价体系不全面等问题。因此，有必要在现有人才培养模式的基础上，完善教学理念和课程体系，深化校企合作，构建多元化评价体系，推动人才复合化发展。

关键词：高校　人才培养　创新型人才

党的二十大报告提出：“我们要坚持教育优先发展、科技自立自强、人才引领驱动，加快建设教育强国、科技强国、人才强国。”人才是科研创新和产业发展的主动力，人才培养质量对于国家高质量发展尤为重要。然而，随着我国进入新的历史发展时期，高等教育的结构性矛盾突出，人才质量与社会需求之间的矛盾日益凸显，人才质量已成为制约经济发展的重要因素[1]。因此，人才培养模式亟须改革，通过多方合作将教育内容向产业延伸，实现以教促人，以人促产，以推动经济的持续发展[2]。

一、人才培养模式改革的诉求

新形势下，企业面临严峻挑战，大型企业用人需求减少，中小型企业生存困难，就业岗位减少和毕业生人数增加的矛盾日益凸显，就业市场竞争愈发激烈。毕业生的就业压力骤增，为了实现高质量就业，适应社会发展、实现个人价值并迎接未来挑战，他们迫切希望在教育中成长成才。改革人才培养模式，创造良好的培养环境，提升学生的综合能力，有助于提升其就业竞争力。

“大众创业，万众创新”的新态势为创新型企业提供了生存土壤，虽然在一定程度上提供了就业岗位，缓解了就业压力，但是其对于具备自主技术的要求高，对于创新型人才的需求尤盛[3]。人才和创新是产业发展的核心竞争力，也是行业发展不竭的动力。改革人才培养模式，匹配企业对创新型人才的多样化需求，充分挖掘和发挥学生的潜力和创造力，向企业输送创新型人才，有助于促进行业可持续发展。

二、人才培养模式存在的现实问题

（一）“重学术，轻科研”理念依然存在

教学理念存在重教轻学、重教轻研等问题。课堂教学注重专业理论知识的系统化传授，但忽略了科研能力的培养和锻炼，科研与教学被割裂开来，缺乏紧密联系，导致学以致用存在困难，难以形成正向激励和正向循环。此外，教师片面追求经济利益和现实回报，科研与教学的不对等回报，造成教师将更多的精力和时间放在科研上，而鲜少对教学内容进行钻研和创新，学生学习内容的更新速度滞后于前沿知识发展的步伐，遏制了学生的主动性和积极性，难以实现教学相长。

（二）学科交叉度和融合度不够

高校的传统人才教学多针对于单一学科，但随着企业的不断发展，研究的不断深入，越来越多的问题涉及两个或多个学科领域知识[4]。毕业生单一的知识结构维度已经难以解决这些复杂的研究问题，难以匹配企业对人才的要求，这直接导致毕业生就业难、就业差。同时，企业艰难生存的困境也迫使企业追逐和占领学科交叉前沿，科学研究由学科内部的理论创新转向现实需求，而现实需求的复杂性和多样性迫使高校将学科交叉融合扩展至人才培养领域，并探索多元复合的课程体系。

（三）校企联合培养机制不健全

高校建立了校企联合培养机制，但是模式较为僵化，且存在流于形式的问题[5]。一方面，实践教学中课程内容与就业岗位需求不一致、实验实训与实际工程问题解决方法不相同、校内实习与企业实践衔接不紧密。另一方面，高校和企业合作不够深入，存在重学校轻企业的问题，企业导师缺少实际且深入的指导，在整个教育过程中的作用有限，双方在合作时未对权利、职责和义务做出明确的规定。培养机制的不健全使得协同育人效果不佳。

（四）人才培养质量评价体系不全面

当前人才培养质量评价体系多是经验式的反馈意见和片面的评价指标，缺乏科学的评价指标体系。片面的衡量指标导致部分高校过度重视升学率和就业率，对于学生的评价标准仅限于成绩等传统指标，没有充分考虑学生的综合素质。显然该评价体系并不能真实和全面反映人才培养质量，难以为高校培养人才和改进人才培养模式提供参考，从而改进和提高教学工作质量，促进人才培养科学化、规范化、制度化发展。

三、人才培养模式的改革和实践

（一）完善“科教统一＋全面发展”的教学理念

聚焦学生成才，完善“科教统一＋全面发展”的教学理念，实现科研与教学相结合。倡导以学为主，以教为辅，考虑学生的个体差异性，善用启发性教学，引导学生自发的解决实际问题。通过改革现有科研体制转变教师观念，树立科研育人意识并落实到行动上。以创新型人才培养为目标，丰富专业理论知识，将当前的研究热点和难点融合到教学中，更新教学内容，以学生为主体基于趣味性和创新性原则创新教学方法和教学手段，调动学生的好奇心、探索欲和积极性。基于此，江西理工大学刘青康等人利用 VR 技术让学生实现沉浸式学习，全方面的调动学生感观，提升了教学效果[6]。北京航空航天大学采用研讨式教学方式，唤醒问题意识，培育学生的创新思维，影响显著[7]。

改变教育理念，在教学中引入学科竞赛和创新创业大赛，实现理论知识和比赛实践间的良性互动[8]。将比赛和教学有机结合，变外驱式被动学习为内驱式主动学习，以竞赛调动学生参与的积极性，刺激其主动寻求知识体系的完备和进阶。靳静等把学科竞赛贯穿人才培养全过程，把专业知识学习及技能培养融入到各学科竞赛体系，实现学科竞赛和专业培养的互促[9]。樊彦恩等在教学中引入竞赛元素，增加了教学的新颖性和难度系数，有效调动了学生积极性，达到以赛促学、赛教融合[10]。陈植乔等实证研究发现，创新创业大赛对于能力培养有明显的正向激励作用，能有效锻炼和提升学生的创新创业能力[11]。

（二）打造“学科交叉 + 多元培养”的课程体系

加强顶层设计，打造“学科交叉 + 多元培养”的课程体系，实现培养目标和社会需求相统一。为了满足国家和产业对适用型人才的需求，高校要培养政治思想端正、通识和专业知识扎实、创造性思维和创新能力兼备的复合型人才。因此，以该培养目标为原则，聚焦学科前沿知识，系统整合不同学科和领域的知识，贯通课程并打破学科壁垒，实现交叉融合，培养学生的高阶思维，训练学生解决学科交叉的复杂性工程问题的能力、掌握生产与应用知识的能力，提高人才培养质量。在此方面，重庆大学进行了一系列有益的探索，以学科交叉为手段，设计了 28 门交叉及创新前沿课程，形成了教学品牌，产生了积极影响：学生学术成果增加近两倍，出国率和深造率提高，就业率稳定，充分挖掘出了该校的人才培育潜力[12]。类似地，浙江大学工程师学院突破传统专业限制，以学科交叉为理念打造一系列课程，提升学生素养，夯实学生专业基础知识，有效推动了人才培育和产业创新。

课程是人才培养的基本单元，也是学科建设的出发点和落脚点，课程体系建设在人才培养中具有举足轻重的作用。结合思想政治教育、通识和专业课程学习、生产实习和社会实践，进行课程体系互补设计，聚焦国家和行业需求为学生提供实践性课程，全方位、多层次设计课程体系。通过基础理论、动手实践、创新设计、实践训练等多个环节，全面提高学生的实践动手能力、自主设计能力和综合创新能力，培养造就具备健全人格、德智体美劳全面发展、掌握专业理论与技术的专业人才。王道斌等通过优化和组合课程，实现专业改造升级和人才培养模式改革，提高了交通工程专业学生的培养质量[13]。北京交通大学基于成果导向开展课程教学改革，以工程设计任务为目标，优化课程教学，有效提升了教学效果，大大提高了学生的工程实践能力[14]。

（三）健全“高校为主＋企业为辅”的合作机制

深化校企合作，健全“高校为主＋企业为辅”的合作机制，实现协同育人的良好成效。高校和企业合作打造实践平台，提升人才培养的质量，促进科技创新成果产出。校企联合建立深度合作机制，整合多方资源，共建实验室、实践基地、线上实践平台，形成以“校内实验＋校外实习”为主体的实践机制。平台为学生提供实践场所和参与实际项目的机会，聚焦项目导向，为学生提供项目资源，依托实践平台开展高水平科研工作，培养研究生发现问题、认识问题以及解决重大工程问题、突破核心关键技术的原始创新能力，提升学生的实际应用能力和操作水平。此外，校企依托“互联网＋教育”优势，合作建设“互联网＋教育”平台，便于学生和企业对接，使用企业设备和资源。杨梦勤等搭建校企合作的创新创业实践平台，实行线上线下混合式教学方式，促进人才链和产业链衔接，产业与教育协同发展[15]。武汉理工大学围绕校企合作进行培养模式改革，在创新型人才培养方面取得了显著成效[16]。

打造双师队伍，实现全方位全过程育人。加强校内的教学能力培养，提供多样化的教学培训，制定奖励机制鼓励教师参加各种教学研究和创新实践，更新专业知识和教育理念。根据实践需要，在校企合作过程中鼓励高校教师深入企业提升实践能力，设立岗位引入企业工程师作为兼职教师，打造“教师＋工程师”的双师型队伍。此外，邀请产业专家到校授课、校外实践指导等方式，参与培养方案的制定和课程设计等过程，为培育未来工程师提供有针对性的建设性意见。校企理念结合共同开发课程，并邀请第三方作为协议签订见证者，监督双方履行育人职责，规范育人过程。景晶研究了电子科技大学中山学院与中山市博睿社会工作服务中心合建的双师队伍，发现该模式促进了教学与生产的结合，提高了企业教师的科研能力和专业教师的实践能力，解决了实践教师的紧缺问题[17]。廖德岗等人建设双师型队伍，发现建立有效的考核和评价机制可增强教师队伍的活力，保障教师队伍的稳定[18]。诸多实践结果表明，校企合作加强了理论与实践、知识与技能之间的联系，把科研成果更好地转化为实际应用，有利于校企联合培养应用型人才。

（四）构建“综合分析＋监督反馈”的评价体系

借鉴已有模型，构建“综合分析＋监督反馈”的评价体系，实现培养模式的动态改进。借鉴 CIPP（Context，Input，Process and Product，决策导向）评价模型，基于系统性、科学性、全程性、可操作性构建评价体系，从背景、投入、过程、结果四个一级指标来综合评价。四个指标贯穿人才培养的整个过程，首先前期通过背景指标评价人才培养目标设定的合理性，中期通过投入指标评价人才培养模式的可行性，通过过程指标对培养过程实行监督，最后通过结果指标考查人才培养效果。为了提高评价结果的准确性和全面性进一步细化评价指标，根据一级指标和实际情况依次确立二级和三级指标以及对应的指标权重，构建可量化的指标体系，实现人才培养质量定性分析到定量分析的转变。此外，在其应用的过程中继续完善评价内容，优化评价指标体系与标准，形成良性循环，充分发挥以评促教、以评促学的作用，实现教、学、评三者的统一[19]。

基于 CIPP 搭建人才培养数据共享平台，对人才培养模式实施情况进行全过程实时监测、诊断和反馈，其动态评价特征可为决策提供信息，为模式改进提供依据，实现人才高质量培养的可持续发展[20]。国内对此已进行了实践，结果表明，CIPP 评价有助于推动教学改革，可作为高校构建质量评价体系的理论依据和实证基础[21]。解丹等依据 CIPP 课程评价体系进行教学评估，发现教学中存在的问题并反馈，确保教学方案制定的客观性[22]。李军基于 CIPP 构建实践教学质量评价指标体系，发现其能有效落实以学生发展为中心的教学理念，使质量评价能更真实地反映实践教学的实际运行情况，以评价高校实践教学整体运行质量，科学诊断问题，监控和保障实践教学效果，为改进实践教学、提升人才培养质量提供依据[23]。

四、结语

人才培养的质量对科技、行业和国家的发展至关重要。改革人才培养模式，提倡科教统一的教学理念、学科交叉的课程体系、校企联合的培养模式，能有效提升人才培养质量，培养适应现代化需求的创新型人才。建立人才培养质量评估和监督机制，能够为改进人才培养模式提供依据，促进人才培养模式高质量和可持续发展，为培养高素质创新型人才和建设“教育强国、科技强国、人才强国”提供动能。

参考文献

［1］沈黎勇，齐书宇，费兰兰．高校产教融合背景下人才培育困境化解：基于MIT 工程人才培养模式研究［J］．高等工程教育研究，2021，191（06）：146-151．

［2］殷伟，李海艳．产教融合和科教融合驱动高校创新创业教育研究［J］．成才，2023（06）：100-101．

［3］苍鑫鑫．新形势下高校就业育人问题的认识与应对［J］．公关世界，2022，537（22）：24-25．

［4］李立国，赵阔．从学科交叉到交叉学科：“四新”建设的知识逻辑与实践路径［J］．厦门大学学报（哲学社会科学版），2022，72（03）：107-116．

［5］宋士华，朱青，高培军．产教融合视域下地方应用型高校人才培养路径构建［J］．九江学院学报（社会科学版），2023，42（01）：69-74．

［6］刘青康，王庆礼，杨辉，等．基于 VR 技术的先进制造技术课程创新教学方法［J］．高教学刊，2022，8（32）：39-42．

［7］韩霞，杨明一，臧静楠．基于深度学习的 PBL 研讨式教学实践研究——以经济学为例［J］．高等理科教育，2023，168（02）：34-42．

［8］邓友生，李文杰，唐丽云，等．基于 OBE-CDIO 理念的土木工程新工科人才培养［J］．技术与创新管理，2023，44（03）：364-369．

［9］靳静，梁小勇，于远亮．土木工程专业应用型创新人才培养的教学改革与实践［J］．中国教育技术装备，2020（03）：91-92．

［10］樊彦恩，张俊霞．学科竞赛与课程设计有机融合的计算机组成原理实验教学探索［J/OL］．软件导刊，2023，22（6）：182-186．［2023-05-29］．http://kns.cnki.net/kcms/detail/42.1671.TP.20230526.1109.036.html．

［11］陈植乔，温运行，卢文慧，等．高校创新创业大赛与人才培养模式的实证研究［J］．商展经济，2021，40（18）：90-92．

［12］文海家，谢强，李英民．土木建造类研究生学科交叉融合培养体系研究与

实践［J］. 高等建筑教育，2023，32（03）：100-106.

［13］王道斌，邵冬明，朱晓宏. 新工科背景下“专业+”人才培养模式改革与探索——以交通工程专业为例［J］. 物流科技，2023，46（13）：162-163，184.

［14］杨焱. 基于OBE-CDIO模式的“数据结构”课程教学改革探索［J］. 西部素质教育，2023，9（10）：157-160.

［15］杨梦勤，黎丹. 校企协同育人的融合路径与融合机制研究——以机电一体化技术专业为例［J］. 南方农机，2023，54（13）：189-191.

［16］梁传杰，熊盛武，范涛. 基于企业需求导向的产教融合研究生培养模式改革与实践［J］. 学位与研究生教育，2023（05）：7-13.

［17］景晶. 应用型人才培养理念下行政管理专业“双师型”教师队伍建设实践探索［J］. 高教学刊，2017，57（09）：1-3，6.

［18］廖德岗，廖婧菲，李宝斌. 基于深度校企合作的“双师型”队伍建设探索与实践［J］. 牡丹江教育学院学报，2021，228（09）：21-22，78.

［19］李红燕，陈峰，刘廷廷. 基于CIPP模式的高等学历继续教育质量评价体系的构建［J］. 中国成人教育，2022，534（05）：54-57.

［20］方舟，齐芯. 高职院校现代学徒制的人才培养质量评价体系构建研究——百万扩招背景下［J］. 现代商贸工业，2023，44（12）：97-100.

［21］张小茜. 基于CIPP模式的应用型本科院校课程评价体系研究——以山西工商学院大商科课程为例［J］. 创新与创业教育，2023，14（01）：143-148.

［22］解丹，曹雅蕾，王雯. 以CIPP教育评价模型为基础的建筑学五年级综合创新实践课程评价改革探索［J］. 中国建筑教育，2020，25（02）：95-99.

［23］李军. 基于CIPP的应用型高校实践教学质量评价体系研究与实践［J］. 中国石油大学胜利学院学报，2019，33（04）：43-49.

科技创业项目牵引的“教–创–赛”一体化实践教学模式探索

杨 慧 鲁 涛 赵 茜 樊卫华 古晓宇 宋 文 夏凡吴双 马 千

摘　要： 实践课程建设是推动双创教育改革与升级的有力抓手。以南京理工大学“科技创业商业计划”课程为例，从模块化教学内容设计、多线程项目式教学方法设计、“教 – 创 – 赛”一体化实践教学模式构建三个方面，研究了创业实践课程如何在建构主义教学理念指导下，以科技创业项目为牵引，以跨学科学生团队为中心，开展探索性学习与实践，以达到协同提升学生创业竞赛技能、自主创业能力和服务社会能力的教学目标。

关键词： 创业教育　实践教学　项目式教学

新经济背景下，深化高等学校创新创业教育改革是国家实施创新驱动发展战略的重要举措。我国双创教育在经历了 20 年的快速发展之后，到了复盘教育成效、推动教育升级的关键阶段[1]。研究显示，高校创业教育第一课堂课程设置比较单一，主要集中在理论通识课，缺乏实践环节和技能训练；第二课堂的创业实践或竞赛活动又过分强调实践的重要性，忽视了理论知识的基础性作用[2-4]。第一课堂与第二课堂衔接不足在一定程度上造成了创业教育理论与实践脱节的局面。在这一背景下，深植实践育人理念、建设科学完善的创业实践课程体系成为双创教育改革的迫切需要。

南京理工大学自 2021 年起开设创业实践课程“科技创业商业计划”，作为面向全校本科生开放的通识选修课。课程面向工程精英和社会中坚的人才培养定位，依托创业实践基地和“互联网+”竞赛项目，在科技创业项目牵引下，组建跨学科的学生团队和教师指导团队开展实践教学，培养“专创融合”的新工科人才[5]。课程建设与改革试图解决三个问题：①如何通过模块化的教学内容设计，满足创业实践教学对“规模化”与“定制化”的双重需求？②如何通过项目式教学方法创新，并行推进多个创业项目任务，促进教学效果与教学效率双重提高？③如何构建基于项目式教学的创业实践教学模式，协同提升学生创业竞赛技能、自主创业能力和社会服务能力？本文将围绕以上问题展开论证。

一、教学内容的模块化设计

在科技创业活动中，理工科学生遇到的瓶颈问题是缺乏商业知识，在编制商业计划书的过程中需要寻求专业指导。为此，课程将第二课堂的分散化指导提升为第一课堂的系统性理论传授与实践指导。课程建设依托学校在高端装备、智能制造等战略性产业领域的科技优势，将师生创业项目和“互联网+”大赛重点培育项目引入课堂，学生在创业项目牵引下开展跨学科学习与实践，完成制订商业计划的实践性任务。由于创业项目具有定制化特征，教学过程中面临的突出矛盾就是如何针对多个项目的个性化需求实施规模化教学，化解定制与效率的冲突。为了破解这一难题，借鉴运营管理领域大规模定制教学的相关理论与方法，获得有益的启发，对教学内容进行模块化设计[6, 7]。

（一）教学模块设计

“科技创业商业计划”课程的教学内容涵盖了制订科技创业商业计划所必需的知识和方法，共2学分，32课时。理论环节为8课时，讲授基本原理和通用方法；实践环节为24课时，并行开展多个创业项目的商业计划编制和路演。对教学内容进行模块化设计（见表1），标准化模块主要包含基本原理和通用方法，承担规模化教学功能；个性化模块主要面向创业项目的定制化特征进行实践，承担个性化教学功能。通过标准化模块与个性化模块的组合实现规模化定制的实践课堂。教学模块的设计如表1所示，理论环节8课时，包括

4 个标准化模块（S1—S4）；实践环节 24 课时，包括 6 个个性化模块（P1—P6）。

表 1　课程内容与教学模块设计

<table>
<tr><th colspan="3">标准化模块（理论环节）</th><th colspan="4">个性化模块（实践环节）</th></tr>
<tr><th>编号</th><th>教学内容</th><th>课时</th><th>编号</th><th>社会实践内容</th><th>课时</th><th>课外学时</th></tr>
<tr><td>S1</td><td>商业计划原理</td><td>2</td><td>P1</td><td>认知实践与项目对接</td><td>4</td><td>4</td></tr>
<tr><td>S2</td><td>产品与商业模式</td><td>2</td><td>P2</td><td>产品体验与商业模式分析</td><td>4</td><td>20</td></tr>
<tr><td>S3</td><td>市场与运营</td><td>2</td><td>P3</td><td>营销策略优化</td><td>4</td><td>20</td></tr>
<tr><td>S4</td><td>财务与风险</td><td>2</td><td>P4</td><td>财务报表诊断</td><td>4</td><td>20</td></tr>
<tr><td colspan="3" rowspan="2">耦合关系：S1/P1、S2/P2、S3/P3、S4/P4</td><td>P5</td><td>商业计划复盘</td><td>4</td><td>10</td></tr>
<tr><td>P6</td><td>创业路演竞赛</td><td>4</td><td>6</td></tr>
</table>

（二）理论模块与实践模块的耦合关系

理论学习内容与社会实践内容具有耦合与进阶关系。耦合性体现在理论 / 实践模块（S1/P1、S2/P2、S3/P3、S4/P4）教学内容一一对应。进阶关系体现在理论 / 实践模块教学目标相衔接，即从商业知识传授到解决创业实际问题能力提升。理论讲授内容为 S1—S4 模块：S1 模块涉及科技创业或商业计划的功能、结构和制作过程；S2 模块为产品服务的基本原理、商业模型分析方法；S3 模块涵盖行业与市场分析方法、运营管理方法；S4 模块涉及财务报表基本原理及创业风险分析方法。实践训练内容主要为 P2—P5 模块：在 P2 模块，学生团队进入研发部，体验产品实体或平台业务，设计访谈问卷，采用“三点七问法”分析和评估商业模式，提出商业模式创新方案；在 P3 模块，学生团队进入市场部，协同市场专员与销售员调查和分析用户对产品和中间商的满意度、促销活动效果，进行价格敏感度测试，提出“4P”营销策略优化方案；在 P4 模块，学生团队进入财务部，分析损益表、资产负债表和现金流量表，对企业偿债能力、营运能力、盈利能力、成长能力进行诊断，预测资金需求，编制融资方案；在 P5 模块，学生团队进行商业计划复盘，向总经理、研发部、市场部和财务部汇报和反馈成果。以上两类模块可根据教学目标和项目实际情况进行动态组合，据此设计合理的教学流程。

二、多线程项目式教学法

项目式教学法是一种以学生为中心，通过完成完整的实践性项目而进行的教学活动。它是一种基于建构主义教育理念发展起来的教学模式，要求学生运用已有知识和经验，通过亲手操作，在具体情境中解决实际问题，进而促进综合能力的发展[8-10]。传统的项目式教学法主要面向单一项目或同质任务，实施以“提出项目—制定方案—探究实践—交流分享—反馈评价”为主要环节的单线程教学[11, 12]。当针对多个项目的定制化需求实施规模化教学时，就需要突破传统方法的制约，对关键环节进行创新设计，使得在同一课堂上能够开发多个线程，同时推进多个项目任务。经过三轮教学迭代，教学团队探索出一种有效的模块组合方法和教学组织流程，即 S1–P1–S2–P2–S3–P3–S4–P4–P5–P6，设计如下教学环节。

（一）项目甄选与匹配

这一环节包括创业实践项目征集与筛选、项目发布、学生团队组建、项目匹配等。多线程的实现主要依托稳定的项目资源、跨学科的学生团队和灵活的匹配机制。创业项目的来源有三个渠道：①创业竞赛项目。一方面，校“互联网 +”大赛组委会每年遴选优质项目进课堂打磨，提供学生创业实践和竞赛机会。另一方面，在竞赛过程中涌现的优质初创企业会晋选为课程实践基地。②创业实践基地。该课程建设了众创空间、科创公司两类共 7 家创业实践基地，聘请企业高管作为实践导师，基地企业的创业项目进课堂打磨，企业导师与教学团队共同指导学生实践环节。③学生自拟创业项目。选修该课程的学生大都对自主创业有浓厚的兴趣，有的同学已具备创业基础。例如 2021 秋季班大二学生 C 同学在课堂上提出“红色剧本推理全产业链服务系统”的创业构想，在教学团队指导下成立“润心泽远”科技有限公司，并将创业项目放进课堂打磨。基于三个项目来源，每轮教学选择 6 ~ 12 个项目进课堂。

本环节的教学内容包括理论模块 S1 和实践模块 P1。首先由课程负责人讲授 S1 模块，要求学生理解科技创业活动中商业计划的功能、结构和制作过程。

然后由校内外实践导师带领学生参观实践基地，组织项目对接会（P1），根据创业项目的跨学科属性，组建跨专业的学生团队，如表2所示。项目匹配过程既要考虑创业项目和学生的学科背景，又要兼顾学生的创业意愿和研究兴趣，匹配过程中通过自荐或选拔的方式产生学生团队负责人。

表2 跨学科项目团队示例

创业项目	学生团队
A 纪检监察信息化系统	A1组（计算机、电光、经管、知产）
	A2组（自动化、机械、经管、公务）
B 高精度彩色三维轮廓实时扫描与检测仪	B1组（电光、设传、物理、经管）
	B2组（电光、机械、材料、经管）
C 智能烟花仿真设计一体化系统	C1组（计算机、化工、能动、经管）
	C2组（化工、自动化、计算机、经管）
D 京栖一站式福利解决方案	D1组（环生、经管、计算机、设传）
	D2组（环生、公务、自动化、经管）
E 古建筑文化继承与发扬	E1组（设传、机械、土木、环生）
	E2组（设传、自动化、能动、经管）
F 红色剧本全产业链服务系统	F1组（数统、设传、能动、化工、马院、经管）

（二）方案制定与探究实践

由于商业计划书的制定过程较为复杂，涉及的知识面广，使用的方法多，整体逻辑性强，方案设计和实践环节都具有一定的挑战性，因此采取分阶段制定局部方案和逐步推进实践的方法，循序渐进地提升学生的创新设计能力和实践应用能力。多线程的实现主要依托于方案制定与探究实践的交错进行，具体体现在理论模块与实践模块交错推进，即S2-P2-S3-P3-S4-P4。通过分阶段推进产品与服务、市场与运营、财务与风险三部分理论与实践教学内容，实现多任务并行的方案制定与探究实践。

教学内容和流程设计为：①工科专业教师讲授S2模块，要求学生掌握产品服务的基本原理、商业模型分析方法；②学生团队分组进入科创企业研发部和规划部等部门，针对各自项目开展P2模块的个性化实践，体验和分析产品实体或平台业务，制定商业模式提升或创新方案；③营销/运营专业教师讲授S3模块，要求学生掌握行业与市场分析方法、运营管理方法；④学生团队进入市场部，制定“4P”营销策略优化方案，开展P3模块的个性化实践；⑤财务专业教师讲授S4模块，要求学生掌握财务分析原理和方法；⑥学生团队进入财务部进行财务诊断，制定融资方案，开展P4模块的个性化实践。

（三）交流分享与反馈评价

整个教学流程中，创业团队对定制化项目的交流分享设计为四次，分为两种类型：第一类是阶段性分享，分布在P2、P3、P4模块各一次，各团队针对产品与商业模式、市场与运营、财务与风险的阶段性成果进行汇报交流，目的是通过总结和反思递阶推进实践任务；第二类是总结性交流，分布在P5模块，目的是复盘商业计划，系统梳理实践成果。各团队在对异质性任务的交流过程中发生思想碰撞，深化了学生对创业项目内在商业逻辑的理解。学生团队完成P5模块的交流分享后，开展实践成果的应用，路径分为三条：第一，通过校企沟通会向企业反馈成果，发挥服务社会的功能；第二，成立公司自主创业；第三，增加“互联网+”竞赛项目的数量。

多线程项目式教学的评价创新体现为对异质性任务过程考核和成果评定的综合性评价，以及将团队绩效与个人贡献相结合的评价方法创新。如表3所示，课程采用二维评价法，从对象和方式两个维度区分评价方法。其中，团队评价与结果评价相匹配，采用路演竞赛（P6模块）的方法获得团队成绩，创业路演又包含预赛和决赛两轮，由任课教师和企业导师共同担任评委；个体评价与过程评价相匹配，采用360°评价法，包括教师评价、个人自评和组内互评。路演竞赛和360°评价均以百分制计算，合成后的成绩换算为五级制计入学生成绩表。二维评价法将知识评价转变为能力评价，引导学生主动参与、积极合作，并尽可能预防学生在团队工作中“搭便车”，发挥了教学评价的积极作用，同时实现了教学评价与创业竞赛的有机融合。

表3 多线程项目式教学的二维评价法

对象	方式	
	过程评价	结果评价
团队评价	/	路演竞赛
个体评价	360° 评价	/

三、“教-创-赛”一体化实践教学模式

实践育人目标的实现不仅需要创新教学内容和教学方法，还需要在教学理论的指导下，形成由教学目标、教学内容、教学方法、教学资源、操作流程、教学评价等要素构成的完整、稳定的实践教学模式框架，以便应用与推广。课程以建构主义教学理念为指导，以科技创业项目为牵引，以学生团队为中心开展探究式学习，突出学科交叉与专业融合，实现理论授课、创业实践、竞赛指导有机融合，打造具有理工科创特色的“教-创-赛”一体化的实践教学模式。

实践、教学和竞赛三类课程资源建设，连同模块化的教学内容设计、多线程项目式教学方法设计、二维评价法设计，共同服务于创教互哺、赛教相长、赛创共进的实践课程建设目标，最终实现协同提升学生创业竞赛技能、自主创业能力和社会服务能力的人才培养目标。

四、结束语

经过三轮课程迭代，该实践教学模式已经形成稳定框架并取得初步成效：第一，学生积极评价，创业成效提升。课程赢得创业学子喜爱，成为热选课程。通过“做中学”的方式提升学生创业技能，课堂上打磨国家金奖项目，助力学子开办公司，在推动高水平竞赛和学生自主创业方面取得实效。第二，社会服务效益显著。学生通过实践课堂服务和助力初创公司成长。如实践基地“京栖”公司采纳师生的商业模式创新方案，销售合同快速增长。第三，发挥示范作用。课程微课获评省一等奖并在江苏省教育厅网站展播，课程建设经验

在江苏省大学生创新创业实践教育中心建设研讨会上作示范报告，深入推动了学校“国家双创示范基地”和“全国深化双创教育改革示范高校”建设。

参考文献

[1] 裴晓敏，刘英为，唐明生，等. 高校创新创业教育生态体系的构建与实践［J］. 创新创业理论研究与实践，2021（6）：21-24.

[2] 陈倩，侯玉婷，胡志婷. 高校创新创业课程教育效果影响因素分析——基于受众学生的视角［J］. 创新创业理论研究与实践，2021（7）：1-6.

[3] 李文静，武燕，孔丹丹. 美国高校创新创业教育课程建设研究［J］. 北京印刷学院学报，2021，29（1）：131-134.

[4] 孙媛媛. “互联网 +”背景下高校创新创业课程教学模式研究［J］. 山东广播电视大学学报，2021（2）：51-54.

[5] 裴钰鑫，汪惠芬，李强. 新工科背景下跨学科人才培养的探索与实践［J］. 高等工程教育研究，2021（2）：62-69，98.

[6] 胡琴芳，余浩炜，范定祥，等. 国外大规模定制研究的回顾及展望［J］. 管理现代化，2021，41（6）：125-129.

[7] 李国富，李小君，项薇. 高校人才培养成本研究［J］. 宁波大学学报（教育科学版），2021，43（6）：73-81.

[8] 朱佳斌，张国洋，刘群群，等. 代尔夫特理工大学项目式教学的实践与启示［J］. 高等工程教育研究，2019（3）：81-86.

[9] 廖勇，周世杰，汤羽，等. 面向“项目中心课程模式”的进阶式挑战性跨学科项目设计与实践［J］. 高等工程教育研究，2021（2）：47-54.

[10] 卢小花. 项目式学习的特征与实施路径［J］. 教育理论与实践，2020，40（8）：59-61.

[11] 齐卫，王文青. 项目式教学过程与效果评价［J］. 河北师范大学学报（教育科学版），2020，22（6）：119-121.

[12] 刘莉，惠晓丽，胡志芬. 基于 PBL 理论的工科人才培养途径探究［J］. 高等工程教育研究，2011（3）：104-108.

建构主义视域下哲学社会科学研究生实践教学模式略论

李　江　李羊城

摘　要： 哲学社会科学研究生在接受实践教学、调研、培训等学习环节普遍存在系统性不足、管理与评价标准缺乏稳定性等现象，也呈现哲学社会科学研究生实践教学与理论研究并行发展与实践教学路径契合性不足、实践教学模式尚未完全普及的矛盾。针对哲学社会科学教育教学实践环节亟须完善，教育教学资源与共享路径亟待扩展等问题，高校在充分研读、解析建构主义学习理论的框架下，建构、组合与完善研究生培养计划、培养标准、课堂教学与管理系统中的每一步教育教学过程，以建构主义视域的科学性与指导性理论，强化哲学社会科学研究生实践教学模式的多元性与可操作性，激发哲学社会科学研究生主动参与实践教学的主观能动性，并调动高校各教育管理与组织部门、机构合作构建实践教学模式的积极性。

关键词： 建构主义　实践教学模式　合作培养　教学理念转变

哲学社会科学研究生基于社会综合化、多元化发展背景下，将从课堂教学理论、教育理念、思维模式、教学管理体系、教学模式与实践路径层次面临教学、研究和学习的全过程转变。当今社会的跨学科研究、产学研一体化与社会化大生产使哲学社会科学研究呈现交叉性提升、理论性与实践性兼具、学科领域开放且信息、资源流动性强等特征；教育教学管理已不仅局限于一个具体的学院，教学空间更是从课堂的理论传授、灌输，延伸拓展至校外的社会各类机构、组织、部门和教育平台。而在信息技术、新媒体传播路径与教学方法的逐渐变革与快速更新中，哲学社会科学的研究对象、主体，研究路径、方法和量化、实证导向与现代化技术、平台已在部分领域组合、协调成为集教学、研究、教育管理与决策于一体的教育教学共同体，依托社会组织、高校与社会产业全方位融合，初步实现了哲学社会科学研究生课程实践教学的管理、引导模式、组织和路径的实验型建设与运行。

然而，哲学社会科学的实践教学所占比重、普及性等，基于教育领域学者前期研究，目前仍处于探索、实验与局部构建过程中，主要集中于本科教学、思政课程教学与课程思政的新教学管理模式探索方向。哲学社会科学研究生课程的实践课程部分、管理机制、培训系统、实践内容、评价标准和成效评估等综合性教学系统，尚未在各高校完全普及，对哲学社会科学的理论研究的辅助功能、培育过程、促进师生互动与思考等教学效果尚不明显。现有哲学社会科学研究生的实践教育与教学管理模式与急速增长的研究生适应多元化发展社会与跨领域、综合性学习需求产生了共性存在的矛盾；高校哲学社会科学领域、课程所属学院、教学机构、教育管理部门需结合当下主要矛盾，从建构完善、全面且系统性强的哲学社会科学实践教学模式、路径出发，依据建构主义视角及其学习理论，以体验式学习为主导，从个体出发寻找并探索问题，强化问题意识，并激发学习主体的主动创造性、主观能动性，主动参与实践教育、体验式与沉浸式教学路径和教育过程[1]。哲学社会科学研究生当下的实践教育过程，也是建构主义学习理论所倡导的在教学、认知与知识发展体系中，充分代入学习者思想、情感与思辨能力的过程，与构建研究生实践教学理论模式相对契合。

一、建构主义视域下哲学社会科学研究生实践教学的不足

建构主义学习理论作为教育学应用于实践，在科学性理论与全领域教学与实践管理过程中具备较强的指导性，并在教育教学体系中促进学习者全过程参与依托于理论的思考、学习、培训和调研实践。结合建构主义学习理论的

标准，在该视野下观察并参与当下哲学社会科学研究生教学与课程等体系，不难发现，哲学社会科学研究生在实践性理论学习、实践指导、量化调研、社会场景体验等具体课程中的教学内容较为缺乏，高校在哲学社会科学研究的领域拓展和平台融合、决策方向上投入不足，且相关科研项目的跨领域、综合性与社会前沿需求普遍存在脱节。基于瑞士教育学者皮亚杰对知识构建过程的观念——个人学习发展为同化、顺应过程，并且在平衡与非平衡中实现提高[1]，当前哲学社会科学研究生的实践教学面临实践教学管理模式、平台搭建、评估模式乃至思想认知方式的转变与改革需求，本身也是一个螺旋式的动态平衡与个人主导意识的代入过程；建构主义的后期拓展理论，将其作为衡量标准来辨析实践教学的缺失与不足之处，具有一定的借鉴与指导意义。

研究生实践教学与社会多维度、大社会化生产的演进趋势密切相关。一方面，产业全领域、跨界联合研究与实践，决定了研究生实践教学的需求从理科、工科，到哲学社会科学的研究与扩充，愈发精细的社会分工、理论研究，使得学科、知识体系的纵深和边界清晰；另一方面，哲学社会科学理论的宏观性、全域性，又促进了该领域研究方向边界的泛化与模糊，各行业的研究方法与手段，诸如量化、定义与案例调研、搜集与比较，更需要熟练运用系统性社会研究方法与手段的哲学社会科学研究生的全面参与和深度探索，使哲学社会科学研究的系统向着交错性、网络状交叉和跨维度特质延展，其研究影响力、成果效应等均是在研究生实践课程、培育流程与教学资源流通过程中所诞生。不过，哲学社会科学、人文社会科学领域研究固然在社会多元化发展与社会化生产的推动下，与其他学科具备融合与切入的条件，其自身研究过程中的功能与限度也十分明显——现代化社会存在“价值分化”，与人文、哲学社会科学所追求的“经验认知”和“终极意义”存在矛盾[2]，即通过研究生在社会课程、课程资源拓展过程中的实践培训、评价，将与课程、专业、学科与观念中所获取的经验、理论属性与研究导向存在结构性冲突，实践所检验的先验理论和价值，所面临的结构性矛盾会涵盖多维度、多环节和教育实践的全领域。例如：哲学社会科学研究者在教学或社会实践、理论研究情形中，需要承担一定的马克思主义理论的教育责任，需依据政策培养骨干教师队伍与研究人才，体现指引功能[3]；但在哲学社会科学的实践与教学实用性领域、方向中，哲学社会科学的层次建设和培育导向，也需要符合数字背景、网络传播时代特色话语构建的要求，哲学社会科学面临网络虚拟维度的话语异化、优质话语的难产以及主流媒体话语的消解等挑战[4]，对哲学社会科学的教育责任、指导指引功效产生偏差甚至背离风险。故以建构主义视角下，哲学社会科学研究生的实践教学，所需创新实践教学模式、体系与路径，更需要弥补其现阶段的不足。

二、哲学社会科学研究生实践教学培育的必要性

（一）哲学社会科学研究生教学与实践基于社会多维度化、风险性形态发展的转变而变革

21世纪社会科学技术，特别是网络、能源、公共服务等创新，使得现代社会步入风险性高、多维度、跨领域合作与多元竞争的大社会化生产与管理时期；社会治理、环境保护、技术发展与人道关怀等作为新生问题导向已进入哲学社会科学的研究范畴与领域内。对于社会的剧烈变化，哲学社会科学研究强调由原先的学科意识增进为问题意识，对社会服务、社会治理、社会生产与运作等问题由点到面再到立体，由静止到运动，再到存在的异质性问题，需要在多种层次与多种向度上进行具体问题探讨与针对性研究[5]。基于问题意识在哲学社会科学研究生学习、思考、理论钻研和学科领域的研究需要，哲学社会科学的研究培训尤其是实践显得更为重要，它决定了以马克思主义理论为指导与框架下的哲学社会科学对社会变化、问题研究转变与本质的把握深度与广度。例如，在社会发展过程中，在新兴科技领域与思想浪潮的双重进步与螺旋式上升的形势中，社会经济、市场的自由程度与新社会群体的划分，是否存在的必然联系与偶然性变动；社会各行业部门、公务机构所承担的职责与功能如何分配，可使得社会管理、治理与思维产生更多的创新因素。透过不断变更的社会现象，研究生实践与社会一体化课堂将在诸如案例调研、量化分析与理论的逐步融合中，形成教学实践与理论间的互补，依托教育教学平台与实践路径了解并逐层解析社会与群体发展、生活的风险性、多元性和变动趋势。在社会生产力提升、产业全领域发展与学科跨领域合作、研究的同时，对交错性强、

范围广的新兴矛盾的认知，也是问题意识提升，促进哲学社会科学研究生参与教学实践的方法，激发研究生突破校园与课堂界限，拓展实践，并与书本、培养计划和课程理论全域化结合的主观能动性，使研究生教学实践伴随社会形态变化而转变。

（二）哲学社会科学跨领域、多路径、多维度研究扩充使研究生教学需持续性实践进行完善

哲学社会科学的研究领域伴随社会生产力、科技、传播渠道与资源等综合性关联发展而得以扩充自身的起始维度与路径。哲学社会科学的价值诉求与社会整体呈现的矛盾、问题基本形态愈发紧密联系，社会问题的研究路径和哲学研究矛盾、思想前沿将延伸、穿越具体事件所发生的时间与场域，集合成必须通过实践与体验、参与式、浸润式立体化研究，才能完成全研究过程与必然步骤的学科系统。例如，“课程思政”在本科、研究生课程的培育计划改革、培养路径创新和理论研究，已开始尝试将哲学社会科学与理科、工科等其他领域在课堂上进行理论、教学与评价的路径与思维融合，基于建构主义理论的原则，在学生学习过程中重构教学内容，完善课程思政的结构，通过以学生为中心的教学方法构建多元教学模式，以塑造学生价值并基于过程构建考核模式等[6]；而类似于哲学社会科学的融合功能与教学部门职责的也将基于教学理念、哲学社会科学研究生研究导向的转变而变化，这更需要研究生教学、思考与任务、成效完成评估，融入更贴近事实、更符合客观规律和社会发展理念的课程实践中。此类教学实践，需要将教学主体、客体进行全域融合，各教学资源、教学系统与调查对象的拼接，也是对教学持续性、连贯性和持久性的考验。在不同的学科跨领域建构时，建构主义学习理论不仅作为理论标准，继续对现有教学实践与管理模式产生变革，更需要研究生教学本质上完善全过程、全体系、全要素的完整性。

（三）哲学社会科学研究生研究观念与实践教学理念伴随时代变化需要

社会整体性变化实质为国家、社会、群体在不同维度、区域和层级的关联式、连贯性、多元化转变，而一系列转变构建出的时代变革，又由教育与实践主体通过科学、客观且长期性的调研、参与、尝试与普及而成，需充分结合

研究者的主观能动性、学习能力，促进教学观念、思想理念的创新。意识对于物质世界的反作用体现在教育者、教育主体接受教育并在批判接受后，结合客观规律对教育理念、思维方式、教育制度和硬件等进行主观能动改造。例如，高校哲学社会科学课程需强调育人功能，但与思政课程又存在区分，并且体现新时代新文科的本质特征；历史与现实相结合、学术内涵与育人结合、国际立场与中国视野相结合等要求[7]，哲学社会科学研究生的研究领域、研究方向、研究动机和研究方法应以新形势下理论与实践融合，逐步构建遵循研究生实践教学规律的实践教学思维，转变单一课堂与小范围、狭隘化文科教学研究的理念，更多接触总体变动愈发迅速的社会组织、政府公务机构、城市与乡村治理格局，使研究生群体更为全面、客观、科学地认知到实践基于理论、观念转变的重要性与不可替代性。不过，就当下哲学社会科学研究生参与社会实践、课堂研究实践与实践平台、课程培训与训练创新的情况而言，培育研究生导师、研究生自身的全过程、全体系实践意识，尚未完全与当下的研究生培育制度、新文科理念形成研究一体化；以建构主义理论所指导的研究生教学实践模式、培育体制与评估框架也因教学实践意识与实践创新理念的不足未形成大规模、立体化普及。

（四）哲学社会科学研究生学习动机与学习导向的转变

哲学社会科学研究生基于其学科研究领域、学科特色，特别是社会就业需求，相较于理科与工科领域选择面略窄。在网络技术普及，产业升级迅速，经济结构、人工智能科技等综合性、全领域关联发展的新时代，哲学社会科学理论与知识结构也发生深刻转变，从事哲学社会科学的研究生乃至教师，将存在更多除就业以外的学习、思考动机。社会总体发展趋势，本身是经济、政治、文化等宏观领域综合性、交叉性发展产物；而学习动机与导向也将伴随社会发展与思想前沿思潮的转向，从职位需求、生存保障，逐步从结构性、层次性升级为实现自我、追求社会进步、提升公民意识等。就当代青年而言，随着社会生活条件和讯息便捷化的全要素进步，哲学社会科学所关注的新兴问题在社会进程中也愈发明显，青年学者关注度愈发深入，基于就业与收入等生存因素的学术从事动机逐步转向在学术、理论领域和思想变革、创新的要求与自我实现。在新兴科技、新产业潮流的转变管理模式过程中，该类现象必然对从事各行业与领域的学者存在多维度影响；结合学术对社会公共需求、群体诉求、生产力发展等综合性元素，哲学科学研究生学习动机具备很强的时代特质与学术背景烙印，学习导向则是学习动机在意识层级的宽领域、多渠道、多路径呈现。例如，在马克思主义理论指导与多领域哲学社会科学研究融合过程中，马克思主义精神生产活动具备充分的实践动机，并且为我国哲学社会科学发展提供了具体的“实践性”与“现实性”，引导研究者通过批判、剖析社会矛盾，继承学科研究方法，开拓研究路径[8]，进而实现人生价值，完成对学习动机、动力与观念的升华；而观念的升华、创新与变革，本质上也是建构主义学习观框架下，对哲学社会科学实践教学模式的结构性提升和推动。

三、基于建构主义视域下哲学社会科学研究生的实践教学模式

基于建构主义教育论及其学习理论，哲学社会科学研究生实践教育与教学管理体系需从课程、培养方案、评估与理念等多环节、多维度开始建构并进行全方位理论研究与引导，基于社会形态与发展、研究需求的转变而创新，更新研究动机与思维方式，扩充实践教学资源与路径；针对研究生实践教学存在的特殊问题，结合建构主义理论，高校、教育教学主体可基于实践教学规律，尝试构建多功能、多维度、全覆盖属性的实践教学管理平台、评价体系，制订全新的课程培养计划，紧密围绕哲学社会科学研究生特质，汇聚并整合各研究领域教学资源、人才，通过教学管理部门、学院、专业研究群体建构实践教学共同体，完善实践教学模式，扩展多元化、多路径、多中心联合培养渠道，使哲学社会科学研究生实践教学体系逐步建构并在高校普及。

（一）构建校内外、多部门实践课程联合培养与评估体系化教学共同体

建构主义视域下的学习理论，强调学生学习的主体性、主动性，同时以体验、学习浸润为过程，强调对知识学习、知识体系构建的全方位感知和丰富，通过社会学视野将学习者的思想、情绪代入学习与认知过程；基于此标准，哲学社会科学研究生的实践课程、培育与教学内容，秉承以社会为课堂，以关注哲学理论、人文思想演进过程，以推进社会进步为目的，通过融入多元

化、多维度社会演变和形势，通过将课堂内知识、理论体系与认知接入社会各机构、部门、组织、单元等，丰富与补充哲学与社会科学理论，完善定性、定量研究等课程必要性学业任务与流程。如图 1 所示。

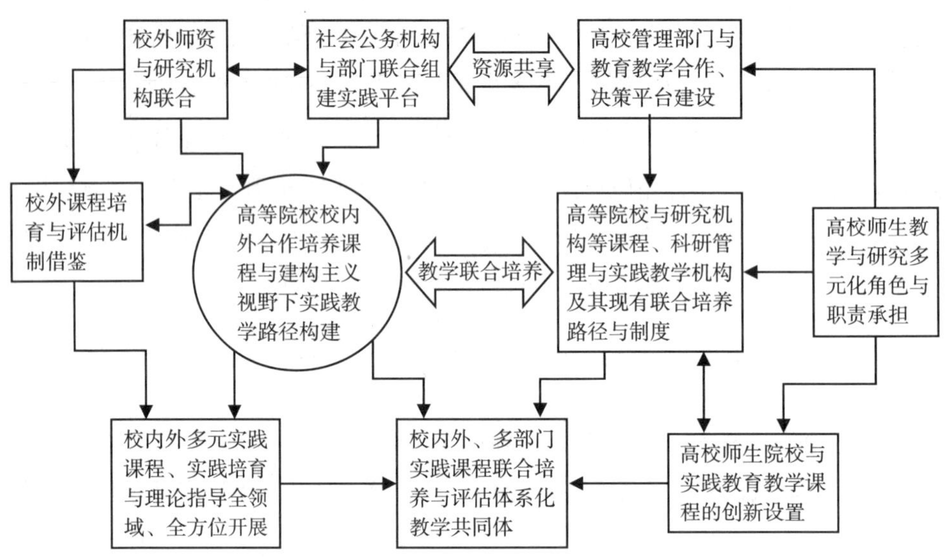

图 1　多部门、校内外实践联合培养与评估体系化教学共同体

高校在哲学社会科学课程传授、设置与管理协调过程中，校内外的联合尤为明显：多部门、联合性管理更易于实践课程的组织、安排、调整和资源共享，学生更易于同教师在不同部门的领导、管理和服务中，体验、感受到体系化实践教学的改革与更新，更有利于课堂学术协商、研究、交流的全领域拓展和价值塑造；通过构建校内外和多部门的联合课程，已形成的实践教学管理、服务与决策共同体，随时可以运用新时代网络、传媒等新兴技术，构建、打造新实践教学模式与路径，以验证、完善实践教学模式的成效，对社会教育教学理念和观点也可产生创新性激励与沉浸式教学等积极影响；同时，从建构主义的认知路径与学习体验内涵出发，在实践平台、实践教学体系中，组建师生研究和学术交流、研讨共同体，更密切地关联师生研究前沿，促进教学相长。

（二）拓展围绕管理部门与教学部门一体化、校内外教学资源流通的实践教学路径

教学管理与教学资源共享、教学共同体的建立是相互对应、紧密联系的过程；教学部门与教学管理模式的多中心化和联合培养，有助于培养具备一专多能能力、实践与理论能力平衡的哲学社会科学研究生。实践教学内容、课程设置、评估模式的构建，除了资源共享体系建设，更需要高校、社会、师生建立起社会实践培育、社会课堂评估和学科实践认知。教学部门的管理、教学、研究的一体化，不仅需要实现教学资源流通，更需要设置、制订教学资源的实践制度，使实践教学更趋于科学化、全面性；校内外教学资源可依据建构主义的经验教学积累、知识积累与学习主动性体验特质，联合校外社会机构、同类别高校、专业与部门，把校外教学资源、人才、师生互动，代入课堂，实现实践的多部门评估、监督与联合管理，让实践教学路径不仅在校园内铺展，更延伸、接触并融合在社会快速变化与哲学社会科学理论的前沿与热点里。例如，在高校近期开始尝试实施思政课程与专业课相互融合过程中，在探索多元教学模式原则上，增强以学生为中心，基于信息技术平台，实现价值构建与知识的双重培养[6]，从思政课的培养体系，契合到课程思政的多元化、全方位评价体系，再到高校、校内外、校际间的多位一体评估与培养，实现管理与教学部门一体化的路径建设，完成校内外教学资源流通的路径创新与体系闭环。

（三）引导研究生参与哲学社会科学课程与教学实践，激发多维度、宽领域研究积极性

哲学社会科学研究生的学科特质与研究领域，在现代化社会的技术、产业等飞速发展与精细化过程中，不断融入社会新元素、新理念，使其研究方向、热点与前沿理论的演变，促成了哲学社会科学研究的新方法、思维与逻辑。哲学社会科学研究生基于就业或从事谋生而选择该领域的研究动机，逐步在新文科发展与资源扩充过程中得到提升，关注社会公益、社会矛盾与各类治理现象，研究社会公务部门功能与对象，均成为参与哲学社会科学课程、深度理论与实践研究的动力，也符合建构主义理论中研究方法、动机与从事该研究主动性的判断与思考。高校在尝试普及哲学社会科学研究生实践教学的同一阶

段，通过研究生沉浸式体验实践研究、师生互动、实践调研，并且同其他教学管理部门合作，联合构建实践平台，如虚拟仿真、量化计算与统计、合作完善等，将哲学社会科学的成果与产业、技术、管理等领域发展充分融合，使各领域学者、研究生激发合作积极性，在不同维度，采用多元化、宽领域的思维激发研究积极性；哲学社会科学研究生也在综合研究与决策平台中，参与平台的理论与成果建设，通过社会实践、课程实践和教学模拟实践，在不同领域中尝试不同研究角色，以差异性视角和身份体验研究的多元性与吸引力，将学业与任务的压力转化为研究的积极性和驱动力。

（四）建构师生互动型实践课程参与渠道，强化实践教学价值的多维度转变

建构主义学习观与教育理论，更倾向于对教育个体的主观能动性和周边环境的互动性。强化学习者在群体中，即个体与整体间的互动关系，从环境中学习知识，建构属于自身的知识体系，并基于此体系长期甚至终身学习，保持知识与认知体系的开放性与灵活性，逐步促进个体认知的阶段性飞跃，并扩充、提升整体、群体的认知与思考水平。在建构主义对高校教育改革的系统流程中，对教育教学实践从单一到多元化、从理论到实践的“本土化”[1]，拓展知识层面，深化理论研究与视域多元化，均与教师与学生间的交流层次、视角、维度和参与课堂、调研实践的程度与影响力密切相关。研究生导师对学生的任务导向型研究、领导、监督、知识传授与学习，将在建构主义指导下的多元化、多维度决策、学习和实践平台上，实现更为全面的路径关联与拓展，实现教师与学生沟通、交流渠道不再受限于单纯的技术、教学维度，而更注重于身份、角色认同和价值、意识的高维度探索。教师与学生间的互动关系，不再仅限于研究课题、问题意识与科研任务，而是更注重与社会焦点、形势动态、变化的议题、认知的飞跃和价值的创新和重塑，研究生在哲学理论的新兴理念指引下会全领域感受、思考研究在不同领域、不同角色、不同功能与体系塑造下的不同意义，在不同维度中所产生的影响力和决策力将相较于以往更易于激发师生间的互相学习，更有利于研究型思维创新，从长远来看，激励社会、高校间乃至所有受教育群体在不同角色视角下实现身份、功能和影响力的换位思考及哲学社会科学研究模式的结构性拓展和创造性建构。

参考文献

[1] 郭大光. 建构主义与行为主义学习观比较研究 [J]. 江苏第二师范学院学报（教育科学），2017，33（2）：67-70.

[2] 贺来. 人文社会科学的功能及其限度——韦伯人文社会科学方法论的哲学意蕴 [J]. 社会科学战线，2022（1）：1-6.

[3] 韩露. 论哲学社会科学工作者的责任意识与马克思主义理论教育 [J]. 武汉理工大学学报（社会科学版），2018，31（06）：109-113.

[4] 于毓蓝，陈小燕. 数字技术背景下的中国特色哲学社会科学话语建构 [J]. 河海大学学报（哲学社会科学版），2021，23（06）：22-27+109-110.

[5] 丁洁琼. 改革开放形势下社会科学研究的问题意识 [J]. 改革与开放，2019（10）：36-37.

[6] 刘晓玲，邵景玲，崔金磊，等. 基于建构主义的课程思政教学模式探索与实践 [J]. 青岛理工大学学报，2021，42（06）：135-140.

[7] 徐雷，李琲琲，夏璐. 充分发挥高校哲学社会科学的育人功能：哲学社会科学课程思政教育教学改革模式初探 [J]. 中国大学教学，2021（12）：4-9.

[8] 李栋，李娜. 马克思精神生产活动的特征及其当代启示——以法哲学批判的转向为分析视角 [J]. 甘肃理论学刊，2018（06）：62-67.

跨学科高层次复合型人才培养下的数学建模竞赛指导建设实践

许　孟　许春根

摘　要：为满足南京理工大学“双一流”目标，争创“一流”专业需求，落实构建南京理工大学以个性化培养、多元化发展为特征的“321”本科人才培养模式，促进跨学科交叉融合，本文将数学建模课程和各类数学建模竞赛实践相结合，探讨了大学数学类基础课程与实践课程的辩证融合，分析了数学建模竞赛指导建设中的实践问题，引导学生自主学习和终身学习，提倡创新精神和团结精神，为国家培养跨学科高层次复合型人才服务。

关键词：数学建模竞赛指导　人才培养　跨学科　复合型　高层次

人才是衡量一个国家综合国力的重要指标，习近平总书记在2021年9月中央人才工作会议中这样强调。国家发展靠人才，民族振兴靠人才。必须增强忧患意识，更加重视人才自主培养，加快建立人才资源竞争优势。2022年2月25日，全国高教处长会议在重庆举办，以“深化新教改、打造新形态、提高新质量”为主题，对高等教育相关工作进行了动员部署。苏州大学校长熊思东在2020年做报告“数智时代高等教育新形态”[1]，结合智能信息技术催生传统的教育模式，向“人人、时时、处处”行进中的学习者模式转化。2022年1月21日，美国国务院和国土安全部公布了一项新政策，放宽了

STEM［即科学（Science）、技术（Technology）、工程（Engineering）和数学（Mathematics）四个英文单词首字母缩写］专业人才拿绿卡要求，并新增22个STEM专业。由此可见，全世界对优秀人才的竞争和迫切需求。

一、新形态下跨学科高层次复合型人才培养的转变和急切需求

为了适应我国的高质量发展，建设人才强国，必须面向世界科技前沿、面向经济主战场、面向国家重大需求、面向人民生命健康的需求，弘扬科学家精神，聚才、爱才，营造识才、敬才、用才的环境，增强人才的自主培养，在关键核心技术领域拥有一批战略科技人才、领军人才和创新团队。增强人才的吸引力，到2030年，在新兴前沿交叉领域拥有一批开拓者和领跑者，不断完善人才管理制度和评价体系。

“双一流”高校在新形态下，都在建设一批基础学科和应用学科基地，不断摸索和自主培养高层次的复合型创新人才，凸显主力军作用，完善人才发展机制，鼓励青年人潜心钻研，尽展其能。科技的发展和创新，越来越依赖于交叉学科的相互促进和融合，如交叉合作研究近25年获诺贝尔奖的比例接近50%，并不断催生新学科前沿和新创新形态。国内外高校中多有改革举措，如新加坡南洋理工大学（Nanyang Technological University）发布的NTU 2025战略规划[2]强调了未来5年在教育、研究和革新上的目标，以及将要采取的步骤，采用以院系主导、学术主导和协商的不同课程开发模式，以达到培养自信的个人、自觉的学习者、积极的贡献者和关心国家的公民。2020年教育部试点强基计划[3]，北京理工大学也开设了多门针对不同工科专业需求的数学类基础课程，解决多路径人才培养模式。

为满足南京理工大学“双一流”目标，争创“一流”专业需求，落实构建我校以个性化培养、多元化发展为特征的“321”本科人才培养模式[4]，严格遵循我校通识培养阶段的强基础、学科培养阶段的促融通和专业培养阶段的重选择的总原则，探索和完善新形态下人才培养模式的转变，我校近年来创建了“智能制造学院”“新能源学院”“网络空间安全学院”“未来技术学院”“创

新创业教育中心”等，加快应对“新工科”需求下人才培养的转变。

二、逐步臻于完善的数学建模竞赛指导工作建设

依托南京理工大学数学学科专业优势和数学实验中心，充分挖掘教学资源，创客数学与数据分析工作室（数学探秘室）面向全校师生开放，开展学生的科研训练、学科竞赛、自主创新创业实践及社团活动等，支持数学建模协会开展培训活动；建立校企联合培养基地等。数学基础课程秉承“基础＋进阶”的教育教学理念，不仅提供了理论和方法，也锻炼和培养了学生的计算能力和逻辑思维能力。实践类课程，特别是“数学建模”或“数学建模与系统仿真”等，通过动手上机试验、参与产学研项目或各类学科竞赛使学生进一步深化对理论和方法的理解。两类课程形成相互依存、相互促进、相互支撑的关系，显现数学课程的整体统一性。鼓励学生多参加各类数学学科竞赛、创新创业实践竞赛、数学建模大赛、全国数据挖掘大赛、密码竞赛等，促进学以致用，培养学生的团队精神和创新精神。

（一）优秀的指导团队建设

近年来，我国教育系统正在实施“基础学科拔尖学生培养试验计划”“卓越计划”“科教结合协同育人计划”等，积极探索创新人才培养的新机制、新办法，并取得重要进展。经过多年的奋斗和发展，南京理工大学数学建模教学团队先从小处入手，分工协作，以全国大学生数学建模竞赛、全国研究生数学建模竞赛、美国大学生数学建模竞赛等重要赛事为契机，利用现代教育理念和技术引领教育教学改革模式、探索应用性和直观性教学，完成了一系列教改项目，并形成了一支以中青年骨干教师为主体、知识结构合理、师德高尚、业务精湛、团结协作、致力于数学建模教学、教学科研协调发展、学术水平高、教学效果好、富有创新精神和创新能力的理工科大学数学基础课程教学团队。正在加强数学建模竞赛指导团队建设，培养后备师资人才，争优创先，走出南京理工大学，向国家一流课程努力迈进。特别注重指导团队人员的分工安排及青年教师培养，优化师资配比结构，以有利于可持续发展。对数学建模竞赛指导方法进行不断摸索和改革，提高学生的参赛热情和获奖率。

（二）严格的赛前选拔

通过南京理工大学教务处X·Space创客空间联盟或研究生院、数学建模指导团队多年建立的竞赛群、学生自发组织的数学建模协会、师生口头等进行宣传和发布校赛、全国大学生数学建模竞赛（简称国赛）、美国大学生数学建模大赛（简称美赛）、中国研究生数学建模竞赛（简称国赛）和江苏省研究生数学建模科研创新实践大赛（简称省赛）等信息，学生自主组队报名，三人一组，完成竞赛题目的数学建模解决过程，强化团队精神和创新精神。由数学建模竞赛指导团队组成的评审专家团队，对校赛论文进行匿名评审，严格遵循匿名保密原则，保证论文评审的公平性。依据论文格式规范、评审的总成绩排名和选拔赛规定的获奖比例要求，经指导团队现场会评，拟定选拔赛的一等奖提名、二等奖和三等奖的获奖名单，并分别在数学建模竞赛群里进行了发布和公示。约定时间对获得一等奖提名的队伍进行现场答辩，答辩专家委员会根据初赛情况和现场答辩情况，评定校赛的最终一等奖获奖队伍。对本科生参加的国赛和美赛、研究生参加的江苏省研究生数学建模科研创新实践大赛和中国研究生数学建模竞赛也需通过类似选拔，才能进入下一级别的比赛。

（三）丰富的赛前培训和贴心的指导工作

在正式比赛前，数学建模指导团队多年来一直宣传推广数学建模竞赛，并组织丰富的培训活动与讲座，分享竞赛资料，鼓励更多的学生参与到数学建模竞赛之中，加强学生实践能力的培养。主要包括：

（1）竞赛介绍、注意事项和“竞赛组委会要求说明”讲解。

（2）培训内容分为基础、提高、专题讲座和模拟测验四部分。基础部分主要讲解数学软件应用；提高部分主要讲解经典算法和各类典型数学模型，如算法基础、矩阵分析、数据处理、数据挖掘、统计回归、优化模型、规划模型、微分方程模型、离散模型等；专题讲座往往请有经验的知名数学建模专家讲解历年竞赛案例，指导学生及获奖经验分享等；模拟测验主要是赛前加强练习，不断挑战自我，从而提升建模能力。

（3）经典案例讲解尤其重要，着重明晰实际问题、建立数学模型、分析问题，把数学模型的解答“翻译”回到现实对象，给出分析、预报、决策或者控制的结果，用实际的信息加以验证这一后继环节，从而实现实践—理论—实践这一循环。结合学生可以亲身感受的真实情境，如外卖智能配送、疫情防控传播问题等，让他们进一步思考如何改进模型，提升真正解决现实问题的能力。

（4）赛前指导工作重在因材施教，激发学生的兴趣，强化学生的自主学习和主动学习，转变思维方式，学会一些数学工具，借助数学软件处理跨学科交叉的“困难”问题，如无人机集群控制投送问题、城市智能交通导流设计、疫情下物资调配优化设置、工业化流程设计等。希望学生通过训练，夯实工程教育专业学生的专业基础知识，了解未来学科的动态发展，视野广阔，具有团队精神，借助集体之力实现梦想，达到知识、能力和素质培养相互融合统一的教育教学目标，使他们成长为满足国家战略和服务社会需求的高层次创新型拔尖人才。

（四）竞赛期间细致的保障工作

数学建模团队每年都会推荐学校图书馆购置一批大学数学方面的国内外教材、教学参考书、数学软件等，包括最新的数学建模书籍。作为南京理工大学首批成立的创客工作室之一，创客数学与数据分析工作室依托我校数学与统计学院数学实验中心，充分利用教学空间资源，在竞赛期间面向师生开放，提供了竞赛活动场地。针对每次比赛，数学建模指导团队都高度重视、高效组织，保障了竞赛的圆满完成。常常是数学与统计学院教学副院长许春根教授亲任竞赛指导团队组长，组织协调召开专题工作讨论会，多次与相关兄弟单位讨论相关事宜，完成竞赛工作等。学校相关部门从场地、后勤、安全等方面对竞赛的成功举办予以大力支持和充分保障。在学校教务处、研究生院和数学与统计学院领导的大力支持下，数学建模教学团队积极开展组织和管理工作，合理分配指导教师，排班值班，负责竞赛期间各时段的学生安全和指导事宜，保证比赛顺利进行。

（五）赛后总结和颁奖表彰

每次比赛后，数学建模团队都会根据获奖情况进行总结和反思，专门请一位老师写新闻稿进行宣传报道，扩大影响力和知名度。之后，会把学生获奖信息录入到南京理工大学“素质发展学分与第二成绩单管理系统”，并筹备颁奖会和下一赛事的数学建模竞赛动员会，以此提升学生的荣誉感和获得感，使其努力为学校增光。同学们通过参加数学建模竞赛，主动尝试寻找解题角度，运用所学数学知识，匹配数学方法，结合自身的专业知识，努力解决竞赛中的问题，获得了书本上所无法获得的经验和亲身感受，是人生中一份宝贵的财富。

经过多年的教育教学改革，数学建模教学团队等取得了一些闪亮的成绩，例如 2017 年获得江苏省研究生教学成果二等奖、2018 年获得江苏省高校“青蓝工程”优秀教学团队称号、2021 年“数学建模与系统仿真”课程获得江苏首批省级一流本科课程、“数学建模与系统仿真”课程获得 2023 年国家一流（线上、第二批）课程、2021 年春夏学期智慧树网“一流学科建设高校精品课程”、创客数学与数据分析工作室在 2021 年度评选中被评为我校“优秀创客工作室”、2021 年许春根教授获得全国大学生数学建模竞赛优秀组织工作者、2020 年许春根教授获得南京理工大学 2019–2020 年度教学名师称号、2021 年谢建春老师获得第四届全国数学建模微课程（案例）教学竞赛一等奖、2020 年张丽琴老师获得第十六届中国研究生数学建模竞赛先进个人称号、2019 年张丽琴老师获得江苏省研究生数学建模科研创新实践大赛优秀指导教师等。

近四年，我校本科生在“高教社杯”全国大学生数学建模竞赛和美国大学生数学建模竞赛中均取得优异的成绩，分别见表 1 和表 2。在中国研究生数学建模竞赛和江苏省研究生数学建模科研创新实践大赛中，我校研究生获奖排名（见表 3）在省内位居前列。

表 1　我校本科生在全国大学生数学建模竞赛获奖情况

年份	全国大学生数学建模竞赛获奖				
	全国一等奖	全国二等奖	江苏省一等奖	江苏省二等奖	江苏省三等奖
2022 年	1	4	8	9	11
2021 年	1	0	3	11	18
2020 年	1	3	4	10	18
2019 年	1	7	5	10	14

表 2　我校本科生在美国大学生数学建模竞赛获奖情况

年份	美国大学生数学建模竞赛获奖		
	一等奖	二等奖	特等奖提名
2023 年	5	25	3
2022 年	6	23	4
2021 年	13	43	3
2020 年	7	33	3

表 3　我校研究生数学建模竞赛获奖情况

年份	研究生数学建模竞赛获奖					
	全国一等奖	全国二等奖	全国三等奖	江苏省一等奖	江苏省二等奖	江苏省三等奖
2022 年	1	9	19	2	7	16
2021 年	1	12	16	2	10	14
2020 年	1	10	21	6	13	16
2019 年	2	15	28	9	19	21

三、结语

数学是科学研究和应用技术实践的重要基础工具，而数学建模不仅是走向数学应用的必由之路，而且是大学生素质教育的重要途径之一。鼓励莘莘学子努力学习，领会数学精神的本质和思想方法，打好自身的硬功夫、强本领，满怀爱国之心，砥砺报国之志，继承和发扬老一辈科学家的科学精神和奉献精神，担负起新时代的“为国育英才、为国铸利器”历史使命和光荣责任。

我们针对南京理工大学学生入学时生源结构差异化、学生发展多元化的实际情况，面向社会对人才需求的多样化给我校人才培养工作带来的新挑战，聚焦我校创新型精英人才培养的总目标，按照“对标一流、彰显特色、以生为本、因材施教”的基本思路，对接学校着力构建以个性化培养、多元化发展为特征的“321”创新人才培养模式，以培养和提高学生的数学思想和数学思维能力为契机，跨学科多专业融合，加强课堂内外实践融合，搭建从数学知识到实践创新的“竞赛”桥梁，精心组织竞赛培训；引导学生根据自身的特长和兴趣，主动规划未来发展，实现专业发展的学术深造型人才和就业创业型拔尖人才的个性化培养模式，为我国面向未来建设创新型国家的国家战略服务。

参考文献

［1］熊思东．数智时代高等教育新形态［J］．教育研究，2020，41（5）：19-22.

［2］南洋理工大学．NTU 2025［EB/OL］https://www.ntu.edu.sg/about-us/ntu-2025/introduction-to-ntu-2025,［2021/2022-05-20］.

［3］中华人民共和国教育部．关于在部分高校开展基础学科招生改革试点工作的意见［J］．中华人民共和国教育部公报，2020（C1），50-54.［J/OL］.［EB/OL］http://www.moe.gov.cn/srcsite/A15/moe_776/s3258/202001/t20200115_415589.html，2020-01-13/2022-05-20.

［4］夏立，李强，黄爱华，等．基于“分层分级”课程体系的个性化人才培养模式研究［J］．高等工程教育研究，2021（4）：118-124.

新工业革命背景下新材料“微专业”建设探索

——以南京理工大学为例

夏　立　胡　访　奚文静　李　强　李建亮

摘　要： 在新工业革命背景下，新材料行业迅猛发展，为缓解个人职业发展和社会需求间的矛盾，“微专业”教育形态应运而生。本文简述国内外“微专业”发展现状及存在问题，探讨南京理工大学新材料“微专业”培养内涵、培养方案和实施举措等。与传统专业相比，“微专业”课程知识更聚焦，职业导向更明显，企业参与度更深，在有限的教学课时内，培养能够掌握新材料领域核心知识和技能并能解决复杂工程问题的高水平人才，一定程度上解决产业需求侧与人才供给侧间不匹配的问题。

关键词： 新工业革命　新材料　微专业

新材料的开发和应用是人类文明与社会进步的标志。随着信息、能源、交通、太空和海洋开发行业的蓬勃发展，国家对先进材料的需求将成倍增长[1]。根据南京市人才服务中心刘莉[2]介绍，2019 年前沿新材料和生命健康行业在全市重点产业中净雇用前景指数排名第四，反映了市场对从事新材料研发应用高水平人才的渴求。新材料行业需要大批高素质人才，从事或计划在该领域发展的人需要快速掌握新材料基础知识。在此背景下，“微专业”[3]教育形态应运而生，一定程度上解决了产业需求侧与人才供给侧间不匹配的问题。

一、“微专业”发展现状与存在问题

“微专业”（micro-credential）[3]概念最早由哈佛大学和麻省理工学院共同创建的非营利组织 Edx 于 2013 年提出，是指 MOOC 平台向学习者提供的针对某一主题的序列化课程，常常由 3 ~ 10 门与该主题相关的 MOOC 组成。当学习者完成所有课程并通过测验后，能够获得“微专业”认证，整个学习过程像是高校“选择某一专业→完成专业培养方案（通过所有课程）→获得专业毕业证书”的微缩版本。朱洁等[4]将“微专业”归纳为三种类型：以网易“微专业”项目[5]为代表的平台主导型、以 XSeries at Edx[6]为代表的高校、平台、企业三方合作型和以华东理工大学为代表的高校主导型。本文着重探索高校主导型的“微专业”建设，以就业为导向的“微专业”和传统专业人才培养路线对比如图 1 所示，培养目标明确，大幅缩短了学习时限。

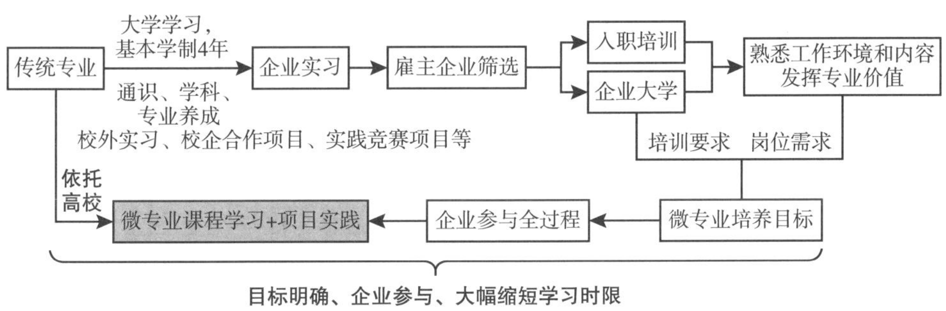

图 1　传统专业和“微专业”人才培养路线对比

但以高校为主导的“微专业”建设还存在以下几个问题：

（一）建设内涵与辅修专业相似

以高校主导的“微专业”建设思路通常是提炼一部分专业核心课程出来，适当缩减课程的学分学时，以小学分的“微课”组合成“微专业”培养方案。某高校自 2018 年起开设了若干“微专业”课程，课程体系由专业平台或学科基础平台中的特色课程构成，学生在其修业年限内，修完培养方案规定的学分（20 学分左右）后，由学校授予“微专业”合格证书。但对比发现，“微专业”课程与本体专业的相差不大，在授课内容、教学形式、考核方式等方面没有结合行业企业和学生需求进行改革，因此不可避免地落入传统辅修专业建设范畴。

（二）培养模式较为单一

国内高校主要依靠校内教师进行“微专业”课程教学，学生修完培养方案中规定的课程即可获得“微专业”证书。学生修读“微专业”的目的在于能够习得基本学术专业素养和行业从业能力，但从研修模式和教学资源来看，实践环节少、行业企业参与度不高、缺乏多种形式并举的人才培养协作机制、培养模式较为单一。北京大学依托智慧树平台开设了“国际组织与全球治理”“微专业”，除线上课程学习外，还提供国际组织实习机会，拓展了“微专业”培养途径；但与大多高校主导型的“微专业”项目相比，北京大学的“微专业”学费较贵，受众面窄，可借鉴点不多。

（三）学习导向不够突出

在 coursera、Edx 平台上，“微专业”一项重要的功能和使命在于促进学习者的专业发展和终身学习，提供实践导向的毕业项目以帮助学习者将所学内容应用到真实的问题解决场景之中，实现学习场所到工作场所的迁移[3]。Edx 的“微硕士”项目还详细说明了对应行业的发展前景和岗位需求，突出了以就业为导向的特征。以高校为主导的“微专业”更加注重专业核心知识和能力的培养，但学习导向不如平台型的突出，更没有基于学生需求设计培养出口。

为解决以上问题，本文以南京理工大学新材料“微专业”构建和实施为例，分析当前新材料行业人才需要具备的核心知识、能力和素质，构建新材料“微专业”培养方案，吸纳企业深度参与，突出就业导向，为学生提升职业发展水平提供高效便捷的学习途径。

二、新材料“微专业”培养内涵探索

材料是人类进行科学研究和生产实践的物质基础，种类繁多、涉及面广，有未来高技术（信息、能源、生物工程等）关键支撑材料，也有空间和海洋开发需求的环境材料，还有对国民经济拖动面广、影响大的传统材料等。相对于传统材料，新材料指具有优异性能和特殊功能，且正在发展的一类材料[7]，新材料和传统材料没有明显的界限，无论材料学科如何发展，都离不开四要素（结构 / 成分、合成 / 制备、性质、效能）的分析研究（见图 2）。因此，本文新材料“微专业”基于南京理工大学材料科学与工程专业办学特色，定位于职业应用，让在校学生或社会学员快速获取专业基本核心知识，并将专业知识用于解决复杂材料工程问题，选择和使用现代工具进行分析研究，充分考虑社会、法律、环境等综合因素设计特定解决方案，快速适应各类型新材料的制备、加工成型、材料检测等新要求。

材料

- **金属材料：**按元素周期表和工业金属材料分类，重点掌握力学、化学、物理性能分析与加工制造
- **无机非金属材料：**新型材料应用于新技术改造、现代国防和生物医学，重点掌握晶体结构及成分分析
- **高分子材料：**在天然高分子材料基础上研究合成高分子材料，重点掌握聚合物制备原理
- **复合材料：**通过不同的基体材料和增强物组合成品种繁多的复合材料，重点掌握两种及以上化学、物理性能分析和复合制备
- **半导体和电介质材料：**有效促进照明、信息储存、光电子学等领域发展，重点掌握能带理论及电介质材料的电性
- **磁性材料：**磁电、磁力、磁热、磁光等交叉效应的新型材料推动现代工业发展，重点掌握抗磁性、顺磁性等五类磁性材料分析和应用
- **超导材料：**特有的高临界电流密度和高临界磁场，广泛应用于磁体、电力科技中，重点掌握超导体特性、临界条件及其应用
- **新能源材料：**实现太阳能、生物质能等新能源转休和利用中用到的关键材料，重点掌握新型电池工作原理
- **生物材料：**广泛应用于生物体组织或器官的替换或修复等，重点掌握软硬组织及血液相容性材料、生物降解材料、高分子药物等特性和机理
- **环境净化材料：**治理大气、水、固体、噪音和电磁波等污染的净化或吸附材料，重点掌握材料特性分析和吸附、氧化、降噪、屏蔽等作用机理
- **机敏材料：**具有传感或执行功能、较低阶段的智能材料，重点掌握合金、聚合物等材料的成分和性能分析
- **超高温材料：**在极端苛刻环境下能发挥出优异性能，广泛应用于航空航天等尖端工业领域，重点掌握各种高温结构复合材料的特性和使用范围
- **纳米材料：**独特的微观结构在物理、化学、力学性能上表现独特，广泛应用于光学、医药、信息等方面，重点掌握纳米结构和特异效应

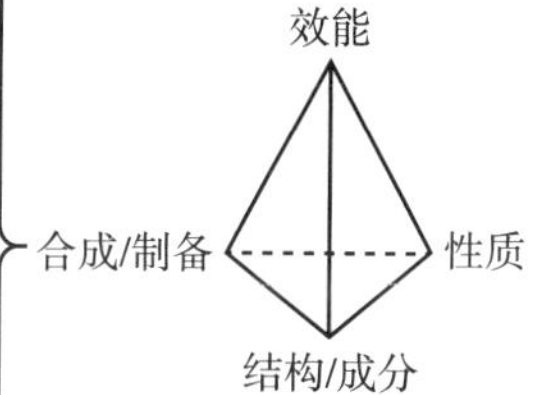

图 2　材料发展基于材料四要素的分析研究

新材料“微专业”的培养内涵除了最重要的核心基础知识外，还要求具备相应的能力和素质。2019 年，材料科学与工程本体专业对 2012—2018 届毕业生的用人单位做过培养满意度调查，反映了用人单位对毕业生知识、能力、

素质的期望（见图 3）。可以看出，用人单位相对看重毕业生的职业素养、终身学习能力和研究能力，为确定新材料“微专业”培养目标提供了参考。

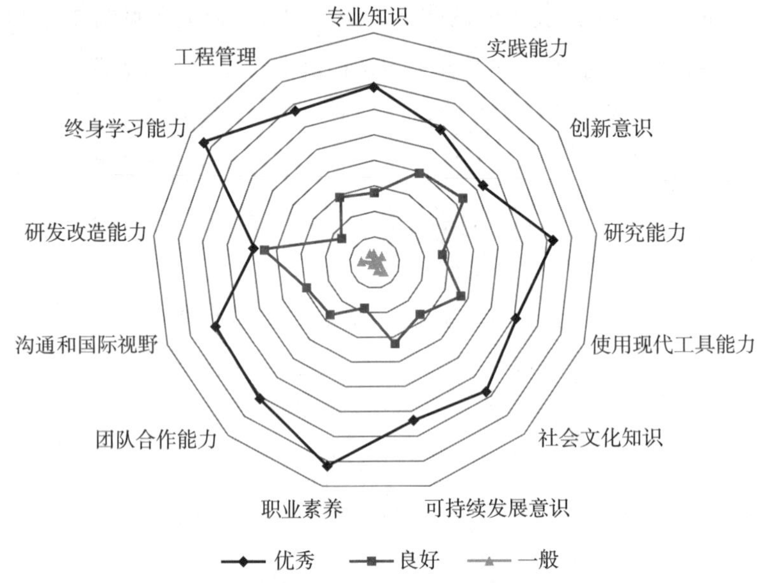

图 3　用人单位对毕业生知识、能力和素质的期望图

此外，通过征询合作企业和科研院所负责人意见，归纳新材料“微专业”人才培养建议如表 1 所示。

表 1　新材料“微专业”人才培养建议点

建议点	合作企业 / 科研院所	建议简述
1	南京金宁电子集团有限公司	需要具备在新材料及其交叉领域的新技术、新设备和新工艺研究开发的能力
2	中国科学院苏州纳米所	应具有团队合作精神，不断获取新知识，提升自身综合能力，成为单位的中坚力量
3	福特汽车公司亚太地区总部	强调毕业生终身学习能力，适应职业发展，具备较强的职场竞争力
4	云南冶金集团	在解决复杂工程问题时综合考虑社会、环境和可持续性等因素，具有良好的职业道德和社会责任感
5	中国航发贵州黎阳航空发动机有限公司	大工科背景下需要高级工程技术人才

综合考虑材料科学与工程本体专业育人特色、用人单位需求和新工业革命背景下人才能力要求，“微专业”培养目标应瞄准当今材料的新型化、功能化和智能化发展方向，培养专业核心知识扎实、实践创新能力强、有良好职业道德和社会责任感的高级工程技术人才，核心培养目标点如表 2 所示。

表 2　新材料“微专业”核心培养目标点

核心目标点	能力简述
1	**研究：**能够熟练运用自然科学和专业知识对复杂材料工程问题进行分析研究，选择与使用恰当的现代工程工具和信息技术工具，对工程问题进行模拟和预测
2	**设计 / 开发解决方案：**能够应用基础理论、专业知识和交叉学科知识，综合考虑社会、环境和可持续性等因素，有效评估和合理选择方案，解决新材料相关领域的复杂工程问题
3	**项目管理：**能够胜任新材料相关技术或产品的研究、设计、开发、生产和运营等工作，在工程实践中体现创新性，具有一定的工程项目管理能力，成为单位的工程技术和业务骨干
4	**职业规范：**能够在跨学科团队和跨文化环境下有效地沟通和表达，拥有健康的身心和良好的团队合作精神，能够跟踪国际新材料技术前沿和发展趋势，具有较强的职场竞争力
5	**社会和可持续发展：**能够在工作中遵守各项法律、法规，具有良好的工程职业道德和社会责任感；能够理解和评估工程实践对环境、社会可持续发展的影响

三、新材料“微专业”培养方案构建

南京理工大学材料科学与工程本科专业毕业要求是修满 166 学分，另需取得 4 个素质发展学分（见表 3）。要在短时间内达成“微专业”培养目标，掌握核心知识，并养成良好的职业素养，传统学习模式下的课程冗长繁杂，必须筛选整合原有课程，抓取核心内容，革新授课学习模式，结合企业实际岗位需求，构建符合“微专业”培养特点、能够支撑“微专业”培养目标构成的课程体系。

表 3　南京理工大学材料科学与工程专业传统课程体系

课程模块	课程性质	修读学分	说明
通识教育课	必修	38	思政、外语、计算机语言、军事体育、创新创业等
学科教育课	必修	32.5	材料物理化学基础、工程技术、工程管理等

（续表）

课程模块	课程性质	修读学分	说明
专业基础课	必修	61.5	其中，专业核心课 10 门
专业方向课	必修	14	设三个方向：金属材料工程、无机非金属材料工程、材料加工工程，选择其中一个方向修读
专业选修课	选修	12	从本专业开出的 19 门课程中选修 12 学分
通识选修课	选修	8	从学校开出的 500 余门课程中选修 8 学分
毕业总学分		166	另需取得 4 个素质发展学分

新材料“微专业”以需求为导向，精炼课程内容、压缩学时、串联课程知识点，构建契合能力达成的培养方案（见表 4）。该方案划分课程层级，明确课程的先修后续、层层递进关系，确保人才培养能力不漏不缺；确定核心知识结构，与北京超星尔雅教育科技有限公司合作，在本校材料类专业课程基础上，整合 MOOC 资源，依托平台共建 6 门核心“微课”，保证“微专业”课程体系的完整性和知识点的交叉融合性。吸纳合作企业参与教学过程，企业不仅提供综合实践项目，还配备企业导师，为学生补充前沿知识和分析实际应用情况。该方案将与核心能力培养关联度小的知识补充安排在课外，通过学生自学、教师辅导答疑等方式进行。

表 4　新材料“微专业”培养方案

课程层级	课程名称	课程主要内容简介	关键知识点	支撑目标点	回应建议点
学科基础（1 学分）	• 新材料概论（1 学分）	介绍材料学科的知识组成与结构、新材料的制备与应用、材料的环境行为、计算机在新材料中的运用等	材料发展	5	4
专业基础（4 学分）	• 材料物理化学（2 学分）	结合新型材料典型案例，研究制备和成形、加工等过程中的化学变化和相变平衡规律等	相变规律	1	1
	• 材料科学基础（2 学分）	以传统金属材料为基础，研究成分、结构与性能之间关系及其变化规律等，进一步向纳米材料、超高温材料等几类新材料的分析研究衍生	成分、结构和性能	1	1

续表

课程层级	课程名称	课程主要内容简介	关键知识点	支撑目标点	回应建议点
专业核心（9 学分）	● 材料研究方法（3 学分）	介绍 X 射线衍射分析和电子显微分析的基本概念、原理以及常见分析方法在新材料研究中的运用	材料分析	2	1
	▲材料力学行为（3 学分）	从材料力学性能的各种试验方法出发，了解力学性能指标的物理意义、技术意义、测试方法以及在热门新材料研究中的运用	材料力学性能	1	1
	▲工程材料及成型工艺（3 学分）	研究当今社会常用的新型工程材料成分、组织结构、性能特点与强化途径及其热成型技术，为从事机械设计与制造等工作奠定理论和实践基础	成形技术	3	5
综合实践（4 学分）	★材料综合实践（4 学分）	根据企业提供的实践项目选题	材料综合	4	12345
总学分：18 学分；**总学时：**384 学时（224+160 学时）；**课内学习时长：**168 小时；**实践时长：**1 个月					

说明：①●表示线上课程；▲表示线上线下混合式课程；★表示线下课程。②学科基础、专业基础、专业核心层级的课程 1 学分对应 16 学时，1 学时对应 45 分钟；综合实践项目 1 学分对应 40 学时，40 学时记为 1 周。③建议非材料类专业学生或社会学员修读，课程修读顺序为学科基础→专业基础→专业核心→综合实践。④支撑目标点参照本文表 2。⑤回应建议点参照本文表 1。⑥学员需根据教师推荐教材或学习资料自行补充与课程相关的知识。

上述“微专业”课程充分考虑了新材料行业发展特点，围绕新材料发展、结构和性能分析、加工制备等核心内容设置，基本涵盖了从事新材料行业所需掌握的基础知识和技能，是材料类专业的简化版学习方案。学科基础层级课程培养学生对新材料行业的宏观认识，让学生能够理解和评价新材料发展和工程实践对社会、环境的可持续影响；专业基础层级课程培养学生的基本专业素养，让学生对材料形态变化原理有基本知识储备；专业核心层级课程培养学生解决复杂材料工程问题的能力，让学生根据新材料行业、企业发展现状，设计满足特定需求的材料分析或加工工艺流程。

行业、企业在该培养方案中承担的教学培养任务有：①参与“微专业”培养方案的制定和审定，与高校课程负责人共建核心“微课”；②行业、企业负责人讲授课程部分章节内容，组织行业专题研讨，参与学员课后答疑辅导等；③提供实践项目和实习场所，选派企业、行业导师，指导学生综合运用所学知识完成项目规定的任务。表 5 列出了新材料“微专业”培养方案中的课程建设和企业参与情况。

表 5　课程建设和企业参与情况

课程	课程建设情况		行业、企业合作情况	
	是否已上线	省部级立项情况	合作企业（学术组织、科研院所）	合作形式
新材料概论	是	江苏省一类精品课程	中国材料研究学会凝固科学与技术分会	前沿讲座
材料物理化学	是	/	云南冶金集团	案例讲解课后答疑
材料科学基础	是	/	南京金宁电子集团有限公司	案例讲解课后答疑
材料研究方法	是	国家精品在线开放课程	中铝材料应用研究院有限公司苏州分公司	专题研讨
材料力学行为	是	/	中国科学院苏州纳米所	实验指导
工程材料及成型工艺	是	江苏高校外国留学生英文授课精品课程	江苏靖江机器人智能制造（焊接）中心	企业实习
材料综合实践	否	/	南京中电熊猫液晶显示材料科技有限公司等多家单位	企业实习

通过上述课程学习和项目实训，学生可在 1 年左右掌握专业核心知识和技能，增强就业能力。

四、新材料“微专业”实施举措

高校主导或参与的“微专业”建设，在线资源几乎都由高校提供，而高校提供的学习资源在实践性方面明显弱于平台主导和企业参与的“微专业”建设，但平台主导的“微专业”在学位证书的认可程度上远不如高校提供的证书含金量高。成功的“微专业”项目不仅需要“内核”（科学合理的培养方案）支撑，更需要强大的“外壳”（配套的举措）保障。

新工业革命背景下，国内外知名高校丰富的工程教育改革实践经验给予本文新材料“微专业”建设一些启示，如普渡大学[8]的成功经验有：①发挥学生在行业发展进程中的作用，鼓励学生深入社会、行业企业，了解工程教育的未来需求；为学生营造宽松、平等、自由的学习氛围，提供尽可能丰富的教育教学资源；引导学生将个人职业发展与新工科建设相结合；②重视校外多方密切合作，包括行业企业协同参与人才培养标准和专业培养方案的制定和实施，通过产学研合作教育等有效拓展工程实践教育教学资源，形成多方协同的育人机制。北京大学工学院[9]在新工科个性化人才培养的未来探索方面做了一些尝试，如实行“业界导师”项目，在关注学生个性化发展的同时帮助学生增进对工程的理解，推进工学院人才培养紧贴产业发展，保证个性化人才培养的前沿性和动态性。

借鉴以上优秀经验，南京理工大学在新材料“微专业”项目实施上采取以下措施：

（一）提供丰富的在线资源

新材料“微专业”项目依托北京超星平台，上线培养方案中必修的6门理论课程（http://njust.gj.chaoxing.com/portal/schoolCourseInfo/getalldepartment），学生在此平台上完成线上学习。平台学习界面简洁、章节层次清晰，有利于学生快速进入学习状态，有针对性抓取学习重点，与授课教师实时互动。此外，平台提供了丰富的关联课程，学生能够按图索骥，补充相关知识点。

（二）重视企业参与

新材料“微专业”与企业深度合作，“材料综合实践”环节由企业承担教学任务（见表6），按照培养方案中的企业职责，不仅参与教学过程、提供就业指导，更面向学生提供实习岗位，引导学生紧跟专业市场最新需求，提高职业技能。

表 6 “材料综合实践”企业实习岗位表（2021 年）

序号	合作企业	实习岗位	接收人数	完成形式
1	南京金宁电子集团有限公司	**研发：**锰锌铁氧体生产工艺设计	5	①结题报告；②项目汇报；③设计演练
2	南京三乐电子信息产业集团有限公司	**研发：**电真空元件研发与生产工艺设计	5	①结题报告；②项目汇报；③仿真操作
3	南京晨光集团特种工艺分公司	**生产：**高端装备产业生产协助	5	①结题报告；②项目汇报
4	南京旭建新型建材股份有限公司	**流程设计：**加气混凝土生产工艺流程设计	5	①结题报告；②项目汇报；③设计演练
5	南京中电熊猫液晶显示材料科技有限公司	**研发：**液晶显示材料工艺流程设计	5	①结题报告；②项目汇报；③设计演练
6	中材科技南京玻璃纤维研究设计院	**研发：**玻璃纤维生产工艺流程设计	5	①结题报告；②项目汇报；③设计演练

（三）提高实践项目质量

新材料“微专业”实践学时占比 41.6%，综合实践项目是微缩版的“毕业设计”和“毕业实习”的结合体，虽然学时远低于传统毕业设计和毕业实习学时，但项目内容直接来源于企业工作任务，学生直面企业工作环境，在短时间内高密度运用专业知识，在企业导师的指导下参与项目研发、生产过程，完成培养方案中综合实践项目要求。

（四）加强互动环节

新材料“微专业”实行“教秘 + 助教 + 学导”三级学业指导制度，保证教学顺利运行，提高学生学习参与度。“教秘”：即教学秘书，负责根据培养方案制订具体的授课计划，协调教师与学生时间，指导学生参与在线平台学习；“助教”：每门课程配备 1 名助教，线上授课时，负责提高话题参与度和互动积极性，把握问答专业水平，另外负责安排线下研讨和答疑具体事宜；“学导”：即学习导师，每位学生配备 1 名学导，负责跟踪和反馈学生学习情况，指导学生合理安排学习计划。

（五）优化考核方式

现代教育技术更新不仅推动了学习方式变革，也促进考核方式从单一化向多元化转变。传统考核方式一般是考试（60%）+ 平时作业（30%）+ 出勤（10%），“微专业”课程采用研讨式授课 + 项目式考核方式进行，激发学生主动学习能力，考核方式和分值占比一般是课堂互动（10%）+ 基础知识测试（20%）+ 实例分析（30%）+ 项目汇报（40%），不再局限于学生对基础理论知识的理解，更加注重学生对实际案例或项目的分析理解，培养学生分析和解决复杂工程问题的能力。

五、展望

我国高校“微专业”发展起步较晚，需要吸收国内外成功案例的优点并根据我国国情合理设计“微专业”发展模式，构建“微专业”培养体系。南京理工大学新材料“微专业”有相对独到的办学优势，一是本体专业实力雄厚、师资水平高；二是在线教育生态好，有合作稳定的课程服务平台，能够支撑在线教学开展；三是校企合作程度深，能够充分参与到“微专业”教学和培养过程中。

本文“微专业”方案设计一定程度上为同行“微专业”发展改革提供参考，但在新工业革命背景下，“微专业”建设仍需不断探索，未来可以尝试以下几点做法：

（一）健全学生评价反馈机制

南京理工大学新材料“微专业”项目处于起步阶段，目前，学生仅能对在线课程进行主观评价，对整体方案和培养过程还没有宏观的认识。随着“微专业”建设日益完善、学生修读量不断增加，还应健全相应的评价反馈机制，不仅要利用传统的问卷调查、走访座谈等方法分析学生学习效果和用人单位满意度，更要充分结合现代信息技术手段，分析学生在线学习产生的教育“大数据”，客观评价“微专业”培养方案整体设计，倒推课程改革提质，形成教学闭环。

（二）推动跨校联合的"微专业"项目

随着协同创新理念逐渐深化和课程资源的不断丰富，通过跨校联合办学实现资源共享和优势互补成为高等教育界的普遍共识。2017 年，工信部高校联盟（G7）正式成立[10]，成为服务国家工业信息化和国防现代化的主力军。截至目前，7 所高校在中国大学 MOOC 平台上累计开出 22 门材料类在线开放课程，其中含《材料科学基础》《材料研究方法》等 5 门国家级精品在线开放课程。如果能整合共享优质教学资源，建立有效合作机制，跨校共建新材料"微专业"，将形成强大的办学合力，引起社会广泛关注，吸引广大学生和职场人士修读。

（三）为读研深造的学生提供"微专业"修读路径

当前开设的各类型"微专业"主要以就业为导向，定位于高等教育的职业应用，面向就业学生有针对性地提升其职业竞争力。但对于计划读研深造的学生群体来说，需要进一步巩固核心知识点、快速提升学术竞争力，目前还没有合适的"微专业"研修途径提供给这部分学生。未来，应基于学生个性发展需求，进一步完善新材料"微专业"课程体系，面向就业创业型和学术深造型的学生分类建设，提供更全面的学习路径。

为了解决新材料行业人才需求与个人发展需求瓶颈，本文探索构建新材料"微专业"培养方案，较全面地覆盖了新材料领域从业者需掌握的核心知识和能力，随着新工业革命的加速推进，新材料知识还将不断更新，因此，"微专业"建设发展还需与时俱进，为更多学习者提供更多元的培养路径。

（课题项目：教育部产学合作协同育人项目："'微专业'下的'微课'群开发与研究——以材料类专业基础课程为例"）

参考文献

［1］材料科学和技术综合专题组．2020 年中国材料科学和技术发展研究［C］．2020 年中国科学和技术发展研究暨科学家讨论会，2004.

［2］刘莉．紧缺人才需求状况调查方法浅析［J］．大众投资指南，2019（10）:

279.

［3］王宇．慕课“微专业”分析及其对我国慕课建设的启示［J］．中国远程教育，2018（12）：23-30，79-80

［4］朱洁，黄海平．新工科背景下我国高校计算机微专业建设探索［J］．软件导刊，2019，18（11）：172-175，179.

［5］胡佳诗．网易云课堂“微专业”公关传播策划方案［D］．浙江大学，2015.

［6］高青霞．在线“微专业”的人才培养模式探究——以应用型IT微专业为例［D］．南京大学，2016.

［7］陈光，崔崇，徐锋，等．新材料概论［M］．北京：国防工业出版社，2013.

［8］林健，彭林，Brent Jesiek.普渡大学本科工程教育改革实践及对新工科建设的启示［J］．高等工程教育研究，2019（01）：15-26.

［9］李咏梅，周虹，章盛祺．北京大学工学院新工科个性化人才培养模式探析——基于学生体验的视角［J］．高等工程教育研究，2019（06）：24-29.

［10］张妍，兰锐，衣春翔．工信部高校联盟在哈工大成立［N］．黑龙江日报，2017-06-25（01）.